결코 근대인이었던 적이 없는 동아시아인

고은강

1970년 서울에서 태어나 서울대학교 인류학과 학사(1994), 같은 대학 대학원 석사(1996), 태동고전연구소 수료(2000), 성균관대학교 유학과 석사(2000), 옥스퍼드대학교 사회문화인류학과 석사(2002), 홍콩대학교 철학과 박사(2008)를 거쳐 현재 서울과학기술대학교 기초교육학부에서 철학을 가르치고 있다.

서강학술총서
056

결코
근대인이었던 적이 없는
동아시아인

道德

고은강 지음

서강대학교 출판부

서강학술총서 056

결코 근대인이었던 적이 없는 동아시아인

초판발행 | 2013년 5월 28일
지 은 이 | 고은강
발 행 인 | 유기풍
편 집 인 | 우찬제
발 행 처 | 서강대학교 출판부
등록번호 | 1978년 9월 28일 제313-2002-170호

주 소 | 서울특별시 마포구 백범로 35번지
전 화 | (02) 705-8212
팩 스 | (02) 705-8612

ISBN 978-89-7273-233-4 94190
ISBN 978-89-7273-139-9(세트)

값 15,000원

* 잘못된 책은 구입하신 곳에서 바꿔드립니다.

* '서강학술총서'는 SK SUPEX 기금의 후원으로 제작됩니다.

책머리에

윤리학은 '어떻게 살 것인가'를 고민하는 학문이라고들 한다. 나는 '어떻게 살 것인가'를 고민하기 전에 우선 '삶이란 무엇인가'에 대한 정의가 필요하다고 생각했다. 내가 정의한 삶이란 '도(道)를 통해서 덕(德)을 쌓는 과정'이다.

이 책에는 이 단순한 정의에 대한 다소 장황한 설명과 함께 이 정의를 바탕으로 '어떻게 살 것인가'에 대하여 고민한 내용이 담겨 있다. 앞으로의 연구 과정에서 삶에 대한 이와 같은 정의가 수정되지는 않을 것 같다. 그러나 '어떻게 살 것인가'에 대한 방황은 계속될 것이다.

이 책은 내 연구의 본향이다. 사회과학과 인문학을 넘나든 지난 이십년간의 학문적 편력의 종착점이며, '어떻게 살 것인가'의 문제를 두고 계속해야만 하는 불안한 방랑의 출발점이다.

차례

일러두기

1. 이 책은 저자의 박사학위 논문 *Behavior and Self-Constitution in Early Chinese Ethics*(University of Hong Kong, 2008)로부터 발전되었다.
2. 이 책의 제1부 중 17~29쪽, 제2부 중 96~101쪽의 내용은 『정신문화연구』 125호(2011)에 「'위험사회'에서 '자기계발'의 윤리학에 관한 小考」로 발표되었다.
3. 이 책의 제3부 중 177~181쪽, 제4부 중 189~197쪽의 내용은 『인문연구』 65권(2012)에 「아이히만 구하기」로 발표되었다.

제1부

윤리학에서 포스트모던 이후

제1장
결코 근대인이었던 적이 없는 동아시아인

윤리학에서 신(神)으로 대표되는 절대성의 상대어는 가치중립성이다. 인간을 '신의 피조물', '이성을 지니고 태어난 개인'으로 믿어 의심하지 않았던 시대는 신을 인간의 피조물로, 이성을 권력의 산물로 보기 시작하면서 막을 내렸다. 신이 부여한 가치에 의지할 수는 없다. 가치중립적이라고 믿었던 이성은 가치중립적이기는커녕 현실에서는 지식의 형태로 작용하는 권력이 되어버린다. 신과 이성에 의지할 수 없다면 윤리적 주체는 어떻게 가능한가? 이 책의 논의는 윤리학의 질문으로부터 시작되었다.

근대성에 대한 비판을 총칭하여 포스트모던이라고 한다면 포스트모던 이후란 그 비판으로부터 비롯된 근대성에 대한 대안이라고 할 수 있다. 이 책의 제목은 브뤼노 라투르로부터 단장취의(斷章取義)한 것이다. 브뤼노 라투르는 포스트모던 이후에 대한 자신의 전망을 내놓은 학자 중 한 사람이다. 그는 이른바 행위자 네트워크 이론(ANT: Actor Network Theory)으로 인문사회과학계에 알려진 철학자이자 인류학자이다. 라투르는 『우리는 결코 근대인이었던 적이 없다』(라투르, 2009)에서 근대와 포스트모던을 함께 비판하였다. 그는 이 책의 발단이 '위기의 진단'이며 그가 진단한 '위기'란 "근대인의 헌법"(Constitution)의 위기라고 말했다. 라투르가 말하는 '근대인의 헌법'이란, 그의 용어로 '정화 작용'과 '번역 작용'이라는 두 가지 실천을 규정하는 합의된 규범이다. 이 규범은 근대의 지식이 수행하는 '정화 작용', 곧 자연과 문화(혹은 비인간과 인간)를 구분하는 실천과, '번역 작용', 곧 자연과 문화를 섞는 혼성화의 실천, 이 둘을 규정한다. 일상에서 벌어지는 일들에는 자연과 문화, 혹은 인간과 비인간이 뒤섞여 있게 마련이다. 근대의 지식은 뒤섞여 작동하는 일들에서 자연에 속하는 것과 문화에 속하는 것, 인간에 속하는 것과 비인간에 속하는 것을 애써 억지로 갈랐다. 애써 억지로 가른 후, 각각의 영역에서 설명을 시도했다. 자연과 문화를 구분하는 실천을 라투르는 정화 작용이라고 불렀다. 그런데 사회가 복잡해지면서 근대 지식으로 간단하게 "정화"될 수 없는 현상들이 나타났다. 그것도 아주 빠른 속도로. 쉽게 말해서, 어떤 사건이 자연에 속하는지 문화에 속하는지 확실해야만 자연과학으로 설명하든, 아니면 사회과학 혹은 인문학으로 설명하든 설명이 가능했다. 근대 지식 체계에서 이 둘을 가로지르는 설명 체계는 없었다. 라투르는 아직 근대 지식의 구분 작업을 거치지 않아서 자연에 속하는 것과 문화에 속하는 것이 섞여 있는 상태를 '하이브리드', 즉 잡종이라고 불렀다.

라투르에 따르면, 근대의 위기는 하이브리드의 증식 속도가 너무 빨라서 정화 작용이 이를 따라잡지 못하는 일종의 아노미 현상이다. 그런데 근대 지식 체계에서는 하이브리드를 하이브리드인 채로 설명하는 방식은 없다. 라투르는 실제 존재하는 그대로의 현상, 즉 하이브리드를 굳이 자연과 문화로 구분하지 말고 하이브리드인 채로 설명하는 방식이 필요하다고 주장한다. 그것이 라투르가 제시한 행위자 네트워크 이론이다.

포스트모던 이후에 대한 그의 문제화와 해결은 이렇다. 포스트모던은 근대를 위기라고 규정하면서 출발하였다. 그런데, 자연과 문화(혹은 비인간과 인간)라는 이분법을 근간으로 한 근대는 실제로는 자연과 문화가 뒤섞인 하이브리드의 연결망으로 존재했을 뿐이다. 라투르의 관점에서 근대의 문제는 자연과 문화를 나누는 '정화 작용'이 현실에서 실제로 벌어지고 있는 하이브리드들의 증식을 따라잡지 못함으로써 "근대"의 근간을 흔드는 현재의 상황이다. 이에 대한 그의 해결은 "이미 일어나고 있는 것을 공적으로 추인하자는 것"(라투르, 2007: 356)으로부터 출발한다. 다시 말해서, 정화 작용을 멈추고 하이브리드들의 증식과 그들의 연결망에 초점을 맞추어보자는 것이다.

나는 '우리는 결코 근대인이었던 적이 없다'는 라투르의 문제의식에 동의한다. 다만, 분명 라투르가 의미한 '인류'로서의 '우리'에 포함되지만 라투르가 염두에 두었던 '우리'와는 다른 '우리'에 주목한다. 나는 라투르가 초점을 맞춘 '서구 근대의 헌법'과 '세계화-지역화된 단일한 현대' 이외의 지점에서 문제화를 시도하려고 한다. 그 지점은 '헌법'이며, 나는 '동아시아 고대 헌법'에서 문제화를 시도한다. '동아시아 고대 헌법'은 바꾸어 말하면 고대 동아시아의 윤리 체계이다. 더 평범한 말로 바꾸면 선진(先秦) 철학, 다시 말해 춘추전국시대 제자백가의 텍스트에서 걸러진 '윤리 체계'다. 나는 춘추전국시대 제자백가라고 불리는 사람들의 생각을 담고 있다는 텍스트로부터 '문제화'를 시도할 것이다. 제자백가가 관심을 가졌던 것을 '서구 근대의 헌법'의 눈으로 보면 내가 '문제화'하는 것들이 자연일수도 문화일수도, 혹은 사실일수도, 권력일수도, 담론일수도 있다. 그러나 이러한 것들은 이천오백 년간

이어져온 동아시아 학문 전통에서는 '어떻게 살 것인가'의 문제, 즉 '윤리'의 문제로 요약된다. 이는 라투르가 의미하는 '서구 근대의 헌법'에서는 하이브리드다. 간단히 말해서, '동아시아 고대 헌법'에서는 정신/육체의 이분법이 선명하지 않다. 따라서 '윤리'의 문제는 정신의 문제가 아니다. 고대 동아시아 윤리에서 몸과 마음은 '별개의 것이지만 연결된 것'이 아니라 윤리의 실천에서 구분되지 않은 것이었다. 다시 말해서, 데카르트가 발견해준 근대인의 코기토는 고대 동아시아 윤리에서는 의미가 없다. 나는 이 하이브리드 '윤리 체계'로부터 포스트모던 이후를 생각해보고자 한다.

단장취의라고 밝혔듯이, 라투르의 책 제목 이상 더 깊이 들어가지는 않는다. 이 책의 논의에 대한 라투르의 기여는 여기까지다. 라투르는 '우리는 결코 근대인이었던 적이 없다'라는, 과격한 혹은 당연한 책제목에 대해 그 주장의 근거를 간단히 밝히고 있다. '서구 근대의 헌법'에 기반을 둔 근대는 존재한 적이 없었다. 따라서 그에게 근대에 대한 성찰과 비판으로서 포스트모던도 의미가 없다. 그러면 지금의 현실은? 라투르는 비근대(non-modern)라는 개념으로서 하이브리드가 구성해가는 현실을 설명한다. 요컨대, '우리는 결코 근대인이었던 적이 없다.' 왜냐하면, '우리는 비근대인이기 때문이다.'

이 책의 논의는 이른바 다중적 근대성으로 요약되는 '비교문명적' 시도와는 거리가 있다. 그 이유는 논의가 '서구'와 '동아시아'라고 하는 이분법에서 벗어나 있기 때문이다. 다중적 근대성은 근대성에 대한 지리적이며 역사적인 접근이다. 다중적 근대성의 틀로 보면 '서구 근대'는 역사적·지역적으로 다양하게 존재하는 근대 가운데 하나다. '서구 근대'를 보편적인 역사 발전의 단계로 받아들였을 때 발생하는 한계를 지적하는 포스트모던적 시도라고 볼 수 있다. 그러나 이 책이 주목하는 고대 동아시아의 '윤리 체계'는 그야말로 '헌법'이다. 동아시아에서 '헌법'인 것은 서구 혹은 다른 지역에서도 '헌법'이다. 다시 강조하지만, 이 책의 논의는 '서구 근대의 헌법'이 갖는 한계를 비판하고 대항축으로서 '동아시아 근대의 헌법'을 만드는 작업이 아니다. 포스트모던의 성찰과 비평이 이제 그들이 비판하고 성찰한 근대에 대한 대안 제시를 요구받는 이 시점에, 고대 동아시아 철학을 소재로 삼아 포스트모던 이후에 대한 하나의 대안을 제시해보려는 것이다. '우리는 결코 근대인이었던 적이 없다'의 '우리'는 인류다. 라투르가 근대성 자체를 부정하고 행위자 네트워크 이론으로 포스트모던 이후에 대한 하나의 대안을 제시했던 것처럼 이 책에서도 선진(先秦) 철학으로부터 하나의 대안을 찾아보고자 한다. 정신과 육체의 이분법이 전제되지 않은 윤리 체계로부터.

1. 포스트모던 현상: '위험 사회'에서 '개인화' 문제

근대성에 대한 설명은 비교적 이견이 없지만, '포스트모던'에 대한 설명은 '근대성의 어떤 측면에 주목하는가'에 따라 다각도로 전개된다. 다각도로 서술되고 분석되는 포스트모던 현상 가운데 21세기 신자유주의 질서에서 개인이 당면한 '개인화에 따른 자유'는 윤리학의 관점에서 살펴보아야 할 주요 논제다. '개인화에 따른 자유'는 기든스, 벡, 래쉬 등이 '성찰적 근대화'(기든스 외, 1998)와 '위험 사회'(벡, 1997)를 논하며 언급한 바 있다. 이들에 따르면, '개인화'는 개인이 피해갈 수도 있는 '자유'의 영역에 속하는 현상이 아니다. 벡은 '개인화'가 개인에게 강제된, 개인의 의지로는 피할 수 없는 사회 현상이라고 강조하였다. 바우만 역시 개인에게 모든 자유가 주어진 지금, 개인이 유일하게 선택할 수 없는 것이 '개인화'(바우만, 2009)라고 밝히고 있다.

벡, 바우만 등의 학자들이 '개인화'라고 부르는 현상은 신자유주의 질서 아래에서 더욱 광범위하게 확산되고 있다. 벡이 강조하듯이, "개인화 과정의 핵심 특징들 중 하나는 개인들에 의한 능동적인 기여를 허락할 뿐만 아니라 요구한다는 것이다"(벡 외, 2010: 128). 벡이 말하는 '개인에게 요구된 능동적 기여'는 바우만이 말한 '해방' 이후 개인이 쟁취한 자유의 이면이다. 벡은 개인에게 "능력과 역량의 새로운 조합"(벡 외, 2010: 128)이 요구된다고 말한다. 왜냐하면 '전통적인 방식'으로 가족, 학교, 종교단체, 군대 등에서 이루어졌던 규범의 강제가 이제 더 이상 존재할 수 없기 때문이다. 개인에게 경험할 것을 강요하는 '사회'의 범위는 이제 기존의 공동체와 국가의 영역을 넘어 전지구적으로 확산되었다. 개인이 선택하기 이전에 명시적으로 강요되던 규범이 사라진 자리에서 개인은 '가장 현명한' 선택을 놓고 끝없는 고민에 빠져들고 있다. 벡은 선택을 강요당하는 개인의 불안을 다음과 같이 묘사하고 있다.

> 선택거리들의 범위가 더 넓어질수록 그리고 그것들 중에서 결정해야 할 필요가 더 커질수록, 더 많은 개인들이 생애조정과 생애통합이라는 과제를 수행해야만 한다. 실패하지 않으려면, 남자고 여자고 장기적 계획을 세우고, 변화에 적응할 수 있어야 한다. 조직하고, 임기응변하고, 목표를 정하고, 장애를 인식하고, 패배를 받아들이고 그리고 새로운 출발을 시도해야 한다.
>
> 표준생애 대신에 이제 "골라잡는 생애", 사실상 "'알아서 해' 생애"가 들어선다. 이것은 사람들이 원하건 원치 않건, 그들이 대응할 능력이 있건 없건 일어난다. 사실상 '알아서 해' 생애는 언제나 위험(부담을 안고 있는) 생애이며, 끝도 없이 잠재하는 위험들로 가득하다. (벡 외, 2010: 129)

'알아서 해' 생애를 살아가는 개인은 생애조정과 생애통합을 규범에 의존할 수 없다. 개인화는 근대성을 통해 오히려 보편화·표준화되고 강화되었던 전근대적 성역할로부터의 '해방'을 의미하기도 한다(벡, 벡-게른샤임, 1999: 30). 여성에게 부과되었던 출산 및 육아, 곧 재생산의 의무가 개인의 선택의 문제가 되면서 '여성'이라는 범주는 해체되고 '개인화'되었다. 범주로서의 '여성'에게는 '면제'되었던 선택의 강요가 평등하게 여성 개인에게 행해진다. 혹은 더 많은 선택 사항이라는 더욱 극적인 방식으로 여성 개인에게 요구된다. '여필종부'(女必從夫)라는 규범이 사라지고, 그 대신에 결혼을 할 것인가 말 것인가, 출산을 할 것인가 말 것인가, 육아를 스스로 할 것인가 위탁할 것인가, 결혼해서 배우자와 함께 거주하기 위해 더 나은 직장을 포기할 것인가 말 것인가와 같은 개인의 선택이 여성 개인에게 요구된다. 범주로서 여성을 구성한 요소들이 개인의 선택이 될 때, 개인은 여성/남성이라는 성 자체를 자신의 정체성을 위해 활용할 수 있다(버틀러, 2008). "사랑과 정체성은 서로 밀접하게 얽혀가고 있는 것"(벡, 벡-게른샤임, 1999: 102)이라는 벡-게른샤임과 벡의 지적은 섹슈얼리티는 결국 젠더이며 젠더로서 '여성'은 더 이상 범주가 아니라고 한 버틀러의 주장(버틀러, 2008)과 연결된다. 섹슈얼리티와 젠더가 작용하는 사랑의 실천이 더 이상 규범의 문제가 아니라 철저하게 개인의 선택의 문제라면 사랑의 문제는 개인이 자신의 선택을 통해 자신의 정체성을 구성하는 문제가 된다. 선택의 요구 앞에서 개인이 느끼는 불안이 사랑에서도 예외가 아닌 것이다.

사회 규범을 충실히 이행하기를 요구 받았던 개인은 이제 "[계급의] 하향 이동이 바로 저기 모퉁이 뒤에 와 있다"(벡 외, 2010: 129)거나 혹은 "네 갈 길을 만들어라! 계속 해, 더 세게 해봐! 계속 밀고 나가, 그렇지 않으면 결코 정상에 오를 수 없다"(벡 외, 2010: 129)고 하는 말을 들어야만 한다. 개인은 '모든 것은 나의 선택에 달린 것'이라고 믿기를 요구 당한다. 벡의 '알아서 해' 생애를 살아가기 위해 개인은 '액체 근대'의 "이동하고 유연하라는 불변의 압력"(벡 외, 2010: 133) 속에서 끊임없이 장단기 계획을 세우고 상황의 변화에 적응하도록 자신을 변화시키려고 노력한다. "자신의 삶과 발상 속에 들어 있는 표준적 유형들을 벗어던지는 것은 영원한 습관, 결코 끝나지 않을 개인의 학습 과정이 되었다"(벡, 벡-게른샤임, 1999: 91). 서동진이 말하는 '자기계발하는 주체'(서동진, 2009)는 여기로부터 탄생한다. 요컨대, 한국사회에서 '자기계발하는 주체'는 '위험 사회'에서 '개인화' 문제를 인지하고 이에 능동적으로 대처하는 개인이다.

2. 신자유주의 한국사회에서 자기계발하는 주체

1) 한국사회의 '자기계발' 현상

이 소제목은 2009년에 출판된 서동진의 책『자유의 의지 자기계발의 의지』의 부제 '신자유주의 한국사회에서 자기계발하는 주체의 탄생'에서 따왔다. 서동진은 미셸 푸코가 윤리(ethics)를 재정의한 틀(Foucault, 1990)을 사용하여 "신자유주의 한국사회에서 자기계발하는 주체의 탄생"을 분석하였다. 그는 1980~1990년대에 형성된 '자기계발'이라는 이름의 사회 현상에 주목하였다. 먼저 "새로운 자본주의는 어떤 사람을 빚어내는가"라는 물음을 던진 그는 한국사회의 신자유주의 체제가 "빚어내는" 주체를 분석하는 방식으로 물음에 접근하지 않는다. 물음의 순서와는 반대로, 그는 자기계발의 담론들을 분석하여 자기계발의 담론들이 지식-권력으로 작용하여 "빚어내는" 주체를 형상화하고, "자기계발하는 주체"를 통하여 신자유주의 한국사회를 분석하였다.

'자기계발', '자기관리', '성공학', '자기경영' 등의 다양한 이름으로 불리는 서적들의 출판, 관련 강좌 개설은 한때의 열풍을 넘어 2011년 현재까지도 꾸준히 지속되는 사회 현상으로 자리 잡았다. 강의영 기자가 2011년 9월 13일자 「연합뉴스」에 작성한 기사에 따르면, 삼성전자는 입사 가이드 책자 『삼성 리크루팅 매거진 에스퀘어』를 취업설명회에서 배포하였는데, 이 책에는 "고참 선배들이 전하는 입사 노하우와 조언이 빼곡히 담겨 있다"고 한다. 「연합뉴스」 보도가 인용한 두 명의 "고참 선배"의 조언에 공통된 내용은 한마디로 '자기계발'이다. 인용된 두 명 가운데 한 명은 "자기 계발을 위해 많은 책을 읽는데, 입사에 상당한 도움이 된다"고 했고, 다른 한 명은 "빠르게 변하는 IT업종 특성에 맞게 차별화된 창의력을 길러야" 한다고 조언한다. '자기계발'은 사회 현상일 뿐만 아니라 신자유주의 체제의 일부이며 체제 내에서 수행하는 기능은 서동진이 분석한 대로 체제의 유지를 위한 주체의 생산이다.

서동진이 푸코의 윤리 개념을 틀로 사용하여 분석해낸 '자기계발하는 주체'를 요약하면 다음과 같다. '자기계발하는 주체'로 탄생하는 과정에서 개인은 첫째, 자신을 객체화한다. 자기계발 담론이 생산하는 자아에 관한 지식을 이용하여 "자기의 문제화"를 수행한다. 둘째, 객관화된 자기를 계발하기 위해 자기계발 담론이 제공하는 "자기의 테크놀로지"를 실천한다. 셋째, 자기계발은 자신의 삶의 '목적'(telos)에 연결되어 있다. 이 실천들을 통해 개인은 '자기계발하는 주체'로서 탄생된다. 이 틀에는 푸코가 "윤리"를 도덕규범과 실제 행동 사이에 존재하는 개인의 결정으로 재정의할 때 사용한 개념들, 예컨대 문제화(problematization), 지식-권력, 통치(governmentality)와 '윤리'의 네 가지 선택, 즉 윤리의 재료들(elements), 복종(subjection)의 양식, 윤리적 실천(work), 그리고 목적(telos)이 이용되었다.

푸코의 '윤리'를 적극적으로 활용하여 서동진이 제기한 '자기계발하는 주체'를 분석해보면, '자기계발하는 주체'란 한국사회의 일원인 개인이 기업이 원하는 인재, 사회가 원하는 시민이 되기 위한 목적(telos)을 가지고 자기계발 담론을 적극 활용하여 자신을 문제화하고, 자기계발의 테크닉을 실천한 결과로서 구성된 산물이라고 요약된다(서동진, 2009: 280~282). 푸코가 강조한 대로 개인은 자신의 '자유로운' 선택을 통해 '윤리적 주체'(ethical subject)로 탄생된다. 자기계발의 담론이 개인의 '자유로운' 선택에 의해 지식-권력으로서 작동하여 그 결과로 탄생된 '자기계발하는 주체'가 "빚어내는" 사회, 그것이 신자유주의 한국사회다. 거꾸로 신자유주의 한국사회가 개인의 '자유'에 반하여 개인을 학교, 직장, 군대 등의 틀에 집어넣어 '자기계발하는 주체'로 "빚어내는" 것이 아니다. 이렇게 본다면, 담론이 바뀌면 주체가 바뀌고 주체가 바뀌면 주체가 만들어내는 사회가 바뀐다. 물론, 담론은 지식-권력으로 작동하는 담론이므로 쉽게 바뀌지 않는다. 그럼에도 푸코가 극복하려고 한 구조주의적 설명 방식을 상기하면 푸코가, 그리고 서동진이 말하는 희망을 읽을 수 있다. 구조가 바뀌지 않는 한 개인은 바뀔 수 없다는 구조주의적 전제는 구조를 바꾸는 혁명의 시대, 혁명을 위한 연대의 시대에는 통용되었다. 그러나 '개인의 자유'가 불가침의 원칙으로 작용하는 시대에는 '구조를 바꾸기 전에 개인은 바뀌지 않는다'는 전제는 구조를 바꾸기 위한 실천을 이끌어내지 못할 뿐만 아니라 '자기계발에 열광하는 개인들'이라는 사회 현상을 설명해낼 수도 없다.

서동진은 신자유주의 한국사회에서 "서로 다른, 그렇지만 서로 공명하고 교차하는 세 가지 주체성의 형태"(서동진, 2009: 372)가 생산되는 과정을 분석하고자 했다고 쓰고 있다. 그의 분석 대상이 된 사회 현상은 "국가가 추진한 새로운 '시민 형성' 프로그램, 자본에 의해 구조조정이란 이름으로 진행된 새로운 '일하는 주체 만들기' 기획, 그리고 자유로운 삶을 열망하는 개인들이 추구했던 자기주체화의 행위들"(서동진, 2009: 372)이다. 이는 '자기계발하는 주체의 탄생'이라는 관점에서, "유연한 노동주체를 형성하는 것과 자율과 책임의 시민을 빚어내는 것, 그리고 자기계발하는 자유로운 개인이 되는 것"(서동진, 2009: 375)이라고 다시 쓸 수 있다.

2) '자기계발하는 주체'의 양면성

자신을 속박하는 외부의 권력으로부터 벗어나고자 하는 자유에의 의지에 따라 행동할수록 결과적으로는 외부 권력에 더욱 확실하게 포섭되는 개인의 문제가 바로 '자기 계발하는 주체'의 양면성이 의미하는 바다.

> 자유를 향한 욕망은 권한위임과 팀워크, 자기주도성을 갖춘 지식근로자를 착취하려는 권력의 욕망과 마주친다. 감옥과도 같은 획일적인 훈육의 공간을 박차고 나오려는 학생의 욕망은 자기주도적 학습주체를 형성하려는 권력의 욕망과 교차한다. 이미 주어진 삶의 궤적에서 벗어나 자신의 자유와 희망을 꿈꾸는 주체의 욕망은 자기계발, 자기경영하는 주체를 통해 그/그녀의 삶을 자기책임과 자기실현의 문제로 축소하려는 권력의 욕망과 손을 잡는다. [……] 그렇다면 이런 자기계발에의 의지와 자유에의 의지의 공모는 불가피한 것일까. 자유에의 의지를 통해 우리의 삶을 예속시키는 권력에 맞서 싸우기 위해 우리는 자유에의 의지를 거부해야 할 것인가. 아니면 전연 새로운 자유의 이미지를 고안해야 할 것인가. 아마 이것이야말로 이 책을 쓰도록 이끌었던 물음이었을 것이다. (서동진, 2009: 376)

서동진의 질문은 2011년에 전지구적 질서로 자리 잡은 신자유주의 체제를 살아가는 개인 앞에 매일같이 던져지는 질문이다. 이 질문에 대한 개인의 대답은 두 가지로 나뉜다. 자유에의 의지를 거부함으로써 근로자를 착취하려는 권력의 욕망에 포섭되지 않는 방법이 있을 수 있다. 다른 하나는 자유에의 의지를 거부하지 않고도 권력에 투항하지 않을 수 있는 방법을 찾는 것이다. 다시 서동진으로 돌아가서, 그는 자유에의 의지를 거부하지 말고 "전연 새로운 자유의 이미지를 고안"할 것을 주문한다.

> 물론 자기계발하는 주체가 소망하는 자유가 협잡이나 기만이라 말해서는 안 될 것이다. 적어도 거의 모든 자유주의적 사회에서 자유란 자명하고 선험적인 이상이 아니다. 그것은 끊임없이 도구화되고 조작화됨으로써 사회적 삶을 관리하고 지배하는 데 사용된다. 그렇지만 반대로 우리는 자유를 통해 지배와 관리의 규칙과 의무, 규범을 의문시하고 현실에 관해 새로운 질문을 던질 수 있는 기회를 마련하게 된다. 그러므로 자유라는 허위로부터 벗어나는 것이 대안이라고 조급히 결론을 내려선 안 될 것이다.
>
> 따라서 신자유주의를 비판한다는 것이 자유를 거부하는 것은 아닐 것이다. [……] 자유를 추구하면 추구할수록 더 많은 선택을 발휘하면 발휘할수록 더 많은 재량을 발휘하면 발휘할수록, 자유와는 반대방향으로 치닫는다는 느낌이 우리를 휩싼다. 따라서 이제 자유를 향한 열망은 자유에의 환멸로 반전될 수도 있을 것이다. 그러나 그런 유혹에 굴복해서는 안 될 것이다. (서동진, 2009: 377)

'자유를 추구하면 추구할수록 자유와는 반대방향으로 치닫는다는 느낌'이라고 서동진이 말할 때, '자유의 반대방향'에 대해 생각해볼 필요가 있다. 바우만은 '자유의 반대방향'이라는 서동진의 모호한 표현을 '자유 속의 무능'(바우만, 2009: 57)이라는 명확한 표현으로 대치했다. 바우만에 따르면, 모든 선택에 대해 자유로운 개인은 오직 개인화만은 선택의 여지없이 받아들여야만 하게 되었다. 과거에 개인들의 연대를 통해 해결해왔던 개인의 일들은 개인 혼자의 능력으로는 대개 할 수 없다. 그렇다고 개인화를 거슬러 연대할 수도 없다. 가장 큰 이유는 개개인의 욕망이 개별화되어 하나의 욕망으로 묶을 수 없기 때문이다. 개인은 욕망을 충족할 자유가 있다. 그러나 개인의 욕망을 충족시키기에는 혼자서는 역부족이다. 이것이 자유 속의 무능이다.

'자유의 반대방향'을 말 그대로 해석하면, 가장 쉽게 다다르는 말은 억압과 속박이다. '근대인'이 '봉건' 혹은 '전근대'의 속박으로부터 반대 방향으로 움직이는 실천을 '자유의 추구'라고 부르는 것을 상기하면 이해가 쉽다. 그러나 이제 억압과 속박은 '근대인'에게 주어졌던 방식으로 주어지지는 않는다. '자유를 추구하면 추구할수록 억압과 속박으로 치닫는다는 느낌'이라고 서동진의 말을 바꾼다면, 이때 속박은 눈에 보이는 외부적인 속박보다는 자기 검열에서 오는 속박일 것이고, 억압 역시 총칼에 비유되는 물리적인 폭력보다는 부드러운 폭력이 야기하는 심리적인 짓눌림일 가능성이 크다. 앞서 예로 든, 삼성전자 입사 가이드를 소개한 「연합뉴스」 기사에 따르면, 이 책자는 '삼성 면접은 따뜻한 면접으로 유명하다'고 소개하고 있다고 한다.

개인이 도덕규범과 마주하게 되는 대표적인 장소라고 푸코가 꼽은 가족, 교회, 학교, 그리고 한국사회라면 군대에서조차 물리적이고 가시적이며 직접적인 폭력은 줄어들고 있다. 개인은 큰소리로 명령 받지 않고 부드럽게 권유 받으며 개인의 행동은 직접적으로 눈앞에서 제약 받지 않는다. 그럼에도 개인은 안다. 부드러운 말과 행동은 언제나 환대의 표시인 것은 아니며 '아니오'라는 말을 듣지 않아도 거절당했다는 것을 안다. '환대'와 '거부'가 명확하지 않기에 개인은 항상 '눈치'를 보며 자기 검열을 한다. 억압을 느낀다. 그러나 검열하는 것도 자신이고 그로 인해 억압을 느끼는 것도 자신이다. 출퇴근이 자유롭고 재택근무가 가능한 직종일수록 스마트폰에서 떨어질 수 없고 24시간 근무하는 것과 같은 느낌이 든다면 아마도 '자유를 추구하면 추구할수록 자유와는 반대방향으로 치닫는다는 느낌'을 받고 있는 때가 아닐까. 출퇴근이 확실하고 업무가 통제된 직종이 차라리 근무 외 시간에는 자유롭다고 생각할지도 모른다.

개인의 해방과 자유, 그리고 '개인화'에 따른 자유의 양면성에 대한 논쟁은 아직 진행 중이다. 자유의 밝은 면을 희망찬 어조로 말하는 기든스에 대한 인용은 2011년 현재의 상황[1]에 비추어볼 때, 덧없는 메아리처럼 들리기도 한다.

---

1 한기호와 장정일은 각기 다른 지면에서 미키 맥기가 쓴 『자기계발의 덫』이라는 책의 서평을 통해 자기계발 프로젝트의 문제점을 지적한다. 한기호는 「경향신문」 칼럼에서 "아직도 자기계발의 덫에 빠져 계십니까?"라고 반문한다. 그는 교보문고에서 2000년대에 가장 많이 팔린 책이 '수세기 동안 단 1%만이 알았던 부와 성공의 비밀'이라는 부제가 붙은 자기계발서 『시크릿』임을 지적하며 자기계발서 열풍에 쓴소리를 한다. "'정신적 마약'에 불과한 자기계발서는 노동의 유연성을 키우려는 자본가들의 입맛에나 딱 맞는다"는 것이다. "2000년대에 그 어느 세대보다 열심히 자기계발서를 읽고 스펙도 키우면서 글로벌화와 정보화에서 최첨단을 달린" 20대들을 기다리는 현실은 빛나는 미래가 아니다. 한기호는 실패에 대한 책임을 "최선을 다하지 않고 성공의 필연성을 굳게 믿지 않은" 자기 자신에게 전가하도록 만드는 점이 자기계발서의 문제라고 지적한다. 장정일 역시 「시사 IN」 칼럼에서 자기계발서를 "진보 담론을 잠식한 '포르노그래피'"라고 강한 어조로 비판하고 있다. 그는 자기계발서뿐만 아니라 우리가 알게 모르게 소비하는 자기계발 문화가 사회적 문제를 개인의 문제로 한정할 뿐만 아니라, 미키 맥기의 말을 빌려 "가능성이라는 즐거운 포르노그래피 안에서 흥청대도록 만든다"고 지적한다. 그는 미키 맥기와 함께 서동진을 언급하며 "두 사람은 자유주의 국가가 점점 강압 수단에 덜 의지하는 대신, 주체의 자발성을 통치와 접합한 좋은 예가 자기 계발 의지라는 데 합의한다"는 말로 논의를 요약한다.

3. 연구 주제

이 책은 푸코의 '윤리' 개념으로부터 출발하여 선진(先秦) 철학에서 '윤리'를 재정의하고 이를 바탕으로 포스트모던 이후의 윤리를 제시하는 데 궁극적인 목표를 둔다. 푸코의 '윤리' 개념은 자기계발의 주체를 문제화하는 틀을 제공하였다. 앞서 언급했듯이, 한국사회에서 '자기계발하는 주체'는 '위험 사회'에서 '개인화' 문제를 인지하고 이에 능동적으로 대처하는 개인이다. 그러나 푸코가 『성의 역사』 연작을 통해 보여주었듯이 자기를 능동적으로 계발하는 주체, 자신을 갈고 닦아 자신이 원하는 사람이 되고자 하는 삶의 기술이라고 하는 것들은 고대 그리스로부터 이어져왔다. 또한, 동아시아 학문 전통의 뿌리라고 할 수 있는 고대 동아시아 철학에서도 발견된다. 자기계발의 주체를 신자유주의 한국사회가 아닌 다른 사회, 다른 맥락에서 고찰해본다면, 자신이 원하는 자신이 되려고 하면 할수록 자신이 원하는 자신이 될 수 없는 모순, 성공을 향한 희망에 부풀어 노력할수록 더 깊은 실패를 경험하는 모순을 다른 각도에서 성찰해볼 여지가 생길 수도 있을 것이다.

주체를 젠더의 영역에서 문제화한 버틀러 역시 푸코의 '윤리'를 통한 자기 구성에 관심을 가졌다. 그는 구성(construction)에 대한 잘못된 해석, 즉 "[자기] 구성은 행위가 아니라 하나의 행동, 즉 한 번 일어난 것으로서 그 효과들이 확고하게 고정되어지는 일회적 행동으로 규정"(버틀러, 2003: 35)하는 해석이 "푸코 저작의 오독"(버틀러, 2003: 35)으로부터 비롯되었다고 지적한다. "문화라든가 담론이라든가 권력처럼 주체를 구성하는 구조들 내지는 비개인적인 힘들"(버틀러, 2003: 35)의 작용에 의한 일회적 행동으로 구성을 이해하게 되면, "구성은 선행하는 주체에 의해 시작되어진 일방적인 과정으로 이해되며, 이렇게 이해된 구성개념은 주체형이상학의 전제, 즉 행위가 있는 곳 이면에는 행위를 시작하는 의지적 주체가 존재한다고 하는 전제를 강화시킨다"(버틀러, 2003: 35). 이렇게 규정된 구성주의의 잘못은 본질주의든, 구성주의든, 혹은 자연이든, 문화든, 담론이든, 권력이든, 주체를 구성하는 구조에 의한 "결정론"으로 귀결되며 결국 "인간적인 행위능력을 소멸시키거나 대체시키는 이론"(버틀러, 2003: 35)이 되어버린다. 요컨대, 버틀러는 '구성에 선행하는 주체'를 전제하면 결국 주체성 혹은 행위능력을 소멸시킬 수밖에 없는 이론으로 귀결되는 문제를 지적하고, 푸코 저작을 '제대로' 독해함으로써 이러한 문제를 해결하고자 한다.

버틀러가 지적하는 '푸코 오독'과 '푸코 정독'의 핵심 구절을 인용하면 다음과 같다.

> 권력이 문법적이고 형이상학적인 주체로 잘못 해석된다면, 그리고 인문주의적 담론 내에서 그러한 주체가 차지하였던 형이상학적인 장소가 인간의 특권화된 장소였다고 한다면, 권력은 행위의 기원으로서의 인간의 자리를 차지하고 들어섰던 것처럼 보인다는 것이다. 그러나 권력개념을 바라보는 푸코의 관점이 이러한 주체의 문법 및 주체의 형이상학을 분열시키고 전복시키는 것에 초점이 맞춰져 있었던 것으로 이해된다면, 그리고 권력이 주체들의 형성과 유지를 총괄한다면, 권력은 권력 자체의 효과인 "주체"에 의해 설명될 수는 없는 것이다. 그리고 또한 "구성" 개념이 주체의 문법적 위치에 속한다고 주장하는 것은 더 이상 올바른 개념이 아니게 된다. 왜냐하면 구성은 주체나 주체의 행동이 아니라 "주체들"과 "행동들"로 하여금 모습을 드러내도록 해주는 반복의 과정이기 때문이다. (버틀러, 2003: 36)

버틀러의 '푸코 정독'에서 주목할 지점은 '반복의 과정'이다. 버틀러를 중심으로 구성을 개념화해보면 다음과 같다. "한 번 일어난 것으로서 그 효과들이 확고하게 고정되어지는"(버틀러, 2003: 35) 행동이 아닌 일회적인 행동이 일어난다. 일회적인 행동들이 반복적으로 일어난다. 이를 하나의 과정으로 본다면, 반복 속에서 주체들과 행동들이 드러나게 된다. 이것이 구성이다. 구성이 주체를 구성하는 과정이라면, 행동이 존재하고 그 반복된 행동들의 결과로 주체들이 구성된다는 것이다. 푸코를 오독하면 '권력이 주체를 구성한다. 권력에 의해 구성된 주체가 행동한다'가 된다. 버틀러의 방식으로 푸코를 정독하면 다음과 같다. '개인이 행동한다. 개인이 반복적으로 행동한다. 개인이 반복적으로 행동할 때, 권력뿐만 아니라 행동하는 인간의 복종, 저항이 동시에 작용한다.' 이 과정을 통해 개인이 윤리적 주체(moral subject)로 구성된다.

이 책에서는 버틀러의 구성 개념을 받아들여 "하나의 대안"으로 선진(先秦) 철학의 영역에서 주체의 구성 문제를 살펴볼 것이다. "행위를 시작하는 의지적인 주체가 존재한다"(버틀러, 2003: 36)고 전제할 때 발생하는 결정론으로의 회귀 문제를 해결하기 위하여 버틀러는 "여러 구성 개념들 대신에 하나의 대안으로서 제시하고자 하는"(버틀러, 2003: 36) "물질 개념으로의 회귀", 즉 육체로의 회귀를 주장하였다. 육체를 중심으로 주체를 설명하고자 하는 버틀러의 시각은 선진(先秦) 철학의 텍스트에 부재한 '정신과 육체의 이분법'과 연결된다. 좀 더 명확히 말하면 주체를 육체로 설명하여도 무리가 없는 선진(先秦) 철학의 맥락에서 버틀러가 주장한 '반복의 과정'에 초점을 맞추어 주체의 구성 문제를 다시 생각해 볼 것이다.

주체의 자발성과 자기계발의 의지 문제는 신자유주의 체제에서만

특별히 부각되는 문제가 아니다. 푸코가 주목한 고대 그리스로부터, 또 고대 동아시아로부터 현재에 이르기까지 '자기를 계발하는 주체'의 문제는 '주체'의 개념을 내려놓지 않는 한 존재할 것이다. 따라서 푸코를 끌어들이든, 푸코를 재해석한 버틀러를 끌어들이든, 혹은 푸코의 문제의식으로 선진(先秦) 철학을 바라보든, '주체를 구성하는 윤리'라는 실천으로 '위험 사회'에서 '자기계발하는 주체'가 당면한 모순을 해결할 수는 없을 것이다. 따라서 이 책의 논의는 시작부터 실패를 예견하고 있다. 그러나 만약 실용적인 차원에서, '주체'라는 개념을 포기할 수 없다고 전제하면, '위험 사회에서 자기를 계발하지 않으면 살 수 없는 개인'의 문제를 다양한 윤리 체계 속에서 바라보는 시도는 분명 유용하다. 이 책이 단지 모순 해결의 실패에서 그치지 않고 또 하나의 자기계발서로 읽힐 위험 역시 시작부터 예견되어 있다.

제2장
푸코의 '윤리'(ethics)

고대 동아시아 철학을 '자기 구성'에 초점을 맞추어 이해할 때 철학자 미셸 푸코의 '윤리'(ethics)라는 개념은 유용하다. 일상생활에서 사용하는 도덕, 도덕성, 윤리라는 말들은 동의어로 쓰이는 경우가 많다. 종종 '부도덕하다'는 말은 '비윤리적이다'라는 말과 같은 의미로 이해된다. 또 정규 교육과정에서 배웠던 '도덕'이라는 과목명은 '(국민) 윤리'라는 과목명과 교육 내용의 골자가 다르지 않았다. 그러나 푸코의 철학에서 '도덕성'(morality)은 '윤리'(ethics)의 동의어가 아니다. 푸코는 '윤리'를 도덕의 일부분인 '실천'으로서 재정의하였다. 고대 동아시아 철학에서 흔히 사용되었던 '수신'을 '자아 실천'(practicing the self)이라고 개념화할 수 있는 것은 푸코 덕분이다. 푸코를 연구한 철학자 티모시 올리리(Timothy O'Leary)는 푸코가 '윤리'를 도덕성(morality)의 한 요소로 자리매김하였다고 말한다. 올리리에 따르면 푸코에게 도덕성이란 행동 규범(codes of behavior), 실제 행동(actual behavior) 그리고 윤리(ethics)의 세 요소로 구성된다(O'Leary, 2002: 11).

이렇게 보면, '윤리'는 사회로부터 주어진 행동 규범과 실제 행동 사이에 위치하는 과정이다. 사회로부터 주어진 행동 규범 앞에서, 행동의 주체는 이를 이해하고 내면화하고 저항하고 무시하고 조작한다. 실제 행동을 도출하기 위해 선택하고 결정하는 과정을 자아 실천이라고 하며 자아 실천을 통해서 윤리적 존재(ethical being)로서의 자아가 형성되는 것이다.

푸코는 도덕성(morality)의 두 측면에 주목하였다. 그는 『쾌락의 활용』(*L'usage des plaisirs*)에서 다음과 같이 말하였다. "'도덕성'(morality)이란 흔히 서로 연관되어 있는 가치의 묶음들 그리고 행위의 규칙들을 의미한다. 가치와 규칙들은 가족, 교육기관, 종교 등의 다양한 규범적인 주체[2]라는 매개자를 통하여 개인에게 권유된다. 우리는 이러한 규범적인 복합체를 '도덕규범'(moral code)이라고 부를 수 있다"(Foucault, 1990: 25). 푸코의 지적처럼 '도덕성'이라는 말은 대개 도덕규범을 의미한다. 예컨대, 도덕 관련 연구의 대부분은 도덕규범에 대한 연구다. 조선시대의 도덕에 관한 연구는 조선시대 도덕규범서 연구에 집중되어 있다. '도덕규범'이란 약의 처방전처럼 행동에 관한 일련의 지시 사항들이라고 할 수 있다. 그런데 사람들이 도덕규범서에 쓰인 대로 행동하지는 않는다는 것은 기정사실이다. 따라서 푸코는 도덕성이라는 말에 포함된 또 다른 의미에 주목한다. "'도덕성'(morality)이란 또한 개인들이 그들이 권유 받은 가치와 규칙들과 관련하여 실제로 하는 행동을 가리키기도 한다. 우리는 이 수준의 현상을 '행동의 도덕성'(the morality of behaviors)이라고 부를

2 규범적인 주체(prescriptive agencies)란, '이렇게 행동하라, 저렇게 행동하라', '이렇게 하면 상을 받고 저렇게 하면 벌을 받는다'는 식으로 사람의 행동에 규범을 주입하는 가족, 학교, 종교 등의 기구들을 가리킨다.

수 있다"(Foucault, 1990: 26). 올리리가 지적한 대로 푸코의 '윤리'(ethics)라는 개념은 '도덕규범'(moral code)과 실제 행동 사이의 연결고리이다. 왜냐하면 '개인들 혹은 집단들이 규범적 시스템(prescriptive system)을 준거(reference)로 행동할 때 (행동의) 변이 혹은 위반에 오차'(Foucault, 1990: 25)가 존재하기 때문이다. 다시 말해서, 규범적인 시스템이 작동한다고 해도 사람이 모두가 동일하게 마치 기계처럼 행동할 수는 없다. 세세한 부분까지 일일이 묘사한 자세한 규범(prescription)에 따라 행동한다고 해도 행동의 주체는 규범의 이해와 해석에 주관을 개입시킬 수밖에 없다. 예컨대, 동일한 요리 레서피를 보고 요리를 해도 그 요리가 특히 요리하는 사람에 따라서 차이가 날 가능성은 매우 크다. 레서피에 적힌 대로 한다고 해도 가열기구마다 '중간 불'의 불의 세기가 다를 것이고 사람에 따라 '물기를 뺀다'를 해석하는 정도가 다를 것이다. 행동의 변이가 존재한다. '쪽파가 없으니까 대파로 하자', '이 과정은 생략해도 되지 않을까', 심지어는 '닭이 없으니 돼지고기로 하자'는 다소 과격한 행동의 위반도 있을 수 있다. 행동의 변이도 행동의 위반도 요리책을 여전히 펼친 상태에서 줄곧 요리책을 곁눈질하면서 행하게 된다. 규범적 시스템이 작동하는 상태에서도 행동의 '변이 혹은 위반에 오차'는 피할 수 없다. 오히려 규범적 시스템이 존재하는 한, 행동의 변이와 위반은 피할 수 없다. 행동 주체의 관점에서 보면 규범적 시스템이란 변이와 위반을 위해서 존재하는 것처럼 생각되기도 한다. 요컨대, 규범적 시스템에 순응하여 규범대로 정확하게 행동하고자 결심한 사람조차도 그때그때 자신의 길을 선택하지 않을 수 없다.

도덕성을 분석하며 푸코는 도덕규범과 실제 행동 사이에 사람이 결정을 내려야 할 네 가지가 있다고 주장하였다(Foucault, 1990: 26~28). 첫째, 사람은 '윤리적 재료'(ethical substance)를 결정하여야 하는 단계를 경험한다. 푸코의 말을 인용하면, '윤리적 재료의 결정이란 개인(individual)[3]이 자신의 도덕적(moral) 행동의 주재료(the prime material)로서 자신의 이런저런 부분(part)을 형성해야만 하는 방식'이다. 도덕적 행동의 주재료는 사람의 이런저런 부분(part)이라는 점이 중요하다. '내 어떤 부분을 도덕적 행동의 주재료로 삼을 것인가'를 결정하여야 한다. 둘째, '복종의 양식'(mode of subjection)을 결정해야 한다. 푸코의 말을 그대로 인용하자면, '복종의 양식이란 개인이 규칙과 관계를 설정하고 자신에게 규칙을 실천에 옮길 의무가 있다고 인식하는 방식'이다. 규칙에 철저하게 복종하여 규칙을 행동으로 옮기는 일을 사명감을 가지고 실천할 것을 결심하는 사람이 있는가 하면, 규칙에 복종하는 척하기만 하자고 결정하는 사람, 혹은 규칙을 거부하기로 결정하는 사람이 있을 수 있다. 셋째, '윤리적 작업'(ethical work)을 결정해야만 한다. 역시 푸코의 설명을 옮기면, '윤리적 작업이란 사람이 자신에게 실행하는 작업인데, 단지 주어진 규칙에 순응하여 행동하기 위해서만은 아니며 자신의 행동의 윤리적 주체(ethical subject)로서 자신을 변화시키기 위한 시도를 포함한다.' 다시 말해서, 윤리적 작업은 규칙을 완벽하게 행동으로 실현하기 위한 노력으로 점철될 수도 있지만 자신의 행동의 주체가 되기 위한 시도이기도 하다. 겉으로 보기에는 동일한 행동도 다른 결정에 따른 다른 '윤리적 작업'일 수도 있다. 예컨대, 열심히 공부하는 학생은, '학생은 열심히 공부해야 한다'는 규칙에 순응하기 위한 '윤리적 작업'을 하는 것일 수도 있지만, 규칙과 상관없이 공부하는 행동이 자신에게 가져다주는 즐거움을 더욱 배가시키기 위해, 또는 자신이 원할 때면

3 푸코는 자신의 도덕 이론에서 행위자를 지칭할 때 '개인'이라는 용어를 사용한다. 푸코에 따르면, 개인은 도덕을 통해 '윤리적 존재'(ethical being)가 된다.

언제라도 그 즐거움을 더욱 강하고 신속하게 느낄 수 있도록 공부하는 행동의 주체가 되기 위해, 자신을 훈련하는 '윤리적 작업'을 하는 것일 수도 있다. 넷째, '목적'(telos)을 결정하여야 한다. '텔로스'(telos)라는 말은 아리스토텔레스 철학에서 '목적인'(目的因)으로 번역된다. '무엇 때문에 무엇을 한다'고 할 때 '무엇 때문에'에 해당하는 것이 '텔로스'이다. 아리스토텔레스는 사람의 행동뿐만 아니라 만물에 두루 '텔로스'가 존재한다고 믿었다. 푸코는 그의 '윤리'에서 텔로스를 다음과 같이 설명한다. "어떤 도덕적 행위는 그 행위 자체의 성취를 지향한다. 그러나 그 행위 자체의 성취 이상의 것을 목표로 삼기도 한다. 개인이 그 행위 이외의 다른 행위들을 할 때도 항상 가치들과 규칙들에 부합하게 행동하도록 만드는 [그러한] 도덕적 행동의 수립뿐만 아니라 또한 개인이 어떤 특정한 존재 양식, '윤리적 주체'(ethical subject)의 특징을 갖는 존재 양식을 취하도록 하는 [그러한] 도덕적 행동의 수립을 목표로 한다." 푸코의 '윤리'라는 맥락 속에서 목적, 즉 텔로스는 어떤 행동 자체의 목적과는 다르다. 예컨대, 내일 대학 입시를 앞둔 학생이 '시험을 잘 보기 위해' 시험공부를 한다. 시험공부라는 행동의 목적은 대학 입시다. 시험공부 하는 학생의 '시험공부라는 행동은 시험 범위 안의 내용을 빠짐없이 훑어보고 시험에 나올 만한 문제를 반복적으로 연습'하는 등 시험공부라고 하는 '행위 자체의 성취'를 지향한다. 그런데 푸코의 '윤리'의 맥락에서 텔로스를 들여다보면 양상은 다르다. 푸코의 '윤리'에서 '목적'은 한 번의 행동에 작용하는 하나의 목적이 아닌 것이다. 한 번의 행위의 완성 이상의 것을 지향한다. 이후의 다른 행동에도 작용하는 '목적'이다. 대학 입시라는 특정 시험을 앞두고 행하는 시험공부는 이 학생이 대학 합격 이후에도 치르게 될 여러 다른 시험에서도 '시험을 앞둔 학생은 시험공부를 해야 한다'는 규칙과 '고득점'이라는 가치에 부합하게 행동하도록 만들 수 있다. 다시 말해서, 이 학생은 대학 입학을 위한 시험공부를 통해서 이후의 다른 시험들 혹은 다른 도전들에서도 주어진 규칙들과 가치들에 부합하는 행동을 좀 더 쉽고 빠르게 이끌어낼 수 있도록 하는 그러한 행동을 수립하고자 한다. 동시에 이 학생은 대학 입학을 위한 시험공부를 통해서 규칙과 가치에 순응하는 그러한 인간으로 자신을 만들어간다. 이후의 삶에서도 규칙과 가치에 순응하는 윤리적 주체의 존재 양식을 취하게 되는 것이다. '반항 때문에 대학 입학 시험공부를 거부한다'는 행동을 예로 들 수도 있다. '시험공부 거부'라는 행동의 목적은 '반항'이다. 대학 입학 시험공부를 거부한 채 별다른 준비 없이 대학 입시에 응시함으로써 행위의 목적은 성취된다. 그러나 푸코의 '윤리'의 맥락에서 살펴보면, 이 학생은 '대학 입학 시험공부 거부'라는 특정 행동을 통해서 이후의 여러 시험에 주어지는 규칙들과 가치들 혹은 좀 더 일반적인 규칙과 가치들을 좀 더 '잘', 예컨대, 자신에게 피해가 덜 가도록 자연스럽고 능숙하게, 거부하는 그러한 행동을 수립할 '목적'으로, 혹은 규칙과 행동을 거부하는 윤리적 주체의 특징을 갖는 존재 양식을 취할 '목적'으로, '대학 입학 시험공부 거부'라는 행동을 취한다고 볼 수 있다.

푸코는 부부나 연인 사이의 신뢰를 예로 들었다(Foucault, 1990: 26~28). 푸코의 설명을 빌리자면, 사람은 신뢰를 실천하는 일을 여러 가지로 해석한다. 의무 조항들을 엄격하게 준수하거나 욕망을 마음먹은 대로 조절할 수 있게 되거나 혹은 심지어 관계의 질을 유지하기 위해 감정을 모으는 등의 일은 부부나 연인 사이의 신뢰를 실천하는 일과 연결시킨다. 푸코는 신뢰의 실천과 연결된 이러한 상황들에서 '영혼의 상반된 움직임'이 '윤리적 재료'라고 주장하였다. 다시 말해서 신뢰의 실천과 결부된 사람의 생각과 감정이 자아 형성과 관련된 과정에 필요한 '윤리적 재료'

라는 것이다.

푸코가 든 예를 좀 더 풀어서 설명하면, 푸코는 부부나 연인 사이에 신뢰를 지키는 일에는 흔히 '영혼의 상반된 움직임'이 나타난다고 생각했다. 배타성을 전제로 하는 부부나 연인 간의 신뢰는 배우자에게 지켜야 하는 의무 조항을 위반했을 때 무너진다. 그런데 신뢰를 위협하는 요소는 곳곳에 도사리고 있다. 배우자 이외의 다른 사람이 눈에 들어오기 시작할 때 사람은 '영혼의 상반된 움직임'을 감지한다. 이 '영혼의 상반된 움직임', 한쪽으로는 배우자로부터 달아나고, 반대편으로는 배우자를 향해 잡아끄는 영혼의 줄다리기 속에서 사람은 어떻게든 태도를 취하지 않으면 안 된다. 어떤 사람은 눈과 귀를 막고 의무 조항을 더욱 엄격하게 준수하여 배우자에게 더욱 성실하게 대한다. 어떤 사람은 이 줄다리기를 적절히 즐기며 감수성을 더욱 끌어올리되 감정에 휩쓸리지는 않는 상황을 유지한다. 이 기회를 통하여 욕망을 포함한 감정 조절을 연습하는 것이다. 어떤 사람은 관계가 일상화되면서 동시에 말라버린 사랑의 감정, 곧 관계의 본질을 강화하는 기회로 삼는다. 어떤 태도를 취하기로 결정하든 배우자에 대한 신뢰를 실천하는 과정에서 자아를 형성한다. 스스로에게 엄격한 사람이 되든지, 감정을 잘 다스리는 사람이 되든지, 아니면 감수성이 풍부한 사람이 되든지, '영혼의 상반된 움직임'을 재료로 자신을 만들어간다는 사실은 동일하다. 부부나 연인 사이의 신뢰라는 도덕규범(moral code)과 도덕규범의 실천으로서의 실제 행동 사이의 연결고리, 즉 푸코가 '윤리'(ethics)라고 부른 과정에서 '영혼의 상반된 움직임'을 재료로 자아를 만들어간다.

푸코는 도덕규범과 실제 행동 사이에서 사람이 결정을 내려야 할 나머지 세 가지, '복종의 양식'(mode of subjection), '윤리적 작업'(ethical work), '목적'(telos)에 대해서도 같은 예를 들어 설명한다. '부부나 연인 사이의 신뢰'라는 도덕규범을 두고 어떤 사람은 자신이 신뢰를 굳건히 지키고 있다고 다른 사람들 앞에서 공공연히 떠들고 신뢰를 도덕규범으로 삼고 있는 사회의 일원임을 주장하는 복종의 양식을 선택한다. 어떤 사람은 자신이 신뢰를 지키고 있다고 다른 사람 앞에서 떠들지는 않지만 스스로는 신뢰라는 정신적 전통의 계승자라고 여기며 신뢰를 지킬 의무가 있다고 믿는 복종의 양식을 취한다. 어떤 사람은 스스로 가치를 부여하는 고귀함, 완전함을 자신의 삶에서 실현하기 위한 형식으로 부부나 연인 간의 신뢰라는 도덕규범에 복종하는 양식을 취한다. '윤리적 작업'을 결정할 때에도 사람마다 다르다. '윤리적 작업'은 규칙들을 엄격하게 적용시킬 수 있도록 행동을 통제하는 형태로 나타나기도 하고, 성적 쾌락의 전면적인 포기로 나타나기도 하며, 성적 욕망의 은밀한 부분에 이르기까지 욕망의 움직임을 섬세하게 따라가는 형태로 나타날 수도 있다. '목적' 역시 같다. 푸코의 예를 옮기자면, 사람은 부부나 연인 간의 신뢰라는 도덕규범에 대하여 완전한 자기 통제, 탈속(脫俗), 영혼의 완전한 평온 혹은 사후의 구원 등을 목적으로 삼는 일련의 행동을 구축한다.

앞에서 행동의 목적과 '윤리'의 목적은 다르다고 설명하였다. 부부나 연인 간의 신뢰라는 도덕규범에 대한 행동 역시 마찬가지다. '부부나 연인 간의 신뢰를 지키기 위해 배우자 이외의 그 어떤 상대와도 성관계를 갖지 않는다'고 했을 때 배우자 이외의 상대와 성관계를 갖지 않는 행동의 목적(텔로스)은 부부나 연인 간의 신뢰다. 그러나 '윤리'의 차원에서 보면 다를 수 있다. 배우자 이외의 그 어떤 상대와도 성관계를 갖지 않는 행동을 완전한 자기 통제를 실현하기 위하여, 혹은 그 모든 성적 욕망으로부터 초탈하기 위하여, 혹은 육체에 대한 집착을 버리기 위하여, 혹은 영혼의 완전한 평안을 위하여 행할 수 있다. 관찰자의 시선으로는 같은 행동, 즉 행동 자체의 텔로스는 같은 행동이 '윤리'의 차원에서는 다른 텔로스를 지향할 수 있다.

푸코의 '윤리'에 대한 올리리의 정의를 다시 상기하면, 윤리란 도덕규범과 실제 행동 사이의 연결고리, 다시 말해서 사람이 자신이 교육받은 도덕규범을 처리하여 실제 행동으로 실현하기까지의 과정이다. 이 과정은 행동의 주체에게 맡겨진 몫인데 그 첫 단계가 '윤리'의 재료를 결정하는 일이다.

극단적인 예로 행동의 주체가 로봇이라면 프로그래밍된 대로, 즉 도덕규범이 지시한 대로 아주 세세한 부분까지 오차 없이 행동에 옮길 것이므로 윤리적 재료의 결정조차 프로그램대로 이행될 것이다. 즉, 인간이 로봇이라면 도덕규범과 실제 행동 사이의 변이 혹은 위반의 오차가 존재하지 않는다. 이 말은 동일한 도덕규범 속에서는 동일한 '윤리'가 나타난다는 뜻이다. 동일한 '윤리'가 나타난다는 말은 푸코가 말한 '결정을 내려야 할 네 가지'를 동일하게 결정한다는 뜻이다. 만약 오차가 나타난다면 프로그래밍에, 혹은 하드웨어에 고장이 발생한 것이다. 따라서 동일한 행동은 동일한 도덕규범뿐만 아니라 동일한 '윤리'를 전제로 한다고 볼 수 있다.

말을 바꾸어 행동의 주체가 로봇이 아니라면, 결론부터 말해서 동일한 도덕규범 속에서 동일한 행동을 보인다고 해도 '윤리'는 전혀 다를 수 있다. 일단, 인간은 로봇이 아닌 이상 동일한 도덕규범 속에서도 규범에 대한 태도가 다를 수 있다. 적극적으로 내면화하려고 하거나 조작하거나 심지어 거부하고 저항할 수도 있다. 푸코의 용어로 '규범 중심의 도덕성'(code-oriented morality),[4] 그중에서도 극단적인 경우를

4 '규범 중심의 도덕성'(code-oriented morality), '윤리 중심의 도덕성'(ethics-oriented morality)

가정한다고 해도 인간의 내면에서 일어나는 '윤리'(ethics)의 전 과정을 일일이 통제한다는 것은 쉽지 않다. 학교, 교회 등의 규범적인 주체들(prescriptive agencies)이 워낙 강력하고, 규범적인 주체들이 인간의 사생활 및 내밀한 부분, 예컨대 심리 검사 및 인터넷을 통한 개인 취향 등의 정보수집 도구들을 이용하여 인간의 생각과 감정에 대한 정보들을 확보한 채 이를 통제의 도구로 사용한다면, 변이 혹은 위반의 오차는 줄어들 것이다. 결국 '윤리'를 제어하는 정도, 오차를 줄이는 정도가 인간의 '자유'와 반비례한다고 할 수 있다. 오차가 클수록, 도덕규범과 실제 행동 사이에 '윤리'가 차지하는 비중이 커지면 커질수록, '자유'는 증가하며, 오차가 작을수록, '윤리'가 담당하는 역할이 작으면 작을수록, 다시 말해서 도덕규범을 행동으로 실현하기까지 사람이 별로 생각할 여지가 없으면 없을수록, '자유'는 감소한다. 푸코가 '규범 중심의 도덕성'(code-oriented morality)의 상대 개념으로서 '윤리 중심의 도덕성'(ethics-oriented morality)이라는 용어를 창안한 이유는 여기에 있다.

푸코는 도덕규범(moral code)과 실제 행동 사이에 '윤리'라는 과정을 강조함으로써 윤리학 및 철학 전반의 고전적인 주제라고 할 수 있는 '자유'의 문제를 다시 제기한다. 도덕규범과 실제 개별 행동 사이의 간극은 누구라도 쉽게 생각할 수 있다. 동일한 도덕규범에서 동일한 사람의 행동이라도 다를 수 있다. 푸코가 주장하는 바는 도덕규범과 행동 사이에 간극이 존재한다는 사실이 아니다. 도덕규범과 실제 행동 사이의 연결고리에서 일어나는 '선택과 결정'이다. 행동의 주체는 도덕규범과 실제 행동 사이에서 선택하고 결정해야만 한다. 선택하고 결정해야만 하는 행동의 주체는 선택하고 결정할 수 있다. 선택과 결정, 즉

(Foucault, 1990: 29~30).

'자유'는 강제된 것인 동시에 행사할 수 있는 것이다.

이것이 행동의 주체에게 부여된 '자유'의 의미이다. 사람은 태어날 때부터 죽을 때까지 적어도 한 가지 이상의 규범 체계들에 속하게 된다. 규범 체계 속에서 사람은 도덕규범과 실제 행동 사이에서 '윤리'를 실천해야만 한다. 행동을 하는 이상, '자유'를 행사하지 않을 자유가 없다. '자유'를 행사하지 않겠다고 결정한다고 해도 최소한 한 번의 선택과 결정을 해야만 한다. 선택과 결정을 하지 않고 도덕규범을 그대로 따르겠다는 선택과 결정 말이다. 그러나 동시에 도덕규범 속의 규범적인 주체들(prescriptive agencies), 예컨대 가족, 학교, 종교의 '권유'는 강력하다. 행동의 주체는 '자유'를 행사하기에 앞서 늘 '별다른 대안이 없다면, 아마도 없겠지만, 권유를 따르는 편이 좋을 것'이라는 사전 권고를 받는다.

푸코가 '윤리'를 도덕규범과 실제 행동 사이에 사람이 '결정'을 내려야 할 네 가지, 다시 말해서 '윤리적 재료', '복종의 양식', '윤리적 작업', '목적'(텔로스)을 설명하며 예로 든 부부나 연인 사이의 신뢰를 다시 살펴보면, 가족, 학교, 종교 등 규범적인 주체들(agencies)의 '권유'가 얼마나 강력한지 알 수 있다. 푸코는 '윤리'라는 개념을 설명하며 '결정'이라는 말을 사용하여 행동의 주체를 강조하였다. 그러나 그가 든 '신뢰'와 관련된 구체적인 예들은 행동 주체의 '결정'이 규범적인 주체들의 '권유'에 얼마만큼 영향을 받는지를 역설적으로 보여준다. 그의 예에는 '신뢰'라는 도덕규범을 전면적으로 거부하는 행동 주체는 등장하지 않는다. 차라리 '탈속'을 선택할지언정 '신뢰' 자체에 도전하는, 예컨대 드러내놓고 바람을 피운다든지 하는 예는 등장하지 않는다. 그 이유는 푸코가 보여주고자 하는 '윤리적 존재'(ethical being)란 '권유'와 '욕망' 사이에서 팽팽한 긴장 속에 위치하는 존재이기 때문이다. 물론 '권유'의 전면적 거부도 가능하다. 그러나 현실적으로 '권유'의 거부가 가져올 손해는 존재 자체를 위협할 만큼 클 수 있기 때문에 예로 드는 것이 적절하지 않을 수 있다.

내 생각에 푸코가 강조하고 싶었던 지점은 행동 자체의 목적(텔로스)과 '윤리'의 목적(텔로스)이 어긋나는 지점이다. '신뢰'라는 텔로스를 모든 면에서 증거하고 있는 행동이 '윤리'의 차원에서는 인간관계의 '신뢰'가 아닌 인간관계 자체를 초월하는 '탈속'이라는 텔로스를 지향하는 지점 말이다. 여기까지가 규범 체계 속에서 '윤리적 존재'로 살아갈 수밖에 없는 인간에게 주어진 '자유'의 한계다.

제2부로 넘어가기 위해

고대 중국철학자들의 문제의식이 푸코의 도덕규범과 실제 행동 사이의 연결고리, 즉 '윤리'가 전개되는 공간을 비집고 들어온다. 고대 중국철학자들의 문제의식을 푸코의 언어로 다시 쓰면 다음과 같다. '주어진 규범 체계 속에서 윤리적 존재로 살아갈 수밖에 없는 개인이 자신에게 허용된 자유 안에서 자신을 어떻게 만들어가야 하는가?' 고대 중국철학자들은 주어진 규범 체계, 인간이라는 존재, 개인에게 허용된 자유를 각기 다르게 해석하여 각기 다른 길들을 제시했다. 그들이 제시한 서로 다른 길이 그들의 철학이 되었다.

고대 중국철학자들이 제시한 여러 갈래의 길들은 푸코가 '서양'을 가지고 설명한 '윤리'의 내용을 풍부하게 할 뿐 아니라 좀 더 보편적으로 만든다. 푸코가 생의 후반기에 남긴 생각을 따라가다 보면, 나뿐만 아니라 다른 독자들도 푸코가 연구하던 작업 중간에 생을 마감했다고 느낄 것이다. 푸코는 『광기의 역사』, 『임상의학의 탄생』, 『감시와 처벌』, 『성의 역사』 등에서 근대를 거치며 인간이 마주한 인간 존재의 현실, 즉 '이성'을 가지고 자발적 선택, 즉 '자유'를 행사한 결과로 얻게 되는 '구속'에 대하여 역설하였다. 근대 이성의 지배는 말과 사물이 연결되는 방식으로부터 생기는 사물의 질서에 이미 내재되어 있다. 푸코의 후기 저작은 자신의 전기 작업의 결과, 즉 존재가 '구속'을 피할 수 없는 인간의 현실로부터 출발하여 그러한 인간에게 주어진 '자유'의 문제에 집중하고 있다.

나는 푸코의 인간 존재에 대한 인식이 중국 고대철학자들의 인식과 맞닿아 있다고 생각한다. 고대 중국철학자들이 푸코의 저작을 읽는다면 근본적인 부분에서 공감을 표시할 것이다. '아니, 이걸 몰랐단 말이야?' 라고 말할지도 모른다. 푸코는 그 '자유란 무엇이며 그 자유를 가지고 인간이 할 수 있는 것이 무엇인가?'에 대한 예를 『성의 역사』에서 보여주었다. 그리고 인간이 '자유'를 가지고 할 수 있는 것, '자유'를 가지고 자기 자신을 만들어가는 과정을 '윤리'라고 이름 붙였다. 그가 생각하기에 '윤리'의 본질은 주어진 도덕규범을 실천하거나 양심에 따라 도덕적 의무를 실천하는 이상의 것, 즉 도덕 체계 속에서 자기 자신을 만들어가는 전 과정에 있다. 나는 이 '윤리'의 본질에 관한 부분이 고대 중국철학자들과 일치한다고 생각한다. '윤리'의 본질은 주어진 도덕 체계 속에서 자기 자신을 만들어가는 것이다. 행동을 통해서.

푸코는 그의 도덕 이론을 통해, '인간은 개인으로서 사는 것이 아니라 주체로서 살아간다'고 역설하였다. 이는 고대 중국철학자들이 공유한 고대 동아시아 윤리학의 출발점이기도 하다. '윤리적 주체'(ethical subject)는 '주체'(subject)라는 말이 가진 두 의미, 즉 '복종하는 존재'이면서 동시에 '행동의 주체인 존재'를 포괄한다. 자신의 행동을 선택하고 결정하고 주재할 자유를 보장받았기에 자신의 행동에 전적으로 책임을 져야 하는 개인은 푸코 윤리학에도 고대 동아시아 윤리학에도 존재하지 않는다. 라투르에 의하면, '서구인'조차 결코 근대인이었던 적은 없었다. 푸코는 '행동하는 것은 자유로운 개인이 아니라 복종하면서 동시에 주재하는 윤리적 주체'임을 보여줌으로써 다른 방식으로 '근대인'을 부정한다. 고대 중국철학에 뿌리를 둔 동아시아 윤리 속에서 행동의 주체 역시 주어진 사회 규범에 매였으나(subject to) 행동을 선택함으로써 자신을 만들어가는 존재다. 결코 근대인이었던 적이 없는 동아시아인이다.

제2부

고대 동아시아 철학에서의 ‘윤리’

제3장
선진(先秦) 철학에서의 '윤리'

나는 고대 동아시아 철학, 다시 말해서 이른바 선진(先秦) 철학의 주제를 한마디로 요약하면 '행동 중심의 자아 형성'이라고 생각한다. 고대 동아시아 철학은 흔히 제자백가(諸子百家)로 불리는 고대 중국철학자들에 의해 형성되었다. 그들은 '행동이 곧 사람됨이므로 행동을 통하여 형성되는 사람됨이란 어떤 것이며 또 어떠해야 하는가'를 주제로 다양한 견해를 제시하였다. 고대 중국철학자들 역시 인간은 스스로 선택하고 결정하고 그에 따라 행동하는 존재라고 생각했다. 따라서 '사람됨'은 남이 만들어줄 수 없다. '남'의 선택과 결정으로부터 영향을 받지만, '사람됨'은 스스로의 선택과 결정에 따라 스스로 만들어가는 과정으로 여겨졌다.

고대 중국철학자들이 당대의 사회 및 정치에 보이는 관심 역시 제도 자체의 개혁이라기보다는 군주로 대표되는 '정치인'의 '사람됨'에 초점이 맞추어져 있다. 제도 자체의 개혁도 사람의 문제로 환원되는 경우가 많다. 제도가 바뀌려면 제도를 바꿀 힘이 있는 사람, 즉 군주의 사람됨이 바뀌어야 한다. 예컨대, 맹자는 인정(仁政)이 시행되려면 군주의 사람됨이 인(仁)하여야 한다고 주장한다. 인정(仁政)이 시행되어 백성들의 삶이 안정되면 백성의 사람됨도 그에 따라 바뀐다. 맹자에게 제도의 문제는 결국 사람됨의 문제였다. 고대 중국철학자들은 '사회'는 구조나 제도가 아니라 '사람'으로 구성된다는 인식을 공유하고 있었던 것으로 보인다. 요컨대, 고대 중국철학자들은 '사람됨의 형성', 구체적으로는 '행동 중심의 자아 형성'이라는 문제의식을 공유하고 있었다.

1. 실천을 전제로 한 앎

'어떻게 하면 잘 (행동)할 수 있을까?' 고대 중국철학자들의 주된 관심사를 요약하면 이렇다. 능력 지식이다. 이른바 '서양철학'에서 지식은 참/거짓이 판별되는 명제 지식에 집중되어 있는 데 반하여 고대 중국철학자들은 능력 지식을 중요하게 생각했다. 예컨대, '자전거는 운송 수단이다', '자전거는 운동 기구다'라는 명제에 초점을 맞추기보다는 '자전거를 어떻게 하면 잘 탈 수 있을까'에 초점을 맞춘다. 고대 중국철학자들에게 자전거가 운송 수단인지 운동 기구인지, 아니면 둘 다인지 따위의 문제는 그다지 논쟁거리가 아니었다. 오히려 그들은 자전거를 잘 타는 방법을 가지고 논쟁을 벌였다.

실천. 고대 중국철학자들에게 앎은 실천을 전제로 할 때 의미를 갖는다. 몰라도 행동할 수 있다. 그런데 알면 더 잘 할 수 있다. 못하면? 아는데 못하는 것일 수도 있고 알아도 못하는 것일 수도 있다. 알아도 안 할 수 있다. 아니, 알아도 하지 말아야 한다. 이른바 '동양사상'에는 앎에 관한 부정적 견해가 늘 존재한다. '아는 것이 힘'이 아니라 '아는 것이 병'이다. 그 이유야 다양하게 설명될 수 있겠지만, 실천과 연결시켜보면, 앎이 행동에 방해가 되면 차라리 모르는 것만 못하다는 관점이다. 앎은 좋은 행동에 도움이 될 때만이 의의가 있으며 앎 그 자체로서 가치가 있는 것은 아니다. 다른 어떤 텍스트보다 『논어』는 '행동을 전제로 한 앎'을 역설하고 있다. 요컨대, '동양사상'의 근간을 이루는 고대 중국철학에서 '행동－앎'은 고대 중국철학을 하나로 특징짓는 공통분모다.

가장 잘 알려진 동양철학 전통인 유가철학을 예로 들어 앎과 실천의 관계를 더 살펴보자. 동양철학의 대명사 '공자님'은 말씀하셨다. 실천(행동)하고 힘이 남으면 그 남은 힘으로 글(지식체)을 배워라(行有餘力 則以學文). 『논어』는 '배움'(學)이라는 말로 시작된다. 『논어』에서 제시된 '배우고 늘 익힘'(學而時習)의 함의는 다음과 같다. 앎이란 행동을 전제로 하며, 단지 특정 시간과 공간에 어떤 사물과 대면하여 그것을 인지하는 앎이 아니라 오랜 시간에 걸쳐 앎을 더욱 익숙하게 하는 과정으로서의 앎이다. "실천(행동)하고 힘이 남으면 그 남은 힘으로 글(지식체)을 배워라"(行有餘力 則以學文)를 '배우고 늘 익힘'(學而時習)에 적용하면 행동을 전제로 한 '과정으로서의 앎'은 다음과 같다. 첫째, 일단 행동(실천)을 한다. 둘째, 힘이 남으면 글(지식체)을 배운다. 셋째, 배운 글을 행동에 적용한다. 넷째, 배운 내용을 늘 행동에 적용하여 숙달되도록 한다. 다섯째, 숙달되면 힘이 남게 되는데 그 남은 힘을 다시 글(지식체)을 배우는 데 쓴다.

'글(지식체)을 배운다'(學文)는 구절에 유가윤리학의 특징이 함축되어 있다. '실천을 전제로 한 앎'이라는 주제는 고대 중국철학자들에게서 공통적으로 발견된다. 유가철학의 특징은 실천을 위해서 '글'(지식체)을 배워야 한다고 주장한다는 점이다. '글'(文)은 '지식체'(body of knowledge)

인데 '지식체'는 행동(실천)의 고수들이 자신의 성공 비결을 담은 일종의 행동 메뉴얼이다. 사람이 겪는 시행착오를 줄여줄 목적으로 오랜 시간 쌓아온 공동체의 성과물이다. 역사와 전통을 중시하는 유가철학의 특징은 유가철학의 초기부터 철학적 정체성의 근간을 이룬다.

지식체를 중요하게 여기는 유가철학조차도 지식체를 배우고 전수하여야 하는 당위성은 항상 실천(행동)에 근거를 두고 있다. 행동(실천)을 하는 것만으로도 힘이 부족한 사람은 굳이 글을 배울 필요가 없다는 것이다. 오직 힘이 남는 사람에 한하여 다른 사람의 성공기를 들여다보라는 것이다. 힘이 남는 때는 행동에 어느 정도 숙달되었을 때다. 행동에 어느 정도 숙달되면 행동을 더 성공적으로 하려는 목적으로 다른 사람 특히 성공한 사람들의 성공 비결을 알 필요가 있다고 주장한다. 특히 성인(聖人)이라고 불리는 사람들의 성공 사례는 유가철학의 공통 교본이 되었다.

맹자를 예로 들면, '나라를 잘 다스린다는 것은 무엇인가?'라는 질문은 '어떻게 하면 나라를 잘 다스릴 수 있을 것인가?'라는 질문과 밀접하게 연결되어 있다. '나라를 잘 다스린다는 것은 무엇인가?'라는 질문은 '어떻게 하면 나라를 잘 다스릴 수 있을 것인가?'를 고민하는 과정의 일부분이다. 다시 말해서, '어떻게 하면'이라는 질문을 하지 않을 바에야 '무엇'이라는 질문은 할 필요가 없다. '순수하게' '무엇인가'가 궁금해서, 예컨대 그저 '나라를 잘 다스린다는 것은 무엇인가?'를 알고 싶어서 질문을 던진다는 것은 맹자답지 않다. 행동을 전제로 하지도 않으며 옳고 그름에 대한 아무런 가치 판단도 내포하고 있지 않은 '순수한' 질문은 맹자에게는 의미가 없는 것이다.

2. 행동 이끌기(guiding behavior)

'어떻게 하면 내가, 그리고 남이 잘 행동할 수 있도록 이끌 수 있을까?' 라는 문제는 고대 중국철학자들이 던진 구체적인 질문이었다. 질문은 '무엇'이 아닌 '어떻게'를 묻는다. 앵거스 그래엄(Angus Graham)은 고대 중국철학자들이 "무엇을 생각했는가" 뿐만 아니라 "어떻게 생각했는가"를 강조(Graham, 2003: ix)하며 『도의 논쟁자들』(*Disputers of the Tao*[5])이라는 책을 썼다.[6] 그는 그가 '도의 논쟁자들'이라고 부른 고대 중국철학자들 '모두'에게 중요한 질문이란 '무엇이 참인가'가 아니라 '어떤 방법인가'였다고 말한다.

> 그들[고대 중국철학자들] 모두에게 중대한 질문은 서양철학자들의 질문, '무엇이 참인가'가 아니라, '어디에 그 길이 있는가'다. '그 길'이란 국가를 통치하고 개인적 삶을 사는 길이다.
>
> the crucial question for all of them is not the Western philosopher's

---

5 Tao는 dao라고도 표기된다. 모두 道의 로마자 표기다. 뒤에 나오는 德의 로마자 표기도 te, teh, de가 있다. dao와 de는 각각 道와 德의 현대 북경어(표준어) 발음 표기를 따른 것이다. 한자는 동아시아의 다양한 언어에서 표기법으로 사용되거나 의미를 명확하게 하기 위한 보조적 수단으로 사용되고 있다. 따라서 읽는 법이 다양하다. 한자의 발음을 표기하는 방법도 다양하다. 한글은 그 자체가 표음문자이므로 한자 발음을 한글로 표기하면 된다. 로마자로 표기하는 방식도 중국 표준어 표기 방식인 pinyin(倂音)과 웨이드식(Wade式)이 함께 사용되고 있다. 예컨대 道를 로마자로 tao라고 표기하는 것은 웨이드식이며 dao라고 표기하는 것은 pinyin식이다.

6 "[이 책의] 주제는 경쟁 학파들 간의 논쟁에 초점을 맞추고 있는데, '성인들(고대 중국철학자들)이 무엇을 생각했는가' 못지않은 것이 '성인들이 어떻게 생각했는가'이다."
"Its theme is as much *how* the sages thought as what they thought, with the focus on debate between rival schools."

'What is the truth?' but 'Where is the Way?', the way to order the state and conduct personal life. (Graham, 2003: 3)

위에 인용한 그래엄의 말이 나는 다음의 세 가지를 시사하고 있다고 생각한다. 첫째, 고대 중국철학자들은 '제자백가'라고 불릴 만큼 다양한 관점의 차이에도 불구하고 예외 없이 '도', 즉 '방법'을 탐구했다. 둘째, 그들이 탐구한 '방법'이란 개인의 삶을 사는 방법이면서 동시에 국가를 통치하는 그런 '방법'이었다. 다시 말해서, 그들은 개인의 삶을 잘 살게 하는 방법이 국가를 잘 통치하는 방법과 다르지 않다고 생각했다. 셋째, 그들은 개인적 삶과 국가적 통치를 관통하는 방법 중에 최선의 방법, 즉 삶을 잘 살고 국가를 잘 통치하는 최선의 방법이 있다고 생각했고 그것을 탐구했다. 그래엄은 'ways' 혹은 'a way'라고 쓰는 대신 'the way'라고 써서 그들이 찾는 것이 '유일한' 혹은 '최선의' 방법임을 암시했다. 더구나 'the Way'라는 표현에는 '궁극의' 혹은 '유일하게 옳은' 방법이라는 단호함이 담겨 있다. 학파마다 '그 길'이 달랐기에 그들은 논쟁하고 반목했다.

채드 핸슨(Chad Hansen)은 도(道) 개념을 중심으로 선진(先秦) 철학에 접근한 그래엄의 관점을 받아들였다. 그는 『중국 철학의 도(道) 중심 이론』(*A Daoist Theory of Chinese Thought*)에서 도(道)를 '행위를 인도하는 말'로 정의하였다.

> 나는 그 시기[선진(先秦) 철학]의 모든 중국철학자들이 다음의 관점을 가지고 있음을 보일 것이다. 언어는 사회적 실천이며 그 기본적인 작용은 행위를 인도하는 것이다. [행위를] 인도하는 담론의 최소 단위는 명(名, 이름)이다.[7] [……] 가장 현저한 구성적 언어 구조는 도(道, 인도하는 담론)다.

I will attribute the following perspective on language to all Chinese philosophers of the period: Language is a social practice. Its basic function is guiding action. The smallest units of guiding discourse are ming (names). [……] The salient compositional linguistic structure is a dao (guiding discourse). (Hansen, 1992: 3)

핸슨은 언어철학의 관점에서 고대 중국철학자들을 설명한다. 고대 중국철학자들에게 가장 중요한 관심은 사람들의 행동을 바꾸는 것이며, 사람들의 행동을 철학자 각각이 생각하는 '올바른 길'로 인도하기 위해 사용한 개념이 '도'(道)라는 핸슨의 생각은 이 책에 고스란히 투영되었다. 선진(先秦) 철학의 다양한 지형을 단일한 틀로 해설하고자 할 때, 핵심은 도(道) 개념에 있음을 역설한 그래엄과 도(道) 개념을 사회적 실천(social practice)과 연결시켜 '방법'이라고 정의한 핸슨. 이 둘의 도(道) 개념에 나는 덕(德)을 덧붙여 일종의 행동[8] 모델을 만들었다.

나는 방법론(know-how)과 역량(capacity)이 고대 중국철학의 행동 이론의 두 축이라고 생각한다. 행동에 대해 고심하였던 고대 중국철학자들은 행동하는 방법과 행동할 수 있는 역량이야말로 인간 행동을 구성하며 인격은 행동에 의해 만들어진다고 생각했다. 다시 말해서, 고대 중국철

7 핸슨은 행위를 인도하는 담론에서 명(名)을 최소 단위로 지목하였다. 여기에서 의문이 생길 수 있다. 일상적인 말에서 행위를 인도하는 기능은 동사가 담당한다. 예컨대, '일어나!'(起), '달려!'(走) 등을 생각할 수 있다. 그리고 흔히 명(名), 즉 이름은 명사와 연결된다. 그런데 명사가 동사로도 쓰이는 예에서와 같이 고대 중국철학자들의 텍스트에 나타나는 통사구조의 미분화 양상을 놓고 볼 때, 고대 중국철학자들이 주로 동사로 쓰이는 낱말 대신 명사로 쓰이는 낱말을 가지고 행위를 인도하는 담론을 구성했다는 핸슨의 주장은 타당하다.

8 핸슨은 행위(action)라는 용어를 사용하였는데 나는 행동(behavior)이라는 용어를 사용한다.

학자들은 인간의 '생각'(mind)이 주된 관심사가 아니라 행동이 주된 관심사였다. 사람의 생각이 그 사람의 인격이 아니라 사람의 행동이 그 사람의 인격이다. 예컨대, 스스로를 이타적인 사람이라고 생각하는 사람들 중에 실제 행동은 이기적인 사람들이 있다. 혹은 생각은 이기적으로 하는 사람인데 그 사람의 행동을 살펴보면 결과적으로 자신보다 남의 이익을 고려한 셈이 되는 경우도 있다. 이러한 경우에 사람됨은 그 사람의 행동에 달려 있는 것이지 그 사람의 인생관이나 가치관 등의 '생각'에 달려 있지 않다는 것이다. 이 예는 설명을 쉽게 하기 위한 극단적인 예시일 뿐이지 고대 중국철학자들의 '행동'중심주의를 정확하게 짚어내지는 못한다.

고대 중국철학에서는 정신과 육체의 이분법이 선명하지 않다. 고대 중국철학자들이 설명하는 바대로 '행동'이라는 주제에 접근하다 보면 오히려 정신/육체의 이분법이 인간을 이해하는 데 꼭 필요하지는 않다고 여기게 된다. 채드 핸슨은 정신/육체의 이분법이 인도유럽철학의 특징이며 불교의 영향을 받은 성리학에 이르러 중국철학 특히 유가철학에서 정신/육체의 이분법이 명확해졌다고 설명한다(Hansen, 1992: 14~25). 이러한 의미에서 본다면, 넓게 잡아서 한나라와 위진남북조를 거치며 인도로부터 중국에 전래된 불교야말로 중국철학사를 통틀어 가장 혁명적인 사건이다. 고대 중국철학을 대표하는 춘추전국시대의 철학자들은 불교가 전래되어 도교, 유교와 더불어 중국의 3대 종교로 자리 잡은 이후 형성된 철학, 예컨대 성리학에 뿌리를 둔 철학자들과는 생각하는 방식이 확연히 다르다. 나는 어떤 면에서는 성리학과 서양철학의 형이상학과의 공통점이 성리학과 고대 중국철학과의 공통점보다 분명하다고 생각한다. 요리에 비유하자면, 고대 중국철학과 성리학은 같은 재료를 사용할 뿐 요리하는 방식은 완전히 다른 반면, 서양철학의 형이상학과 성리학은 다른 재료를 사용한 같은 요리법이라고 생각될 때가 많다.

『순자』에는 '마음'이 '육체'의 '주인'라고 쓰여 있다. 고대 중국철학에도 서양철학의 정신/육체 이분법이 있었다고 생각된다. 다만 보편적인 생각으로 자리 잡았다고 보기는 어렵다. 다른 고대 중국철학 문헌에서도 그렇지만 『순자』 자체에서도 그렇다. '마음이 육체의 주인이므로 마음만 잡으면 된다'는 관념이 『순자』 전편에 일관되게 흐르고 있다고 보기도 어렵다. 오히려 『순자』야말로 고대 중국철학이 '행동을 어떻게 하는가'에 초점을 맞추고 있다는 점을 시사하는 문헌이다.

요컨대, 나는 고대 중국철학을 하나로 묶는 주제란 도(道), 곧 '방법'이라는 그레엄과 핸슨의 주장에 동의한다. 이들의 주장에 보태어, 나는 인간이 행동하는 방법과 행동을 가능하게 하는 전제조건인 행동 역량(capacity)이 고대 중국철학의 행동 이론의 또 하나의 핵심이라고 주장한다. 고대 중국철학의 백가쟁명은 바로 방법론과 역량에 대한 견해의 차이에서 비롯되었다. 방법론과 역량에 대한 견해차는 앞서 말한 앎에 관한 견해차와 연결되어 있다. 앎에 관한 견해의 차이 및 방법론과 역량에 관한 견해의 차이를 가지고 몇 가지 일반적인 행동 이론을 도출할 수 있다.

3. 윤리학(ethics)

윤리학은 '어떻게 살 것인가'를 생각하는 학문이다. 『논어』(論語), 『맹자』(孟子), 『순자』(荀子), 『묵자』(墨子), 『도덕경』(道德經), 『장자』(莊子) 등 고대 중국철학자들의 생각이 담겨 있는 문헌들에 담긴 '어떻게 행동할 것인가'라는 주제는 '어떻게 살 것인가'라는 근본적인 물음으로 연결된다. 우리도 '어떻게 살 것인가'를 고민한다. 우리가 품고 있는 '어떻게 살 것인가'라는 질문을 좀 더 구체적으로 풀어보면 '어떤 마음가짐을 가져야 할 것인가', '어떤 삶의 자세를 가지고 살아야 하는가', '무엇을 위해서 살 것인가' 등의 다양한 문제로 분화된다. 다시 말하지만, 고대 중국철학자들의 공통된 관심은 '우주는 무엇으로 구성되어 있을까'도 아니고 '자연은 어떻게 변화하는가'도 아니며 심지어 '인간이란 무엇인가', '인간의 본성은 무엇인가'도 아니다. 고대 중국철학자들의 공통된 관심은 '어떻게 살 것인가'라는 문제다.

'어떻게 살 것인가'라는 궁극적인 질문이 고대 중국철학자들에게는 공통적으로 '어떻게 행동할 것인가'로 해석되었고 행동에서 '어떻게'에 관한 견해 차이가 철학자들 사이의 다른 차이들을 낳았다. '인간이란 무엇인가', '인간의 본성은 무엇인가'라는 질문도 '어떻게 행동할 것인가'라는 문제로부터 촉발되었다. 맹자의 '성선설'과 순자의 '성악설'을 예로 들어 설명하면 이렇다. 맹자와 순자 모두 '어떻게 살 것인가'라는 궁극적인 질문의 핵심은 '어떻게 행동할 것인가'의 문제라고 생각했다. 맹자와 순자가 인간 행동을 보니 문제가 많았다. 맹자와 순자 모두 문제가 많은 행동을 어떻게든 해야 한다는 데는 의견을 같이했다. 인간의 문제 많은 행동을 어떻게든 해야 하는 정당성과 어떻게든 '할 수 있다'는 가능성을 입증하기 위해 맹자는 성선설을 생각해냈고 순자는 성악설을 생각해냈다. 맹자는 인간의 본성이 선하므로 선한 본성이 그대로 행동으로 발현되지 못하도록 하는 장애요인을 제거해야 한다고 주장했고, 순자는 인간 본성이 악하므로 그대로 행동으로 발현되면 선할 수 없으므로 후천적인 노력이 필요하다고 주장했다. 설명 방식은 이러하지만 핵심은 '행동'이지 '본성'이 아니다. '본성을 깊이 탐구했더니 선하더라,

또는 악하더라'가 아니라 '행동을 잘 살펴봤더니 문제가 많더라'는 것이다.

4. 사람됨(personhood)

고대 중국철학자들이 '어떻게 살 것인가'라는 질문을 '어떻게 행동할 것인가'로 해석한 것과 같은 맥락에서 고대 중국철학자들이 생각한 '사람됨'이란 그 사람의 행동에 달려 있다고 볼 수밖에는 없다. 사람의 생각과 믿음과 말이 그 사람이 아니라 사람의 선택과 행동이 그 사람이라는 것이다. 다시 말해서, 스스로는 도전적이고 모험심이 강하다고 믿고 있고 그렇게 말하지만, 실제 선택과 행동은 안전한 선택, 모두가 다 하는 방식대로의 행동이라면 그 사람은 보수적인 사람이 된다. 『맹자』를 예로 들면 인간의 본성은 선하다. 선한 본성을 왜곡됨이 없이 그대로 행동에 반영하는 사람이 선한 사람이다.

'사람됨'이 그 사람의 행동에 달려 있다면 '스스로의 사람됨을 만들어 가는 과정'인 수신(修身) 역시 행동에 초점이 맞추어진다. 수신이라는 개념은 유가철학의 전유물처럼 쓰이는 개념이다. 나는 수신이라는 개념을 유가철학, 특히 성리학적 개념에 국한시키지 않고 넓게 해석하여 '스스로의 사람됨을 만들어가는 과정'이라고 해석한다. '수신'이라는 말은 지금도 일상에서 쓰이는 말이기 때문에 혼동을 피하기 위하여 다시 강조한다. 나는 고대 중국철학에서 정신과 육체의 이분법이 분명하지 않았다고 주장하는 학자들의 견해를 따른다. 한국에서 사용되는 동양철학의 주요 개념들이 성리학으로부터 온 까닭에 현재 우리가 사용하는 동양철학의 개념들은 대개 성리학적으로 해석된다. 따라서 '수신'이라는 개념 역시 '마음수양'을 의미하는 경우가 대부분이다. 성리학에서는 마음이 몸의 주인이기 때문에 마음에 초점을 맞추는 것이 당연하다. 그러나 마음과 몸의 이분법이 분명하지 않은 철학체계에서는 '사람됨'도 '수신'도 그 어느 한쪽에 초점을 맞추어 이해한다는 것이 의미가 없다.

고대 중국철학에서는 행동을 이해하기 위해 정신과 육체를 구분하지 않았다. 고대 중국철학자들의 논리를 따라가면 굳이 정신과 육체를 구분하지 않고도 행동을 이해할 수 있고, 행동에 기반을 둔 '사람됨'이라는 개념을 이해할 수 있으며 '스스로의 사람됨을 만들어가는 과정'인 '수신'을 이해할 수 있다. 고대 중국철학자의 관점에서 '몸이 마음처럼 움직여주지 않는다'는 말은 어폐가 있다. 만약 고대 중국철학자들이 데카르트의 코기토, 즉 '생각하는 나'를 알았다고 가정하자. 그렇더라도 그 생각하는 내가 내 행동과 무슨 관련이 있단 말인가? 애초에 '생각대로 행동한다', '마음먹은 대로 몸이 움직인다'는 관념이 없는데 말이다. 생각은 생각이다. 물론, 마음이 몸을 움직이게 한다. 그런데 마음먹은 대로 움직일 리도 없고 마음을 먹는다고 늘 몸이 반응하지도 않는다. 배가 고파 죽을 지경인데도, 먹고 싶다는 욕망이 마음을 가득 채우고 있는데도 몸은 천근만근 움직일 줄 모르는 때도 있다. 고대 중국철학자는 '어떻게 행동할 것인가'라는 문제의 일차적인 열쇠가 '마음', '생각'에 있다고 생각하지 않았다.

동양철학에 정신과 육체의 이분법이 자리 잡기 이전의 고대 중국철학에 주목하는 이유는 개인적인 경험과도 관련이 깊다. 내가 나 스스로를, 그리고 다른 인간을 볼 때, 정신과 육체의 이분법이 쓸모 있기는커녕 오히려 방해가 된다고 느끼기 때문이다. 이분법을 굳이 끌어들여 말해본다면, 내 경험으로는 나이가 들어감에 따라 정신이 육체의 주인이기는커녕 육체가 정신의 주인 노릇을 할 때가 많다. 내 느낌으로는 과학이 발달함에 따라 언젠가 육체가 정신의 주인임을 인정하지 않으면 안 되는 날이 올지도 모른다. 더 나아가 정신이란 그저 육체의 어떤 상태, 다시 말해서 정신과 육체의 이분법이 아니고 그저 육체만으로 인간을 설명하게 될지도 모른다는 느낌이 강하게 든다.

설사 그렇다고 하더라도 내가 어떤 선택을 하고 어떤 결정을 내리고 어떤 행동을 해야 한다는 사실이 사라지는 것은 아니다. 만약 인간이 '육체'이기만 하다고 해서, 그래서 내가 어떤 구조로 이루어져 있는가를 객관적인 과학의 언어로, 마치 냉장고나 세탁기의 사용설명서 혹은 좀 더 자세하게는 설계도면처럼, 나에게 과학이 설명해준다고 해도, 내가 나의 설계도면 혹은 사용설명서에 전적으로 의거하여 선택을 하고 결정을 내리고 행동을 할 것인가의 문제는 역시 '나의 선택, 결정 그리고 행동'의 문제로 환원된다. 나는 설계도면에 제시된 대로 해야만 한다고 선택, 결정, 행동할 수도 있고, 혹은 설계도면에 제시된 대로 해서는 안 된다고 선택, 결정, 행동할 수도 있고, 혹은 설계도면에 제시된 대로 할 수도 있다고 선택, 결정, 행동할 수도 있다. 요컨대, '어떻게 살 것인가'의 문제와 관련되어 나와 남에 대해 고민할 때 나에게는 정신과 육체의 이분법은 그다지 도움이 되지 않았다. 나는 세상만사가 마음먹기 나름이라는 생각에는 쉽게 동의하기 어렵다. 세상만사가 마음이 아닌 물질의 작용이라는 생각도 마찬가지다. 마음이냐, 몸이냐에 대한 결정을 유보하고도 '어떻게 살 것인가'에 대한 생각은 가능하다. 고대 중국철학자들의 생각이 그 예다.

5. 수신(practicing the self)

‘사람됨’이 행동에 달려 있다면 ‘스스로 자신의 사람됨을 만들어가는 과정’으로서의 수신이야말로 행동을 ‘어떻게’ 하는 과정일 것이다. 앞서 밝혔듯, 나는 고대 중국철학의 핵심 주제가 ‘행동 중심의 자아 형성’이라고 생각하며, 행동 중심의 자아 형성을 개념화할 때 ‘수신’이라는 개념을 사용한다. 영어 번역인 ‘practicing the self’는 ‘행동을 중심에 둔 실천’ 및 자아 ‘형성’의 의미를 강조하고자 하는 취지에서 미셸 푸코(Michel Foucault)의 ‘윤리’(ethics) 개념으로부터 차용된 것이다.

나는 ‘practicing the self’라는 구절에서 ‘자아’(the self)를 목적어로 갖는 동사로서의 ‘practicing’이 내가 말하고자 하는 고대 중국철학에서 ‘행동을 위한 자아 형성’을 설명하는 동사로서 적합하다고 생각한다. ‘자아’와 관련된 가장 원초적인 질문 중에 ‘자아는 찾는 것(finding the self)인가, 만드는 것(making the self)인가’라는 질문이 있다. 내 생각에 자아란 찾는 것도 아니며 만드는 것도 아니다. 엄밀하게 말해서 자아란 찾아질 수 있는 것도 아니며 만들어질 수 있는 것도 아니다. 자아란 실천(practicing)되는 것이다. ‘나를 찾는다’는 말에서 나는 절의 벽화로 흔히 볼 수 있는 불교의 심우도(尋牛圖)를 떠올린다. 나를 찾는 과정을 소를 찾는 과정에 비유한 그림이다. ‘나를 만든다’는 말에서 떠오르는 말은 인류학자이자 일본 연구가인 도린 콘도(Dorinne Kondo)의 저서 『자아 만들기』(*Crafting Selves*, 1990)다. 도린 콘도가 그러했듯이 ‘자아 만들기’(making the self)와 관련된 저서들은 대개 정체성(identity)을 주제로 ‘자아 만들기’를 이해하고 설명한다. 다시 말해서, ‘자아 만들기’란 ‘정체성의 형성’이라는 것이다. 내 생각에는 자아란 스스로가 주어진 조건 속에서 선택하고 결정하고 그에 따라 행동하고 자신의 행동을 해석하고 다시 선택하는 과정을 되풀이하며 주어진 조건 자체를 변화시키고, 변화된 조건 속에서 다시 선택, 결정, 행동, 행동의 해석을 되풀이하는 실천(practicing)의 과정에 존재하는 주체이자 대상이다. 목적어가 '자아'(the self)가 되면 주어는 당연히 '자신'이 된다. 주체(주어)이자 대상(목적어)이 된다는 의미로 '재귀적'(자기 자신으로 다시 돌아온다는 뜻)이라고 부르기도 한다. '나는 나를 실천한다'(practicing the self)는 말은 한국어로도 영어나 프랑스어 등의 외국어로도 이상한 말이 되지만, 원래 철학자라는 사람들이 흔히 하는 일이 낯선 구문이나 단어를 만들어 자신의 생각을 개념화하고 남들이 그 개념을 도구로 삼아서 생각하기에 편리하도록 배려하는 일이다.

글자 그대로 '수신'을 보면, 동사인 수(修)와 목적어인 신(身)의 결합이다. '수'(修)는 목적어에 해당하는 것을 '더 나아지게 만든다'는 의미다. '수리'(修理)에서 보이듯 이치에 어긋나서 제대로 작동하지 않는 무엇인가를 이치에 맞도록 고친다든지 '수학'(修學)에서 보이듯 배움을 더한다든지, 무엇인가를 더 낫게 만든다는 의미다. 수신(修身)의 '수'는 '신'을 더 낫게 만든다는 의미이다. '만든다'고 하여 무에서 유를 창조하는 '만듦'이 아니라 기왕에 주어진 것을 더 낫게 만든다는 의미이다. 이러한 의미를 한국어로는 '닦는다'고 이해했다. '닦을 수', 이는 '만든다'는 의미의 '지을 작'(作)과는 다르다.

신(身)은 몸인데, 고대 중국철학에 정신과 육체의 이분법이 분명하지 않았다는 학설을 따른다면 '신'은 정신과 육체의 융합체로서의 인간이다. '수신'은 자기 자신, 즉 '나'를 좀 더 낫게 만드는 일이다. '수신'의 해석에서 구분해두어야 할 점은 정신과 육체의 구분이 아니라 나와 남의 구분이다. '수신'의 '신'은 '남'이 아닌 '나'라는 점이다. '수신'에는

'남'을 더 나은 사람이 되도록 만든다는 의미는 없다. 기원후 1세기 전후에 쓰인 것으로 알려진 가장 오래된 한자 사전 『설문해자』(說文解字)에는 '신'(身)이 사람의 몸을 본떠서 만든 글자라고 되어 있다. 중국철학, 동양철학에서 정신과 육체의 이분법이 자리 잡은 후에도 '신'(身)은 '자신'(自身)의 의미로 쓰였다. 이 경우, 정신과 구별되는 육체만을 의미하지 않고 '사람'의 의미로 쓰였다.

'자신을 좀 더 낫게 만들기 위한 과정'으로서의 '수신'은 자신의 인격, 성품, 건강 등을 포함한 '사람됨'(personhood)을 개선하는 과정이다. '수신'은 한마디로 좀 더 나은 사람이 되고자 하는 것이다. 좀 더 나은 사람이 되고자 욕망하고 그에 따라 노력이 뒤따르는 적극적인 실천의 과정이 '수신'이다. '수신'이 유가철학자들이 즐겨 쓰는 개념이 된 까닭은 이것이 유가철학, 특히 유가 윤리학의 핵심을 함축하는 개념이기 때문이다. '수신'의 개념은 고대 중국철학의 유가철학에서보다 신유학이라 불리는 송명이학(宋明理學)에서 더욱 빛을 발하여, 유가철학의 전유물처럼 인식되어왔다.

나는 '수신'을 유가철학만이 아닌 고대 중국철학 일반에 적용되는 공통의 개념으로 사용한다. '수신'은 '스스로 자신의 사람됨을 만들어가는 과정'이다. 앞서 말했듯, 고대 중국철학자들은 행동을 통해서 '사람됨'을 이해하고 행동을 통해서 '사람됨'을 만들어갔다. 요컨대, 고대 중국철학에서 '수신'은 자신의 행동을 '어떻게' 함으로써 자신의 '사람됨'을 만들어가는 과정이다.

행동을 통한 자아 형성이라는 관점에서 볼 때 '수신'은 핵심적 개념이 된다. 수(修)를 '실천하다'(practice), 신(身)을 '자아'(the self)라고 이해한다면, 수신이야말로 행동을 통한 자아 형성을 의미한다. 언급한 바와 같이, 고대 중국철학에 정신과 육체라는 이분법이 분명하게 자리하고 있지 않았다는 전제하에서, '수신'은 잠재적 역량을 형성하는 과정을 의미한다. 운동을 한다든지, 책을 읽는다든지, 명상을 한다든지, 친구를 만나 이야기를 나눈다든지 하는 그 모든 정신적·육체적 활동들을 통하여 잠재적 역량을 형성하게 된다. 정신과 육체의 이분법이 명확하지 않은 상황에서 '정신적·육체적 활동'이 의미하는 바는 뇌 및 다른 신체기관의 활동을 의미한다. 고대 중국철학자들에게 '뇌'가 정신 활동의 중추라는 개념은 없었고, 오히려 그들은 '마음－심장'(心)이 인간의 행동을 이끄는 중추라고 생각했다. '마음'을 '몸'으로부터 명확하게 분리해내지 않은 고대 중국철학자들은 행동을 믿음－욕구(belief－desire) 모델로 이해하지 않았다. 따라서 '수신'이 '마음 수련', '마음을 닦는 일'에 국한될 수는 없다.

서구의 시각에서 행동을 설명하는 대표적인 방식인 믿음－욕구 모델은 정신 상태(mental state)의 일종인 믿음(belief)을 육체적 상태(bodily state)의 일종인 욕구(desire)와 연결시킨다. 여기서 욕구란 육체적 상태 중에서도, 특히 명제의 형식을 띤 정신의 지향성(mental attitude)으로 바뀌어서 추론(reasoning)에서 기능을 할 수 있는 그러한 육체적 상태를 가리킨다. 육체적 상태로서의 욕구와 정신적 상태로서의 믿음은 인과적으로 효력을 발휘하는 추론 과정, 즉 실천적 삼단논법(practical syllogism)에 투입된다. 예컨대, '어떤 사람의 냉장고 문을 여는 행동(behavior)'을 믿음－욕구 모델에서는 이렇게 설명한다. 지금 목이 마르다. 다시 말해서, 갈증을 느끼는 욕구(desire)인 육체적 상태(bodily state)에 있다. 갈증을 어떻게 해소할 수 있을까 추론하기 시작한다. 갈증은 음료를 섭취해야 해소된다. 냉장고가 눈에 들어온다. 냉장고로 가서 냉장고 문을 연다. 냉장고 안에 마실 물이 들어 있을 것이라고 믿는(belief) 정신 상태(mental state)에 있기 때문이다. 물을 마시고 싶은 몸의 상태, 즉 욕구(desire)와 냉장고 안에 물이 들어 있다는 정신의 상태, 즉 믿음(belief)이 '어떤 사람의 냉장고 문을 여는 행동'을 일으킨 것이다. 이 과정을 욕구, 믿음에 기초한 실천적 삼단 논법으로 쓰면 전제(p: premise)와 결론(c: conclusion)은 이런 정도가 될 것이다.

p. 갈증을 느낀다.
p. 갈증은 음료를 섭취해야 해소된다고 믿는다.
p. 냉장고는 음료수를 포함한 음식이 보관되어 있는 곳이라고 믿는다.
c. 냉장고 문을 연다.

서구의 시각에서 바라본 '도덕적 주체'(moral agency), 다시 말해서 가치 판단을 행동에 옮기는, 실천하는(practical) 주체로서의 인간 역시 인간 행동에 대한 일반적인 설명 방식인 믿음-욕구 모델에 기반을 두고 있다. 정신적 상태와 육체적 상태가 서로 연결되는 방식으로 인간의 행동을 설명한다. 도덕적 주체로서의 인간 행동 역시 그러하다. 이에 반하여, '정신과 육체의 이분법'이 분명하게 드러나지 않은 고대 중국철학에서는 '행동'을 이해하고 설명할 때, 정신적 상태와 육체적 상태의 연결로 설명하는 것이 아니라, 과거의 행동으로부터 쌓인 잠재적 역량에 초점을 맞춘다. 행동을 주어진 시점의 일회적 현상으로 바라보는 것이 아니라 역사적으로 바라보는 것이다. 현재 행동을 취할 때의 상태를 과거의 실천과 연결한다. 고대 중국철학자들은 현재의 행동이란 과거의 실천들의 총합적 결과물이며 이러한 행동이 '도덕적 주체'(moral agency)로서의 인간을 구성한다고 이해하였다.

6. 자아 형성(self-constitution)

나는 '수신'을 '자아 실천'(practicing the self), 다시 말해서 '행동을 통한 자아 형성 과정'이라는 의미로 사용한다. 사람이 '수신'하는 이유는 단순히 말하면 더 나은 사람이 되기 위함이다. '더 나은 사람'이란 지금보다 더 나은 사람이라는 비교의 의미와 과정의 의미를 함축하고 있다. '더 나은 사람'이 어떤 사람을 의미하는가에 대한 고대 중국철학자들의 생각은 각양각색이다. 고대 중국철학자들은 제각기 '이상적인 인간형'을 제시했다. 이를 살펴보면 그 철학이 어떠한가를 알 수 있다. 각자 제시한 '이상적인 인간형'에는 차이가 있고, 또 '더 나은 사람'이 되기 위한 방법에도 차이가 있지만, 이들에게 '더 나은 사람'이 되는 일은 중요한 일이었다. 이들은 자신이 '더 나은 사람'이 되기 위해 노력하고 있는 방법을 남에게도 가르치고자 하였다.

두말할 필요도 없이 자신과 남의 행동을 인도한다는 것은 기준을 정해야 하는(normative) 일이다. '이끈다', '인도한다'는 것 자체가 이미 방향성을 전제로 하고 있다. 그럼에도 고대 중국철학 연구는 지나치게 규범에 편중되어 있다. 도덕성(morality)이 고대 중국철학의 주요 연구 영역이라는 점은 현대의 중국철학 전공자들이 대개 공감하는 점이다. 그럼에도 고대 중국철학자들에 대한 연구는 주로 사회-정치적 접근에 집중되어왔다. 다시 말해서, 고대 중국철학자들의 질문을 '사람이 사회의 일원으로서 남과의 관계 속에서 어떻게 행동하여야만 하는가'에 한정시켰다.

내가 강조하고 싶은 점은 행동의 인도와 관련하여 고대 중국철학자들이 보여주는 '개인'의 관점이다. 나는 '사회' 중심이 아닌 '개인' 중심의 관점이야말로 고대 중국철학자들을 하나로 묶는 좀 더 근본적인 관점이라고 생각한다. '사회' 중심의 관점에서 '사람이 사회의 일원으로서 남과의 관계 속에서 어떻게 행동하여야만 하는가'라는 질문은 '개인' 중심의 관점에서 '사람이 자아를 형성하기 위해 어떻게 행동하여야 하는가'로 바뀌어야 한다. '개인' 중심의 관점에도 여전히 기준을 정해야 하는 규범적(normative)인 성격은 드러난다. 그러나 그 성격은 다르다. '사람이 사회의 일원으로서 남과의 관계 속에서 어떻게 행동하여야만 하는가'를 중심 주제로 설정할 때와 '사람이 자아를 형성하기 위해 어떻게 행동하여야 하는가'를 중심 주제로 설정할 때는 자신을 닦는다는 의미의 '수신' 역시 도덕성(morality)과 다른 방식으로 연결된다. '사람이 사회의 일원으로서 남과의 관계 속에서 어떻게 행동하여야만 하는가'를 질문할 때 '수신'은 '사회적으로 형성되어 개인에게 부여된 행동의 규칙들(codes of conduct)을 어떻게 내면화할 것인가'에 초점이 맞추어지는 경향이 있다. 이 경우, 도덕성(morality) 역시 행동의 규칙들(codes of conduct)이 중심이 된다. '사람이 자아를 형성하기 위해 어떻게 행동하여야 하는가'를 질문할 때 '수신'은 앞서 정의한 대로 '행동을 통하여 어떤 사람이 될 것인가'에 초점을 맞춘다. 이 경우, 도덕성은 개인의 선택과 결정이라는 의미의 '자유'가 중심이 된다. 특정 사회의 도덕성을 논할 때도 이러한 관점을 적용할 수 있다. 예컨대 행동의 규칙들이 강조되는 도덕성이 존재하는 반면 행동의 규칙들은 여전히 개인에게 부여되지만 그럼에도 개인의 선택과 결정이라는 의미로서 '자유'가 강조되는 도덕성이 있다. 유가철학의 전유물처럼 여겨졌던 '수신'의 개념에서는 행동의 규범들을 내면화하여 자신의 본성처럼 만드는 과정으로서의 '수신'이 강조되었던 까닭에 '수신'의 주체로서의 '개인의 선택과 결정'이라는 문제가 묻혀버린 측면이 있다.

나는 '개인'의 행동을 중심에 두는 시각이 기존의 '사회' 속에서 행동의 규칙들(codes of conduct)을 중심에 두는 시각보다 고대 중국철학의 도덕성(morality)이라는 주제에 접근하기에 더 적합하다고 생각한다. 자신과 타인의 행동을 '어떻게' 인도할 것인가에 집중되었던 고대 중국철학의 텍스트들을 하나의 틀로서 포괄적으로 이해하기 위해 노력하면 행동의 주체로서 '개인'을 중심에 세우게 된다. 고대 중국철학의 텍스트에 나타난 '사회 속에서 행동의 규칙들(codes of conduct)'을 찾아내는 작업들은 고대 중국철학 전체를 통찰하는 틀이 될 수 없다. 더욱이 고대 중국철학자들이 제시한 이상적인 사회와 그를 위한 행동의 규칙들, 이를 내재화한 모델로서의 이상적 인간형을 열거한다고 해도 이를 통해 보여줄 수 있는 고대 중국철학의 도덕성(morality)이란 제한적이며 왜곡의 위험마저 내포하고 있다. '이상'을 통한 그들의 가르침이 향하고 있는 현실 속의 인간이 주변으로 전락함으로써 중국 고대철학이 이상이 아닌 현실에 기반을 둔 지극히 현실적이고 실천적인 철학임을 망각하게 만든다는 위험 말이다.

'개인'은 서양 근대철학에서 논의의 출발점이자 전제다. 그러나 중국 고대철학에서는 논의의 종착점이자 결과다. 중국 고대철학에서 '개인'은 행동을 할 때 주어진 조건이 아니라 행동을 통해 노력하여 성취하여야만 할 '목표'다. 앞서 말했듯, '수신'은 '자아를 실천하는'(practicing the self) 과정이며, 이는 자아 형성(self-constitution)으로 이어진다. 요컨대, '자아를 실천한다'는 것은 자아 형성이 인간의 실천을 통하여 이루어진다는 의미다. 물론 자아 형성에는 유전적 형질 등 타고난 생물학적 조건 및 사회적으로 주어지는 국적, 계급 등 사회적 조건이 영향을 준다. 학문 분야에 따라 '자아 형성'의 개념 정의도 다양하다. 고대 중국철학 연구 분야에서 '자아 형성'을 보는 시각도 다양할 수 있을 것이다. 아니, 천편일률적이라면 오히려 이상할 것이다. 학문 분과가 지금과 같은 형식으로 나뉘지 않았던 고대 중국의 텍스트들에서 인간에 관한 내용들을 살펴보고 나는 '자아 형성'이라는 주제는 실천, 구체적으로는 행동을 중심으로 접근해야 한다고 생각했다. 또한 고대 중국 텍스트에 나타난 '자아 형성'이라는 주제가 '사람됨' 및 '도덕성'의 문제와 밀접하게 연결되어 있다고 보기 때문에 현대의 학문 분야를 기준으로 할 때 고대 중국의 '철학'을 '윤리학' 중심으로 살펴보는 일반적인 시각은 옳다. 다만, 현대 학계에서 중국철학의 '윤리학' 연구가 '사회' 중심으로 전개된 측면이 강하다면, 나는 '개인' 중심의 시각이 좀 더 근본적이라고 주장한다. 그렇다고 '사회'를 부정하는 것은 아니다. 오히려 인간이 자신의 행동을 통해 자아를 형성하는 과정에서 '사회'가 어떻게 영향을 주는가, 다시 말해서 인간이 '개인'이 되고자 노력하는 과정에서 '사회'가 어떻게 영향을 주는가에 초점을 맞춘다. 이 지점이 고대 중국의 철학자들이 각기 다른 시각을 제시하며 자신과 다른 사람들의 행동을 인도하고자 했던 논쟁점이다.

고대 중국철학에서 인간의 행동은 도덕성의 근간을 이룬다. 물론, 인간의 실천을 통한 자아 형성은 인간이 사회적 존재가 되는 사회화 과정을 포함한다. 그러나 행동을 통한 자아 형성이 자신이 속한 사회로부터 주어진 행동 규범(codes of behavior)의 내면화라는 의미의 사회화 과정만을 말하는 것은 아니다. 오히려 행동을 통한 자아 형성이란 주어진 행동 규범을 받아들이거나 거부하거나 혹은 조작하는 과정을 의미한다.

중국철학이 '관계의 철학'이라는 통념은 옳다. 고대 중국철학 역시 인간과 인간의 관계, 즉 사회를 떠나서는 독해가 불가능하다. 고대 중국철학자들은 거의 예외 없이 관계 속에서 인간의 문제를 바라보았다. '사회' 속에 태어나 살아가는 인간은 '어떻게 살아갈 것인가'를 고민하였다.

따라서 '사회화'란 자아 형성에서 중요한 문제일 수밖에 없다. 만약 고대 중국철학자들이 고심한 '사회화'가 '인간이 어떻게 주어진 행동 규범을 잘 내면화하여 실천에 옮길 수 있을까'에 국한된다면 기존의 '사회' 중심, '규범' 중심의 연구 시각이 적절하다. 다시 말해서, 고대 중국철학의 도덕성 연구는 '고대 중국철학자들이 각기 어떤 규범을 제시하였는가'를 묻는 연구가 된다.

나는 고대 중국철학자들이 행동과 관련하여 고심한 '사회화' 문제는 '내면화'가 핵심이 아니라 '태도'가 핵심이라고 주장한다. '사회화'에 대한 태도, 구체적으로는 주어진 행동 규범에 대한 '태도'가 고대 중국철학자들의 문제의식이었으며 '행동 이끌기'에서 각기 서로 다른 '태도'를 제시함으로써 서로 다른 도덕성을 그리게 된다.

4장으로 넘어가기 위해

나는 '자아 실천'(practicing the self)으로서의 '수신'(修身)이 '중국철학' 형성에 축이 되는 개념이라고 생각한다. 그러나 수신의 개념 정의가 명확하지 않으면 수신은 단지 빈껍데기의 구호에 그치고 만다. 다음 장에서 나는 수신의 개념을 도-덕 모델로 설명한다. 다시 말해서, 수신이란 도와 덕이 행동을 통해 구현되면서 자아를 형성해나가는 과정이다.

푸코의 '윤리'는 중국철학의 '수신'이라는 개념을 분석할 때 유용한 틀을 제공한다. 푸코의 '윤리' 개념은 자아 형성의 과정에서 그저 규범을 따라가는 수동적인 인간이 아니라 적극적으로 자아 형성 과정을 주도하는 인간에 초점이 맞추어져 있다. 푸코의 '윤리' 이론 속의 인간은 규범을 따라가는 '선택'도 그에 따른 행동 결정도 '자유'에 따라 능동적으로 할 수 밖에 없는 인간이다. 고대 중국철학에서 '수신' 개념은 적극적으로 '자아 실천'을 행하는 인간을 전제하고 있다. 고대 중국철학을 담고 있는 텍스트들에 나타난 철학자들의 가르침은 '스스로의 노력에 의해 적극적으로 자아 형성을 해나가는 인간'을 공통의 전제로 삼고 있다. 그들의 차이는 '그런데 어떤 방법으로?'에서 두드러진다. 요컨대, 푸코의 '윤리'와 고대 중국철학자의 '수신'은 '적극적으로 자아 형성 과정을 주도하는 인간'을 출발점으로 삼는다는 점에서 서로 연결된다. 그런데 좀 더 이 부분을 들여다보면, 푸코의 경우는 자아 형성을 위한 '자아 실천'(practicing the self)에서 선택과 결정을 할 수밖에 없는 '자유'를 가진 인간, 따라서 자아 형성을 '주도할 수밖에 없는 처지에 놓인' 인간을 강조하는 반면, 고대 중국철학자들의 경우는 '자아 실천'에서 선택과 결정을 할 수 있고 '더 잘 할 수 있도록' 노력하는 인간, 자아 형성을 '주도해야 하는' 인간에 초점을 맞추고 있음을 알 수 있다.

푸코의 '윤리'는 고대 중국철학자들의 생각을 '수신'의 관점에서 한데 묶을 수 있는 틀을 제공한다. 고대 중국철학자들의 생각을 담은 대부분의 단일 텍스트들은 한 사람에 의해 쓰인 단일 저작이라고 보기 어렵다. 이런저런 묶음[책: 冊]에 흩어져 있다가 한데 묶인 경우가 많다. 한데 묶여 단일한 저작으로서 인식되어온 역사가 긴 텍스트들, 예컨대 『논어』, 『맹자』와 같은 텍스트들을 살펴보면 군데군데 일관되지 않은 서술이 보이며, 주요 개념들 또한 텍스트 이곳저곳에 산재해 있다. 더욱이 줄잡아 이천오백 년의 역사를 가진 동아시아 철학계에서 철학하는 방식은 지금과는 많이 달랐다. 이런 까닭에, 흔히 쓰는 개념을 하나의 단일한 텍스트 안에서 정의한다는, 어찌 보면 간단한 작업조차 그렇게 간단하지가 않다. 이러한 상황에서 푸코의 '윤리' 개념은 고대 중국철학자들 각각을 특징짓는 주요 개념을 일관되게 정의함으로써 행동을 통한 자아 형성과 관련된 고대 중국철학 전체를 조망하는 데 유용한 틀을 제공한다고 할 수 있다.

제4장
동아시아 '윤리'에서 행동 모델

1. 도(道)

이른바 '동양철학'을 연구하는 연구자로서 동아시아 철학의 가장 기본이 되는 개념을 단 하나만 집어내야 한다면, 그것은 도(道)다. 이유는 두 가지다. 첫째, 그래엄과 핸슨의 연구가 보여주듯이, 선진(先秦) 철학 전반을 단일한 해석의 틀로 설명하고자 할 때, 도(道)는 이미 검증된 틀이다. 특히 '행동을 중심으로 한 자기 실천' 및 '자기 실천을 통한 자기 형성'을 중심으로 동아시아 철학을 설명할 때, '도' 개념 이외에 다른 개념을 출발점으로 생각하기는 어렵다. '도'라는 단어 자체에 이미 '길', '방법'이라는 실천(實踐), 즉 '실제로 행동에 옮김'의 뜻이 함축되어 있다. 둘째, 인간 일반이 아니라 '내가 과연 어떻게 살아가야 할 것인가'를 고민하는 '윤리'의 차원에서 '도'는 가장 핵심적인 개념이다. 고대 동아시아 윤리학에서 '행동을 중심으로 한 자기 실천' 그리고 '자기 실천을 통한 자기 형성'을 설명할 때, 도는 실천의 주체가 자신을 최초로 인지하게 하는 개념이다. 자의식이 형성되는 과정에서 실천의 주체는 자신이 하는 행동과 코기토, 즉 자신의 인지와의 관계를 생각하게 된다. 다시 강조하지만, 고대 중국철학자들이 코기토를 부정했다거나, 혹은 그들의 정신과 육체에 대한 관념이 코기토와 양립 불가능하다고 말하는 것은 아니다. 행동과 생각은 당연히 밀접한 관련이 있다. 다만 생각이 '전적으로' 행동을 가능하게 하지는 않는다는 점이 고대 중국철학자들에게는 코기토 그 자체보다 중요했을 뿐이다. 행동이 마음먹은 대로 되지 않을 바에야 무엇 때문에 마음, 마음 하겠는가? 다시 '최초로 인지하는 개념'으로 돌아가면, 유아는 우연히 자신의 발의 움직임 때문에 물컵이 엎어져 물이 쏟아지고 그 물에 자신의 발이 젖는 것을 경험한다. 자신이 하는 행동과 자신의 생각이 관련이 있다는 것을 깨닫게 된다. 유아는 물컵만 보면 발을 휘둘러 물컵의 물을 쏟는다. 그런데 유아가 '알게' 되는 것은 자신의 행동, 실천, 자신이 움직인다는 사실, 다시 말해서 행(行)이 아니라 행(行)을 야기한 도(道)다. 움직임 자체가 아니라 움직이는 '방법'이다. 물컵과의 거리를 가늠하고 대퇴부 근육, 발목 관절 등을 사용하여 물컵을 쓰러뜨리는 방법이다. 물컵을 쓰러뜨리는 '방법'을 알아서 이 '방법'을 연습하고 정교화하는 과정에서 유아는 코기토와 행동의 관련성을 확신하게 된다. 자신의 눈앞에서 움직이는 발이 자신, 자신의 코기토에 속한 것이며 발을 움직이게 명령하는 그 무엇, 즉 코기토가 존재한다는 것을. 앞에서 말한 바와 같이, 고대 중국철학자들에게는 참, 거짓과 관련된 명제 지식보다 방법과 관련된 능력 지식이 주된 관심사였다.

'도'라는 개념이 중국철학 전체를 통틀어 가장 중요한 개념 중 하나라는 점에 많은 학자들이 동의한다. 그러나 '도'의 개념 정의는 저마다 다르다. 좀 더 추상적인 '도'(道)의 의미는 '길'이라는 물리적이며 기본적인 뜻으로부터 출발하였다. 눈에 보이는 물리적인(physical) 세계에서 좀 더 추상적이고 형이상학적인(metaphysical) 세계로 개념 정의가 옮겨간다. 도는 '길'이라는 뜻이며 영어로는 'way'라고 번역된다. 일반적인 길을 의미하는 '도로'(道路), 케이블카 '삭도'(索道: 케이블카), 임진왜란 직전 도요토미 히데요시가 조선에 보내온 서신에 '명나라를 치기 위해 길을 빌려달라'고 한 '정명가도'(征明假道) 등에 등장하는 '길'이다. 현대어에도 쓰이는 도로(道路), '길 가운데' 곧 '중간', '어떤 일을 끝마치기 전'을 의미하는 중도(中道)는 『논어』에도 등장한다.

나는 '도'의 해석을 두 가지로 나눈다. 하나는 물리적 해석과 형이상학적 해석이다. 물리적 해석은 한 지점과 다른 지점을 연결하는 통행로로서의 '길'이다. 형이상학적 해석은 우주 삼라만상의 보편적이고 유일한 '근본 원리'로서의 '도'다. 동아시아 철학에서 '도'의 형이상학적 해석은 흔히 찾아볼 수 있다. 물리적인 '길'과 형이상학적인 '근본 원리' 사이에 '방법'이라는 해석이 있다. '방법'이라는 뜻의 '도'는 '방법이 없다'는 의미로 쓰이는 '방도(方道)가 없다'에서 찾아볼 수 있다. '근본 원리'라는 뜻의 '도'는 '우주 삼라만상의 도를 깨치다'라고 할 때의 '도'다. '도'가 '규범'이라는 뜻으로 쓰이는 경우는 '근본 원리'라는 뜻으로 쓰일 때와 같다. 도덕규범을 인간사의 '근본 원리'라고 규정하는 성리학의 영향이다. '도리'(道理)의 용례를 보면 '도'에 이 두 가지 의미가 들어 있음을 알 수 있다. '어떻게 할 도리가 없다'의 경우는 '어떻게 할 방법이 없다'는 의미고 '부모에게 자식의 도리를 다하다'의 경우는 유가철학에서 부모 자식 사이의 근본 원리인 '효를 행하다'라는 의미다. '도'의 여러 해석들이 '길'로부터 분화되었기 때문에 '방법'이라는 해석도 '근본 원리'라는 해석도 그 안에 '길'이라는 의미를 포함하고 있다. '방법'도 '어떤 일을 하는 길'이며 '근본 원리'도 '인간 만사를 포함한 우주 삼라만상이 움직이는 길'이다. 다시 말해서 '길', '방법', '근본 원리'는 물리적인 해석으로부터 형이상학적 해석까지 단일선상에 놓인다. '근본 원리'와 비교해볼 때 '방법'은 '도'의 물리적 해석에 가깝다. 철학에서 '도'를 '통행로'라는 뜻의 '길'로 해석해야 하는 경우는 거의 없다. 따라서 철학에서 '도'의 해석을 물리적 해석과 형이상학적 해석으로 나눌 때 물리적 해석이 의미하는 바는 '방법'이다. '근본 원리'와 비교할 때, '방법'은 물리적 변화를 암시한다. '근본 원리'가 저기 어디엔가, 혹은 여기 내 안에 있는 보이지 않는 궁극의 그 무언가를 찾고 깨닫는 행동과 연결되어 있다면 '방법'은 여기 내 앞에 있는 그것을 통하여 지금의 상태를 변화시키는 행동과 연결되어 있다. '방법'은 그를 통하여 다른 지점에 이르는 '길'이다.

『논어』「학이」(學而)편에 나오는 다음의 구절은 도(道)라는 글자가 '행동하는 방법', '일처리 방식'이라는 뜻으로부터 '보편적인 근본 원리' 또는 '도덕규범'의 뜻으로 해석이 변해가는 과정을 보여준다.

> 子曰 父在觀其志 父沒觀其行 三年無改於父之道 可謂孝矣

이 구절에 대한 일반적인 해석은 다음과 같다.

> 공자께서 말씀하셨다. "아버지가 살아계실 때에는 그(자식)의 뜻을 관찰하고 아버지가 돌아가셨을 때에는 그(자식)의 행동을 관찰하는 것이니, 3년 동안 아버지의 道(행동)를 고치지 말아야 孝라 이를 수 있는 것이다." (성백효, 1992: 27)[9]

9 『논어』 본문에 대한 해석(또는 번역)의 임의성을 피하기 위하여 널리 참조되는 번역본을

도(道)를 '행동'이라고 번역했지만 그 뜻은 '행동 방식'이다. 적어도 3년 동안은 '아버지의 행동 방식'을 바꾸지 않는 것이 효의 행동이다. 『논어』, 『맹자』, 『대학』, 『중용』에 주석을 달아서 그 해석을 전유하고, 십삼경(十三經)으로부터 사서(四書)로 유가철학의 패러다임을 바꾼 성리학자 주희(朱熹, 1130~1200)는 이 구절에 나오는 도(道)를 '일'[事]이라고 해석하였다.[10] 도(道)의 해석을 형이상학적으로 전유하는 데 기념비적인 업적을 세운 주희는 그러나 선배 성리학자 윤돈(尹焞, 1061~1132)의 해석을 빌려와 도(道)에 형이상학적 해석을 가한다.

> 尹氏曰 如其道 雖終身無改 可也 如其非道 何待三年
>
> 윤씨가 말하였다. "아버지의 방식이 도에 맞는다면 종신토록 바꾸지 않아도 되지만, 도에 맞지 않는다면 삼 년을 기다릴 필요가 있겠는가."[11] (박성규, 2011: 47)

도(道) 앞에 붙는 '그'[其]는 '바로 그'라는 의미로서 '그 길', 영어로 'the Way'에 해당한다. '그 길'이란 '누구나 마땅히 가야 하는 올바른 길'이다. '아버지의 방식'이라는 개별 방식이 '그 길'이라는 보편 원칙에 부합하면 바꿀 필요가 없지만 보편 원칙에 부합하지 않는 잘못된 방식이

인용한다. 다른 텍스트의 해석(또는 번역)도 마찬가지다.

10 『주자어류』: 도는 사(事)와 같다. 도라고 한 것은 아버지를 높이는 말이다(박성규, 2011: 46).

11 이 구절을 성백효는 다음과 같이 해석한다.
윤씨가 말하였다. "아버지가 하신 것이 만일 그 道理라면 비록 終身토록 고치지 않더라도 可하거니와, 만일 그 道理가 아니라면 어찌 3년을 기다릴 수 있겠는가"(성백효, 1992: 27).

라면 당장 바꿔야 한다는 해석이다. 고대에 형성된 텍스트인 『논어』 본문의 도(道)를 '방법'이라고 본 해석은 성리학자인 주희와 윤돈의 해석에서도 일관된다. 다만, 성리학자들은 그 구절에 주석을 달아서, 행동의 개별 방법의 이면에 보편적인 원리나 규범이 항상 존재하며, 행위자는 자신의 개별 행동이 이에 부합하는지 아닌지 항상 살펴야 함을 강조하고 있다.

위의 논의 내용을 종합해보면, 『논어』라는 텍스트가 형성된 고대 중국철학에서 도(道)는 주로 '방법', '일처리 방식', '행동 방식'이라는 뜻으로 쓰였다고 추론된다. 물론, 고대 중국철학 텍스트에 등장하는 도(道)를 '근본 원리'라고 해석할 수도 있다. 그렇게 할 수 있었기에 성리학이 성립할 수 있었다. 그러나 성리학이 유가철학의 주류가 된 이래, 도(道)를 형이상학적으로 해석하게 되자, 도의 물리적, 실천적 해석은 발붙일 곳이 없게 되었고 논의에서 거의 사라졌다.

요컨대, '도'에 대한 고대 중국철학자들의 공통된 해석은 현대어의 '방법'에 해당한다. 이는 고대 중국철학에서 '행동을 통한 자아 형성'을 논할 때 중요한 전제가 된다.

전제 1: 정신과 육체의 이분법이 아직 정립되지 않았다.

전제 2: '도'는 '방법'이다.

나는 이 두 가지 전제에 기반을 두고, 행동을 통한 자아 형성을 간단한 모델로 설명하고자 하는데, 간단히 도-덕 모델이라고 부르기로 한다. 나는 '도'를 '방법'이라고 해석하는 것이 형이상학적 해석보다는 물리적 해석에 가깝다고 했다. 그 의미를 살려서 '도'를 '길'이라고도 쓴다. '이 일을 어떻게든 해보려고 했는데 도대체 길이 안 보이네', '그래도

뭔가 길이 있지 않겠어?'라고 할 때의 '길'이다. 한국어는 영어, 프랑스어, 독일어 등의 대표적인 서구어와 비교할 때, 명사의 성(남성형, 중성형, 여성형)과 수(단수, 복수), 관사(부정관사, 정관사)가 없어서 말할 때 고려할 것이 상대적으로 적다는 면에서 편리하다. 대표적인 서구어인 영어를 예로 들자면, '길'은 'a way', 'ways', 'the way', 혹은 심지어 일상어가 아닌 철학적 개념임을 강조하기 위해 '도'를 'Way'로도 쓴다. 특히, 'Way'의 경우는 앞서 말했듯이 형이상학적으로 '도'를 해석하여 우주 삼라만상의 '근본 원리' 정도로 해석하는 경우에 많이 쓰인다.

'도'를 '방법'이라는 의미의 '길'로 번역할 때, '도'는 물리적인 동시에 실천적(practical)인 의미를 갖는다. '대학에 가고 싶은데 길을 모르겠어요'라고 할 때, '길'은 대학의 바깥이라는 공간과 대학의 안이라는 공간을 연결하는, 대학생이 아닌 상태와 대학생인 상태 사이에 놓인 물리적인 통로의 의미이며 동시에 바깥이라는 공간으로부터 안이라는 공간으로의 이동, 대학생이 아닌 상태로부터 대학생인 상태로의 변화를 일으키는 실천적인 방법의 의미이다.

고대 중국철학이 담긴 텍스트들에 '도'는 자주 등장하는 말이다. 고대로부터 현대에 이르기까지 유가철학의 경연장이 되고 있는 『맹자』에도 '도'가 물리적인 '길'의 의미로 사용된 용례로 "頒白者 不負戴於道路矣"[12]와 같은 구절이 있다. 『맹자』에서 '도'가 '방법'이라는 의미로 사용된 용례로는 "養生喪死無憾 王道之始也"[13]와 같은 구절에 자주 등장하는 '왕도'(王道)가 대표적이다. '왕의 길', 즉 '왕이 나라를 다스리는 방법'이라는 뜻이다.

---

12 『맹자』「양혜왕 상」(梁惠王 上).

13 『맹자』「양혜왕 상」.

'도'를 우주 만물의 '근본 원리' 혹은 인간사를 관통하는 '옳은 규범' 등 형이상학적으로만 해석해야 한다고 주장하는 학자들은 이 지점에서부터 동의할 수 없을 것이다. '왕도'(王道)에서 '도'란 '근본 원리' 혹은 '규범'이지 '방법'이 아니라고 말할 수 있다. '동양철학'의 논의에 익숙하지 않다면, '왕도'를 '왕의 규범'으로 해석하든 '왕의 방법'으로 해석하든 의미는 같다고 볼 수도 있다. '도'의 해석이 물리적인 해석으로부터 형이상학적 해석에 이르기까지 단일선상에 있기 때문에 의미는 통한다. 그러나 '왕의 규범'으로 해석하는 시각과 '왕의 방법'으로 해석하는 시각에는 중대한 차이가 있다. '왕도'의 '도'를 '규범'으로 해석하는 시각에는 '옳은, 단 하나의 길'이라는 함의가 깔려 있다. 한 가지 상황에 '규범'이 여럿이라면 '규범'이 아닌 것이다. '도'를 '방법'으로 해석하면 하나 이상이 존재한다고 생각하는 쪽으로 '도'를 바라보게 된다. '도'를 '규범'으로 해석하지 않고 굳이 '방법'이라고 해석하는 이유는 '방법'이라는 해석이 '옳기' 때문이 아니라 '쓸모 있기' 때문이다. 도-덕 모델로 행동을 통한 자아 형성을 설명할 때 '도'를 '규범', '절대적 진리'로 해석하면 고대 중국철학의 다양한 견해들을 포괄할 수 없다.

동아시아 학계 및 서구 학계를 막론하고 과거로부터 현재에 이르기까지 '동양철학' 분야에서 '도'에 대한 일반적인 해석은 물리적, 실천적 해석이 아니라 형이상학적 해석이다. 다시 말해서, '도'는 일반적으로 우주의 근본 원리이며 인간사를 관통하는 규범이라고 이해하는 것이 좀 더 일반적이다. '도'에 대한 해석이 형이상학적 해석 일변도가 된 이유를 한 가지로 잘라 말하기는 어렵다. 우선 성리학이 유가철학을 대표하고 유가철학이 중국철학을 대표하게 된 중국철학의 역사적 전개 과정에서 그 이유를 찾을 수 있다. 성리학(性理學)은 그 명칭에서 알 수 있듯이 '본성은 리', 즉 '성즉리'(性卽理)가 핵심이다. '리'(理) 역시

'도'와 마찬가지로 번역하지 않고 쓰이는 경우가 대부분이다. '리'(理)의 가장 단순한 뜻, 즉 물리적인 뜻은 '무늬'다. 옥의 무늬를 '리'라고 불렀다고 한다. 어떤 일정한 규칙이 반복되는 패턴을 부르는 말이었을 것이다. 예컨대, '말의 결'이 '논리'(論理)다. 그러나 이제 더 이상 '리'는 사물을 가리키는 말로 사용되지 않는다. '리'야말로 형이상학적 개념어로 '근본 원리'라는 뜻으로만 쓰이게 되었다. 성리학이 유가철학을 대표하게 되면서 성리학의 '리'가 유가철학의 '도'로 이해되게 되었다. 불교의 중국 전래도 '도'의 형이상학적 해석에 직간접적으로 영향을 끼쳤다. 직접적인 영향은 불교가 중국에 전래되어 불교의 개념들이 중국철학의 개념들로 번역되고 치환될 때, 불교의 다르마가 법(法)이라고 번역되고 불교의 '도'로서 받아들여졌다. 다시 말해서, 불교에서 말하는 우주 삼라만상의 근본 원리인 다르마를 '법'이라고 번역하면서, 불교에서는 '법'이 '도'라고 이해하는 상황에 이른 것이다. 불교는 성리학의 형성에 영향을 끼침으로써 중국철학에서 '도'의 해석이 형이상학적 해석 일변도가 된 현상에 결정적인 역할을 하였다. 요컨대, '근본 원리'에 대한 물음이 중국철학의 주요 과제가 되고 그에 따라 '근본 원리'를 의미하는 개념어들이 중국철학을 주도하게 되면서 '도'에 대한 해석 역시 형이상학적 해석 일변도가 되었다.

행동을 통한 자아 형성의 기제를 설명하는 도-덕 모델은 '도'를 형이상학적 해석이 아닌 물리적이고 실천적인 해석, 곧 '방법'으로 이해하는 일로부터 출발한다. 도-덕 모델을 설명하기 위해 고대 중국철학의 텍스트들을 설명의 장으로 삼은 것은 고대 중국철학이 '도'의 형이상학적 해석 일변도에서 그나마 해석의 여지가 남아 있는 영역이기 때문이다. 그 이유는 불교의 전래 이후 중국철학에 정신과 육체의 이분법이 자리 잡은 사실과 관련이 있다. 불교철학은 정신과 육체의 이분법이 분명하여

'정신'의 해탈을 목표로 삼는다. 불교가 전래되기 이전 중국철학계는 아직 정신과 육체의 이분법이 분명하지 않아서 고대 중국철학의 텍스트를 볼 때 '도'를 '정신' 혹은 '육체' 어느 한쪽으로 편입시키지 않고 해석할 수 있었다. '도'를 물리적이고 실천적으로 해석할 때, 다른 개념들과 어떤 관계를 맺는가를 살펴볼 수 있는 비교적 열린 장이 마련될 수 있다. 다시 말해서, '도'를 정신의 영역에 속하는 '근본 원리'라고 해석하는 시각이 아직 주류로 자리 잡기 이전에 형성된 텍스트인 고대 중국철학의 텍스트로라면 '도'에 물리적이고 실천적인 해석을 적용해볼 수 있으리라고 생각한다.

'도'에 대한 형이상학적 접근 이외에 다른 해석이란 있을 수 없다고 생각하는 학자들이 있다. 그들은 '도'의 형이상학적 해석의 백미인 『도덕경』의 구절들을 제시하며 여기서도 '도'가 방법인지 반문할지도 모른다. 『도덕경』 42장에 "道生一 一生二 二生三 三生萬物"라는 구절이 있다. 19세기 말에 영국의 중국학자(Sinologist) 제임스 레게(James Legge)는 이 구절을 "'도'는 하나를 생산하고, 하나는 둘을 생산하고 둘은 셋을 생산하고 셋은 모든 것을 생산했다"(The Tao produced One; One produced Two; Two produced Three; Three produced All things)고 해석했다(Legge, 2001: 85). 『논어』, 『맹자』, 『대학』, 『중용』, 『시경』, 『주역』을 비롯하여 『장자』, 『도덕경』 등을 영어로 번역해놓은 레게의 텍스트는 중국철학 텍스트의 서양어 번역에서 고전으로 자리 잡았다. 고대 중국 텍스트에 정통한 레게 역시 '도'를 번역 없이 '도'(Tao), 그것도 대문자로 정관사 'the'와 함께 사용함으로써 이 구절에서 '도'란 유일무이한 '근본 원리'로서의 '도', 유일한 '규범'으로서의 '도'임을 암시하였다.

이 구절을 인용한 이유는 이 알 수 없는 주문처럼 보이는 구절에서조차 '도'를 굳이 형이상학적으로 해석하여 우주의 근본 원리를 의미한다고 단정 지을 수는 없다는 점을 강조하기 위함이다. 이 구절에서 '도'를, 해석할 수 없는 어떤 것으로 볼 수도 있지만, 여전히 '도'를 물리적, 실천적으로 해석할 수도 있다. '도'를 실천적으로 해석하여 '방법'으로 본다면 내 해석은 이렇다: '방법은 하나의 방법으로부터 생겨난다(하나로부터 시작한다). 하나는 둘이 된다(하나는 둘을 낳는다). 둘은 셋이 된다(둘은 셋을 낳는다). 세 방법이 모든 사물을 낳는다.' 풀어서 설명하면 이렇다: '방법은 처음에는 한 가지 방법에서 시작된다. 한 가지 방법이 두 가지가 되고 두 가지가 세 가지가 되는 과정을 이어가면 마침내 모든 사물이 생겨난다.' '도'를 모든 사물을 생성하는 '방법'이라고 보는 해석이다. '도'를 물리적으로 해석하여 '길'로 보아도 마찬가지다: '길은 하나의 길로부터 생겨난다(하나로부터 시작한다). 하나에서 둘이 생긴다(하나는 둘을 낳는다). 둘에서 셋이 생긴다(둘은 셋을 낳는다). 세 길에서 모든 사물이 생긴다(길의 끝에서 사물들을 만나게 된다. 길은 모든 사물로 이어진다).' 이는 모든 사물은 길로 이어져 있다는 사물의 상호관계성을 강조하며 텍스트를 해석한 경우다.

'도'를 굳이 해석하지 않은 채 피해 갈 수도 있다. 동아시아 학계에서나 서구 학계에서나 '도'를 해석하지 않은 채 이 구절을 풀이하는 것이 일반적인데, 내가 굳이 '도'를 해석할 것을 주장하는 이유는 개념 정의야말로 철학의 요체임을 재확인하려는 의도다. 나 역시 '도'를 '길'과 '방법'으로 해석한 구절 풀이가 어색하며 일관성이 결여되어 있다고 생각한다. 그러나 '도'를 해석해서는 안 되는, 혹은 해석할 수 없는 그 무엇이라고 여긴 레게의 구절 풀이, 다시 인용하면, '도'는 하나를 생산하고, 하나는 둘을 생산하고 둘은 셋을 생산하고 셋은 모든 것을 생산했다'는 해석 역시 어색하고 불명확하다는 혐의를 피할 수 없다. 앞서 언급했듯이, 고대 중국철학의 텍스트들은 단일 저자에 의한 단일 저작물이 아니다. 문법 지식을 총동원해도 말이 안 되거나 어색한 경우는 허다하다. 따라서 문맥을 파악하는 것이 중요한데, 나는 한 가지 개념어를 한 가지 해석으로 일관되게 풀이하는 작업이 가장 중요하다고 생각한다. '도'를 '근본 원리'로 해석할 수 있듯이 '길' 혹은 '방법'으로도 일관되게 해석할 수 있다는 말이다.

『도덕경』 42장은 '도'가 무엇을 의미하는지 명확하지 않기 때문에 해석하기 어려운 것이 아니라, 일, 이, 삼, 또는 하나, 둘, 셋이 무엇을 세는지, 무엇을 가리키는지 명확히 알 수 없기 때문에 해석하기 어렵다. 앞의 세 해석에서는 '도'를 '근본 원리', '방법', '길'로 다르게 해석하면서도 '만물'은 공통적으로 '모든 사물'로 해석하였다. 그러나 '만물'을 '모든 사물'로 보지 않고 문맥에 따라 달리 해석할 수도 있다. 『도덕경』 42장에서 숫자가 무엇을 의미하는지 명확히 알 수 없기 때문에 그 해석이 열려 있는 것이다. 일, 이, 삼을 단지 숫자 일, 이, 삼으로 이해하면, '만물'이 모든 숫자가 되면서 '물'(物)은 '수'(數)를 받는다. '도는 숫자 일을 낳고, 숫자 일은 이를 낳고, 이는 삼을 낳고, 숫자 삼은 모든 수를 낳는다.' '일, 이, 삼'을 '길', '방법', '근본 원리'를 받는 말로 보면 해석은 다음과 같다. '일, 이, 삼'을 '길'로 이해하면 '물'은 '길'을 받고, '방법'으로 이해하면 '물'은 '방법'을 받는다. '도는 한 길을 낳고, 한 길은 두 길을, 두 길은 세 길을 낳는다. 세 길이 모든 길을 낳는다.' '도는 한 방법을 낳고 한 방법은 두 방법을, 두 방법은 세 방법을 낳는다. 세 방법이 모든 방법을 낳는다.' 그러나 일, 이, 삼을 '근본 원리'로 이해하면 '물'은 '근본 원리'를 받게 되는데 이때에는 의미가 어색해진다. '도'를 '근본 원리'로부터 파생된 '규범'이라고 해석하여 대입하면 다음과 같다. '도는 한 규범을 낳고 한 규범은 두 규범을, 두 규범은 세 규범을 낳는다. 세 규범은 모든 규범을 낳는다.'

의미를 명확하게 알기 어려울 때 의미의 규명을 회피하기 위한 수단으로서의 '신비화'는 적어도 철학에서는 용납될 수 없다. 장황하게 『도덕경』 42장의 해석을 늘어놓은 이유는 '도'를 형이상학적으로 해석하든 물리적, 혹은 실천적으로 해석하든 '해석'해야 한다는 점을 강조하기 위함이다. '도'를 거의 해석이라고 부르기 어려운 가장 형이상학적인 차원에서 해석한다고 해도 해석을 붙여야 한다. '도'를 '도'라고 하는 동어반복이 용납되는 한 '동양철학'은 여전히 철학과 종교의 경계에 있을 수밖에 없다. 물론, 경계적 위치가 주는 이점을 최대한 누리고 있기는 하다.

『도덕경』의 의미가 명확하지 않은 이유를 '텍스트의 신비화'를 목적으로 한 의도적인 언설로 만들려는 것이라고 볼 수도 있겠다. 그러나 나는 고대 중국철학자들의 생각이 담긴 텍스트들은 공통적으로 자신의 행동 및 다른 사람들의 행동을 특정한 방향으로 인도하기 위한 언설이라고 생각한다. 이러한 관점에서 본다면 텍스트에 담긴 언설은 '신비화'가 목적이라기보다는 철학자들의 생각을 명확하게 전달하는 것이 목적이라 할 수 있다. 『도덕경』 역시 예외가 아니다. 텍스트의 모호성 때문에 결과적으로 그 해석이 '신비화'되는 방향으로 전개되었을 뿐, 그것이 전부는 아니다.

'도'를 종교가 아닌 철학에서 논할 때, 적어도 '도'의 개념 정의는 반드시 필요하다. 철학은 개념의 학문이다. '도'를 형이상학적으로 해석하든 물리적, 실천적으로 해석하든 '도'를 개념으로서 해석하는 작업은 생략할 수 없다. '도'를 '근본 원리'든, '방법'이든, '길'이든, 일단 번역하는 것은 '도'를 개념으로서 정의할 때 방향을 제시한다는 점에서 의미있는 일이다. '도'를 번역 없이 쓸 때조차 개념으로서 한번은 정의하여야 한다. 더욱이 '도'를 물리적으로 해석하지도 않으면서 형이상학적 해석에 정의를 생략한다는 것은 '도'를 신비화하는 결과를 낳는다.

‘도’를 신비화하는 지점에서 종교와 철학이 갈린다. 종교라면 ‘도’를 굳이 해석하지 않고 신비화함으로써 종교의 영성을 강조하고 종교의 포용하는 힘을 강화할 수 있을지도 모른다. 그러나 철학이라면 ‘도’를 ‘정의할 수 없는 것’으로 선포하여 신비화해서는 안 된다. ‘동양철학’은 역사적으로 종교와 철학이 텍스트를 공유하는 경우가 많다. 따라서 개념어를 공유하게 된다. ‘도’가 가장 대표적이다. 그러나 ‘동아시아 전통에서는 종교와 철학이 같다’고 보는 시각에는 문제가 있다. 같지 않은 경우가 있기 때문이다. 예컨대, 철학에서 ‘도’는 정의되고 해석되고 설명되어야 하는 개념이다. 종교에서 ‘도’는 꼭 그렇지 않을 수 있다. 종교에서 ‘도’는 정의되기보다는 숭배되고, 해석되기보다는 신비화되고, 설명되기보다는 믿어야 하는 대상이 될 수 있다.

한문으로 작성된 문헌을 포함하여 한국어, 중국어, 일본어로 작성된 저술은 굳이 ‘도’를 번역할 필요를 느끼지 않는 경우가 많다. ‘도’의 의미가 문맥상 명확한 경우도 있고 그렇지 않은 경우도 있지만, 대체로 저자가 이를 명확하게 밝히지 않았기 때문에 옮기기가 쉽지 않다. 따라서 서양어 가운데 영어로 된 저술들을 예로 들어 ‘도’에 대한 일반적인 번역을 살펴보면 다음과 같다. 앞에서 말했듯, ‘도’를 직접 해석하는 부담을 피하고 문맥에서 알 수 있도록 암시하는 경우는 대개 ‘근본 원리’의 뜻을 함축하고 있다. 빠오(Bao, 1990), 쿡(Cook, 1997), 쿠아(Cua, 1981), 호프만(Hoffman, 2002) 등 ‘도’를 언급한 대부분의 논문이 여기에 해당된다. 이들은 ‘도’를 번역하지 않는데, 이는 ‘도’를 신비화하기 위해서라기보다는 ‘도’에 해당하는 영어 단어가 없기 때문이다. 리우 징산(Liu Jingshan, 1985)은 ‘도’를 ‘길’(way)이라고 번역하고, ‘세계의 근원’(the origin of the world)이라고 해석했다. 그러나 ‘길’이 어떻게 ‘세계의 근원’을 의미하게 되는가에 대한 설명은 하지 않는다. 줄리언과 팍스(Jullien and Parkes, 1993)는 '도'를 번역하지 않고 'The Dao'라고 쓰면서 그 의미를 '전체성'(totality)이라고 설명하였다. 앵글과 고든(Angle and Gorden, 2003)은 '도'를 가장 신비화한 경우에 해당한다. 이들은 '도'를 '이름이 없는 어떤 것을 가리키는 별명'이라고 이해하였다.

중국철학의 텍스트를 해석하면서 '도'의 개념을 명확하게 밝히지 않음으로써 생기는 병폐는 텍스트 전체를 신비화하게 되는 위험이다. 만약 내가 가정한 대로, 고대 중국철학자들이 다른 사람들의 행동을 특정 방향으로 인도하려는 목적으로 말을 했고 그 말들을 모은 것이 고대 중국철학의 텍스트라면, 그 텍스트는 적어도 다른 사람들이 알아듣고 행동에 옮길 수 있을 정도로 설명적(prescriptive)이어야 한다. 나는 고대 중국철학의 텍스트들이 담고 있는 말들이 행동을 인도할 목적으로 기술되었기 때문에 지시적이고 실천적이라고 전제한다.

고대 중국철학의 텍스트들을 살펴보면, 그 텍스트들이 지시적이고 실천적인 말들로 이루어졌다는 전제에 더하여, 어떤 말들은 현대어 문법의 기준에서 보면, 명사와 동사로 함께 쓰였음을 알게 된다. 영어에서는 드물지 않은 경우인데, 예컨대 '어프로치'(approach)라는 말은 '접근'이라는 명사로도 쓰이지만 '접근하다'라는 동사로도 쓰인다. '밀크'(milk)라는 단어 역시 '젖'이라는 명사로도 쓰이고 '젖을 짜다'라는 동사로도 쓰인다. '북'(book) 역시 '책, 장부' 등의 명사로도 쓰이지만 '장부에 적다'라는 동사로도 쓰이기 때문에 '예약 장부에 기입하다'라는 의미에서 파생되어 '예약하다'라는 동사로 쓰인다. 조어법상 효율적이라고 하는 영어의 특징은 최근 새롭게 만들어진 말들을 통하여 그 효율성이 더욱 잘 드러난다. '이메일'(email)이라는 말은 '이메일'이라는 명사로뿐만 아니라 동사로도 쓰인다. 따라서 이메일을 보내달라고 할 때 다른 동사의 도움 없이 'Email me'라고만 써도 된다. 고대 중국 문헌은 현대어처럼 통일되고 체계화된 약속으로서의 문법이라는 토대 위에서 기술되지 않았다. 통사구조가 잘 발달되어 있지도 않았고 글자 수도 많지 않았다. 제한된 글자로 여러 뜻을 전달해야 했기 때문에 한 글자가 명사로도 동사로도 쓰일 수밖에 없었다. 이러한 이유로, 고대 중국철학의 텍스트에서도 하나의 글자가 다양한 품사의 기능을 하는 현상이 관찰된다. 예컨대, '법'(法)이라는 말은 사람과 사물에서 일정하게 변함없이 유지되는 기준점이라는 의미가 되어 명사처럼 쓰이지만, '본받다'라는 의미의 동사로 쓰일 때도 있다. '지'(知)는 동사로서 '알다'라는 뜻으로 쓰이지만, 명사 '지'(智)를 대신하여 '앎'의 뜻으로 쓰이기도 한다. 그러나 '지'(智)는 동사적으로 사용되지는 않기 때문에 '알다'라는 동사의 의미로 쓰일 때는 '지'(知)가 쓰인다. 이를 보면, 지(智)가 통사구조의 발달과 더불어 의미를 명확하게 하기 위하여 지(知)보다 후대에 만들어졌음을 알 수 있다.

고대 중국철학의 텍스트들에 나타난 어떤 말들은 명사로 해석되고 동사로도 해석된다는 전제는, '고대 중국철학의 텍스트들이 고대 중국철학자들이 자신과 다른 사람의 행동을 이끌기 위하여 했던 말들을 담고 있다'는 전제와 관련이 있다. 행동을 이끄는 말들은 사물을 지시하는 명사보다 행동을 지시하는 동사일 가능성이 크다. 예컨대, 『묵자』에 나오는 '겸애'(兼愛)라는 말은 사물을 지시하는 명사처럼 해석하면 '차별 없는 사랑' 정도가 되겠지만 행동을 지시하는 동사처럼 해석하면 '차별 없이 사랑하라' 정도가 될 것이다. 다시 말해서, 만약 고대 중국철학자들이 행동을 이끌기 위해 말을 했다고 전제한다면 고대 중국철학의 주요 개념어들 중 상당수는 행동을 지시하는 동사처럼 해석하여야 한다.

요약하면, 고대 중국철학자들이 자신들의 생각을 말한 목적은 '행동 이끌기'(guiding behavior), 다시 말해서 자신의 행동 및 다른 사람의 행동을 인도하기 위함이었다. '행동 인도'를 위해 쓰인 말이 '도'다. '도'가 행동을 지시하기 위해 쓰였다면 '도'는 '방법'이다. '도'가 '방법'이라면 '방법'의 구체적인 내용에 해당하는 말은 동사적으로 해석될 경우가 많다. '도'의 내용에 해당하는 말이 특정 사물을 지칭하는 명사처럼 보인다고 해도 사실상 숨은 의미는 '이러이러하게 행동하라'는 행동의 지시를 포함하고 있으므로 동사처럼 해석해야 한다.

행동을 지시하기 위한 목적으로 '도'라는 말을 사용했다면 그 뜻은 더할 나위 없이 명료해야 한다. 예컨대, '물!'이라고 말할 때 마실 것을 가져오라는 이야기인지 산소 원자 둘, 수소 원자 하나로 이루어진 화합물을 지시하는지 명확해야 하며, '물'을 버리라는 이야기인지, 가져오라는 이야기인지, 잠그라는 이야기인지, 보라는 이야기인지 명확해야 한다. 그런데 고대 중국철학자들의 말들은 마치 '물!'처럼 무슨 말인지 명확하지 않게 이야기한 경우가 적지 않다. 이러한 경우들을 근거로 들어 '고대 중국철학자들이 말을 의도적으로 명확하지 않게 하고 도의 의미를 불분명하게 사용했다'고 주장할 수도 있을 것이다. 그러나 나는 현대 철학자의 눈으로 고대 중국철학의 텍스트를 읽을 때, '왜 모호하게 말을 했을까'에 초점을 맞추기보다 '다 말하지 못한 숨은 의미를 찾아 말을 명료하게 해석할 수 없을까'에 초점을 맞추는 편이 생산적이라고 생각한다. 고대 중국철학자들이 활동했던 시절의 언어적 제약, 기록의 불편, 보존과 전승의 한계 등의 이유 때문에 고대 중국철학자의 텍스트에는 세세하게 말하고 싶었지만 다 하지 못한 말, 말했지만 기록되고 전승되지 못했던 말들이 감추어져 있다고 가정할 수 있다. 예컨대, 텍스트상에서 '도', 즉 '방법'에 해당하는 말로 '물!'이 있다면, '도는 물이다'라고 해석하지 않고 '방법은 물을 마시는 것' 혹은 '방법은 물을 버리는 것' 등으로 해석한다. '도는 물이다'라고 해석하는 대신에 '방법은 물을 마시는 것'이라고 해석하면, '도는 물이다'라고 해석할 때보다 고대 중국철학자들의 공통점과 차이점들이 좀 더 잘 드러나는데, 이러한 공통점과 차이점들이 고대 중국철학의 전체 지형을 보여주는 하나의 설명 틀이 된다.

'도'를 '방법'이라고 해석할 때 드러나는 고대 중국철학자들의 관점의 차이가 고대 중국철학의 개념들을 좀 더 명료하게 하고 동아시아 철학의 근간이 되는 고대 중국철학의 전체 그림을 좀 더 잘 보여줄 수 있다는 이유 말고도 고대 중국철학의 '도'를 '방법'이라고 해석하는 이유를 굳이 더 찾자면 고대 중국철학자들이 활동했던 사회적 현실을 살펴볼 수 있다. 텍스트 자체가 한 사람에 의한 저작물도 아니며 동시대에 완성된 문헌이라고 보기도 어렵기 때문에 텍스트의 저자들인 고대 중국철학자들이 '활동했던 시대'를 말하기는 어렵다. 그러나 『맹자』에서와 같이 맹자와 여러 제후들의 대화를 살펴보면 그 대화가 이루어진 시대의 특징을 잡아낼 수는 있다. 『맹자』의 가장 앞부분인 「양혜왕 상」(梁惠王上)편에는 춘추전국시대 제후국 가운데 양(梁)의 혜왕과 맹자가 나눈 대화가 수록되어 있다. 맹자가 활동했던 당시 제후국의 군주들은 지금의 국가지도자와 마찬가지로 국가경쟁력을 최우선에 두었다. 당시의 국가경쟁력은 국토와 국민으로부터 생겼는데, 그중에서도 국토보다는 국민에 중점을 두었던 것 같다. 국토가 넓어도 개간할 사람이 없다면 무용지물일 것이다. 국민이 늘어야 세금을 많이 거두고 군대를 키울 수 있으며, 이를 바탕으로 다른 나라의 영토를 빼앗아 국토를 확장하는 것이 가능하기 때문에 국토보다 국민을 우선 고려할 수밖에 없다. 당시의 인구 정책은 인구를 늘리는 정책이고 이는 출산 정책보다 이주민을 늘리는 정책에 초점이 맞추어져 있었다. 국경이 지금처럼 엄격하지 않고 국민의 이주가 지금처럼 어렵지 않았을 시대에는 살기 좋은 나라를 만들어 이주민의 수를 늘리거나 전쟁에 이겨서 강제로 인구를 이주시키는 정책이 인구 정책으로는 더 일반적인 것이었을 것이다. 양나라 혜왕은 자기가 국민을 위해 그토록 노력하는데도 불구하고 왜 다른 나라로부터 이주민이 물밀듯이 오지 않는지, 다른 나라보다 왜 인구가 늘지 않는지 고민했다.

『맹자』 첫 장 내용의 대부분을 차지하는 양나라 혜왕과 맹자의 대화를 보면, 혜왕의 통치자로서의 고민이 잘 드러나 있다. 한마디로 말하면, '어떻게 하면 양나라를 이롭게[利] 할 수 있을까?'라는 것이었다. 『맹자』 첫머리에 나오는 개념어는 그래서 '리'(利)가 되었다. 이러한 왕의 고민 앞에 맹자는 말한다. 중요한 것은 '리'(利)가 아니라 '인의'(仁義)라고. 여기서부터 '리'(利)는 인의(仁義)의 상대어가 되어 맹자를 받드는 유학자들에게 미움을 받게 된다.

리(利)와 인의(仁義)의 구체적인 해석은 뒤로 미루고, 혜왕과 맹자의 대화에서 알게 되는 바는 '리'와 '인의'가 상대가 되는, 즉 같은 층위에 있는 말이라는 점이다. 결론부터 말하면, 리와 인의는 '어떻게'에 대한 답으로서 그 해석에 동작을 지시하는 말, 즉 동사를 포함한다. 혜왕의 질문의 핵심은 "우리나라를 무엇으로써 이롭게 할 수 있습니까?"(將有以利吾國)이다. 여기서 주목할 말은 '이'(以)다. 흔히 '써'라고 뜻풀이를 하는 이 말은 수단이나 도구를 가리킬 때 쓴다. 이(以) 다음에 오는 말이 수단이나 방법이 된다. 예컨대 흔히 쓰는 사자성어인 '이이제이'(以夷制夷)를 보면 '오랑캐로써 오랑캐를 제압한다'라고 번역하는데 이(以) 다음에 오는 오랑캐[夷]가 수단에 해당한다. '열로써 열을 다스린다'라고 번역되는 '이열치열'(以熱治熱)도 같은 구조다. "장유이리오국"(將有以利吾國)에서 이(以) 다음에 와야 할 말(전치사 이[以]의 목적어)이 생략되어 있으므로 이 문장은 의문문이다. '무엇으로써'를 묻고 있다. 다른 말들도 살펴보면, '장'은 미래를 나타낸다. '유'는 굳이 번역하자면 앞의 구절과 연결하여 '노인께서 먼 길을 멀다 않고 오셨는데 그런 걸 보면[강조의 뜻으로 쓰인 '역'(亦)을 이렇게 해석할 수도 있다] 우리나라를 이롭게 할 수 있는 수단이 있기는 있나요?' 정도로 번역하면 된다. 요컨대, 우리나라를 이롭게 할 수 있는 수단이 무엇인지를 묻는 질문은 수단을 사용한다는 것을 전제로 하고 있으므로, '어떻게 하면 우리나라를 이롭게 할 수 있는가'를 묻는 것이 된다.

'리'의 구체적인 방식, 즉 '리'에 해당하는 구체적인 실천을 묻는 혜왕에게 맹자는 '왜 리(利)를 말하는가'라고 따진다. 한마디로 패러다임이 잘못 되었다는 것이다. 맹자는 '리(利)로는 가당치도 않고 인의(仁義) 밖에는 안 된다'고 단언한다. 혜왕은 '리'라는 패러다임을 이미 설정하고 '리'를 실현하기 위한 세부 행동 지침을 알려달라고 주문한 반면, 맹자는 '리'에서 '인의'로 패러다임 자체를 전환해야 한다고 강력하게 주장한다.

그 이유를 알기 위해 혜왕이 고민하는 구체적인 내용을 좀 더 살펴볼 필요가 있다. 혜왕의 '우리나라를 이롭게 한다'의 의미는 한마디로 부국강병이다. 첫째, 다른 나라로부터 이주해오는 사람이 늘어나 인구가 증가하는 것이다. 인구가 증가하면 세금이 늘어나고 국가 경제력이 증대된다. 둘째, 제(齊), 진(秦), 초(楚) 등의 이웃 제후국들과 전쟁에서 잃은 손실을 만회할 수 있는 전투력을 갖는 것이다. 인구가 늘어나고 전쟁에서 이길 수 있는 국가가 되도록 하는 것, 이것이 혜왕이 의미하는 바의 '리', 즉 '이롭게 한다'는 것이다.

맹자가 인구를 증가시키고 전쟁에서 이기고 싶어 하는 혜왕의 욕망이 잘못되었다고 지적했던 것은 아니다. 혜왕이 '리', 즉 '이롭게 한다'고 하는 그 방법으로는 인구를 증가시켜 국가의 부가 증가하고 전쟁에서 이기는 전투력을 갖출 수 없다. '리'라는 방법으로는 혜왕의 욕망을 달성할 수 없는 것이다. 혜왕의 입장에서 '리'라는 통치 패러다임이 인구를 늘려 부국강병을 달성하는 데 효과적이라는 사실에는 의심의 여지가 없는데, 다만 '리'의 세부 실천 항목이 잘못 설정되었기 때문에 자신의 정책이 실패했다고 생각하여, 맹자에게 '무엇으로써, 즉 무엇을 하면 리라는 통치 패러다임을 성공적으로 실천할 수 있는가'를 물었다. 맹자는 부국강병을 실현하고자 하는 혜왕의 욕망을 성취하는 방법으로서 '리'라는 방법이 합당하지 못함을 지적하고 있다. 맹자는 그 이유를 '아랫사람이 윗사람을 따르는 경향'에서 찾고 있다. 즉, 군주가 자신의 이익을 앞세우면 신하도 윗사람을 따라서 신하 자신의 이익을 군주의 이익보다 우선시하게 되고 일반 백성들도 국가의 이익보다 자신의 이익을 우선시 하게 된다. 이는 결국에는 하극상으로 이어져 '군주를 시해하는 사람은 바로 그 아래 신하'가 될 것이라고 단언한다. 군주 자신이 자신의 패러다임을 관철한 결과 결국 시해당하고 만다면 부국강병은 누구를 위한 것인가? 이것이 맹자의 논리다.

맹자의 주장을 요약하면, 혜왕이 노력했음에도 불구하고 인구가 늘지 않는 것은 '리'의 구체적인 행동, 세부 실천이 잘못되었기 때문이 아니라 '리'라는 통치 패러다임이 잘못되었기 때문이다. 따라서 통치 패러다임을 바꾸는 근본적인 개혁이 필요하며, 혜왕의 욕망을 이루기 위한 통치 패러다임은 인의가 되어야 한다. 맹자가 의미하는 통치 패러다임으로서 인의는 '인정'(仁政)으로 설명된다. '인정'은, '인정'이 아니고서는 왕의 통치 패러다임이 될 수 없다는 의미에서 '왕정'(王政)이라고도 하는데, 『맹자』에서 가장 빈번하게 등장하는 논의 주제다. '인정'이라는 통치 패러다임의 두 가지 정책 기조는 "형벌을 신중하게 하고 세금을 가볍게 하는 것"(省刑罰 薄稅斂)이다. '인정'이 『맹자』에서 차지하는 비중에 비하면 인간의 본성을 논하는 사단(四端) 등의 주제는 적어도 텍스트 상에서는 작은 주제처럼 보인다.

혜왕의 '리'와 맹자의 '인의'가 서로 대립될 때, 맹자의 논점은 '리'와 '인의'의 가치의 문제가 아니라 효율의 문제다. 맹자의 논점은 '성공적인가, 성공적이지 않은가'에 집중되어 있다. 다시 말해서 '리'라는 통치 패러다임이 지향하는 바, '인구를 늘려서 부국강병을 모색하는 통치 목표가 추구할 가치가 있는가, 없는가'가 논점이 아니다. '인구를 늘려서 부국강병을 모색하는 통치 목표를 위해서 '리'라는 방법이 성공적인가, 아닌가'가 논점이다. 맹자가 인구를 늘려 부국강병을 달성하고자 하는 혜왕의 통치 목표에 가치의 차원에서 동의하였는지 아닌지를 텍스트만으로 판단하기는 어렵다. 다만, 텍스트 상에서 미루어 짐작할 수 있는 바는 혜왕의 통치 목표를 수정하지 않아도 통치 패러다임만을 바꾸면 일단은 '인정'의 실천이 가능하다고 맹자가 생각했다는 점이다. 부국강병을 이루어 이웃 나라와 설욕전을 치르느라 국민이 동원되는 문제까지 맹자가 동의한 것은 아니다. 맹자는, '이웃 나라들이 국민의 시간을 빼앗아, 경작을 통하여 부모를 봉양하는 것이 불가능하게 되면, 부모가 추위에 떨고 굶주리고 형제처자가 뿔뿔이 흩어지게 될 테니, 이웃 나라들이 국민을 어려움에 빠뜨릴 때 정벌하면 누가 대적하겠습니까'라고 하면서 혜왕을 설득하였다. 이처럼 맹자는 '인정'의 효과 가운데 하나로 무혈정벌이 있음을 말하면서, 통치 패러다임으로서의 '인의'와 혜왕의 통치 목표를 일치시키려고 노력한다. '인정'이라는 통치 패러다임을 설정하고, 정책 기조로 형벌을 신중하게 하고 세금을 가볍게 하면, 국민의 삶이 향상되어 범죄가 줄어들고 세수는 늘어나며, 이웃 나라들로부터 이주민이 늘어나서 결과적으로 부국강병이 실현된다. 어떻게든 '인정'을 통치 패러다임으로서 실천해보고 싶었던 맹자는 '인정'이라는 통치 패러다임이 혜왕의 욕망과 모순되지 않을뿐더러 오히려 '인정'이야말로 혜왕의 욕망을 이루어줄 가장 효율적이고 성공적인 방법, 즉 '도'라고 설득한다.

맹자와 혜왕의 대화에서 주목할 점은 '도', 즉 방법에 관한 한, 논의의 핵심은 가치의 문제가 아니라 성공 여부의 문제라는 점이다. 두 사람의 대화를 분석해보면, 통치 패러다임으로서 혜왕이 제시한 '리'도, 맹자가 대안 패러다임으로 제시한 '인의'도 모두 혜왕의 욕망인 부국강병을 실현하기 위한 방법이다. 두 사람이 대립하는 논제는 통치 목표가 아니라 통치 방법이다. 통치 목표를 위한 통치 방법에서 '리'와 '인의' 가운데 어떤 방법이 성공적인가에 대한 논쟁인 것이다. 맹자는 혜왕의 실패가 성공적일 수 없는 방법인 '리'로 통치했기 때문이며, 성공적인 방법인 '인의'로 통치하면 반드시 통치 목표를 달성할 수 있다고 주장한다.

'도'를 '방법'이라고 볼 때, 맹자와 혜왕의 '도'에 관한 논쟁이 시사하는 바는, '도'는 가치의 차원이라기보다는 효과, 효용의 차원에 있다는 점이다. 다시 말해서, '도'에 관한 문제란 성공적인 방법에 관한 문제다. 이렇게 본다면, '도'를 찾거나 구한다는 것은 성공률이 높은 방법을 모색한다는 의미이며, '도'를 닦는다는 것은 성공률이 높을 것이라고 예상하여 채택한 방법 자체의 실행 성공률을 높이는 것이다.

'알기 쉽고 행동으로 잘 옮길 수 있는 말'은 방법의 성공률을 높이는 문제와 깊은 관련이 있다. 성공률이 높을 것이라고 예상되는 방법을 찾는 문제는 철학자들이 대개 해결하였다. 고대 중국철학자들에게는 각자 자신만의 방법, 즉 '도'가 있었다. 따라서 철학자는 성공률이 높은 방법을 제시하는 역할을 한다. 철학자의 방법을 듣는 사람들이 해야 할 일은 그 방법을 자신의 행동으로 옮기는 일이다. 즉, 실행의 성공률을 높이는 것이 사람들의 몫으로 남겨진다. 다시 앞의 예를 가지고 말하면, 맹자는 '도'를 제시했으니 혜왕은 그 '도'를 자신의 행동으로 실현해야 한다. 맹자가 제시한 방법, 즉 '도'는 '인의'이며 통치 패러다임으로는

‘인정’이 된다. 맹자는 “형벌을 신중하게 하고 세금을 가볍게 하는 것”(省刑罰 薄稅斂)을 ‘인정’이라는 통치 패러다임에 대한 정책 기조로서 제시하였고, 그러한 정책을 시행했을 때의 결과까지를 구체적인 예를 들어서 자세하게 설명하고 있다.

> 농사철을 어기지 않게 하면 곡식을 이루 다 먹을 수 없으며, 촘촘한 그물을 웅덩이와 연못에 넣지 않으면 고기와 자라를 이루 다 먹을 수 없으며, 도끼와 자귀를 때에 따라 산림(山林)에 들어가게 하면 재목을 이루 다 쓸 수 없을 것입니다. 곡식과 고기와 자라를 이루 다 먹을 수 없으며, 재목을 이루 다 쓸 수 없으면, 이는 백성으로 하여금 산 이를 봉양하고 죽은 이를 장송(葬送)함에 유감이 없게 하는 것이니, 산 이를 봉양하고 죽은 이를 장송함에 유감이 없게 하는 것이 왕도(王道)의 시작(始作)입니다. (성백효, 2002: 21)

맹자에게 왕의 통치, 즉 ‘왕정’(王政)은 ‘인정’(仁政)인데, ‘인정’의 정책 기조는 형벌과 세금이며, 적어도 ‘인정’이라면 국민이 추위에 떨고 굶는 일은 없도록 하여야 한다. 맹자에게 국민이 추위에 떨고[凍] 굶는[餓] 문제는 국가의 기틀을 흔드는 일이어서, 국민들을 추위와 굶주림에 시달리게 하는 이웃 나라가 있다면, 이는 전쟁 없이 그 나라를 정벌할 수 있는 조건이 되기도 한다. 인용된 글에서 왕도의 시작이란 왕도의 최소 요건(minimum requirement)을 의미한다. 왕의 통치 방법, 즉 왕도(王道)라면 적어도 국민이 추위에 떨거나 굶는 일은 없도록 해야 한다는 것이다. 국민이 추위에 떨고 굶는다면 영토를 확장하고 인구를 늘리는 문제를 논할 단계가 아닌 것이다. 『맹자』에는 왕의 통치 방법, 즉 왕도(王道)의 통치 패러다임인 ‘인정’에 대한 설명과 예가 다양한 방식으로 등장한다.

맹자가 쉬운 언어로 예와 비유까지 동원하며 '인정'을 설명하는 이유는 통치자로 하여금 '인정'을 자신의 통치 패러다임으로 채택할 뿐만 아니라 이를 성공적으로 실천할 수 있도록 인도하기 위함이다. 통치 패러다임으로 채택하여도 실천에서 성공적이지 못하면 '인정'이 아닌 것이다. 왕이 '인정'을 채택했다고 해도, 국민이 더 이상 추위에 떨지 않고 굶지 않게 되며 이 소문을 듣고 이웃 나라에서 이주민이 몰려와 마침내 왕이 바라는 바의 부국강병이 되려면, '인정'을 성공적으로 시행할 수 있도록 쉽게 설명하여야 한다.

'도'가 형이상학적이거나 신비적인 무엇을 지칭하는 말이 아니라 물리적이고 실천적인 무엇을 지칭하는 말이라는 주장은 이러한 정황적 해석과 관련되어 있다. 고대 중국철학자들의 텍스트에서 공통적으로 빈번하게 발견되는 '도'라는 말이 행동을 인도하는 말이며, 행동을 성공적으로 할 수 있도록 인도하는 말이기에 물리적이며 실천적인 의미를 담고 있을 것이라는 점은 맹자와 혜왕의 대화 이외에도 다른 여러 텍스트에서 확인된다. 내가 '도'의 물리적, 실천적 해석을 지지하는 텍스트로서 여러 텍스트 중에서 『맹자』의 대화를 선택한 이유는, 맹자와 양나라 혜왕, 제나라 선왕 등의 대화가 당시의 절박함, 즉 실천의 필요성을 잘 보여주고 있기 때문이기도 하지만, 동양철학의 패러다임을 도(道)에서 성(性)으로, 성(性)에서 리(理)로 전환한 성리학이 『맹자』를 기반으로 하고 있다는 점 때문이다. 『맹자』야말로 성리학에서 텍스트 중의 텍스트로 꼽히지만 성리학의 전유물인 『맹자』에서조차 다양한 해석의 여지는 존재한다. 이것이 『맹자』가 고전으로 여전히 인용되는 이유다.

방법으로서의 도에 관한 논쟁의 초점이 가치 여부가 아니라 성공 여부라는 점과 관련하여, 방법으로서의 도에 대한 핸슨의 두 가지 구분은 유용하다. 핸슨은 도(dao)를 '방법'(way)이라고 정의하고, '디스코스 도'(discourse dao)와 '퍼포먼스 도'(performance dao)로 나누어 설명한다 (Hansen, 1992). 직역하면 각각 '말하는 도'와 '표현하는 도'가 된다. '매뉴얼 도'(discourse dao)와 '표현되는 도'(performance dao)라고 설명할 수도 있는데, '디스코스 도'가 방법을 몸으로 표현(performance)할 때 매뉴얼의 기능을 하기 때문이다. 핸슨의 구분은 도를 가르치고 배우는, 다시 말해서 방법을 전수하고 전수받는 관계를 생각하면 이해하기 쉽다. 방법을 알고 있는 사람이 방법을 가르칠 때는 시범을 보이기도 하지만 말로 설명하는 경우가 많다. 전화로 길을 물어보는 경우 길을 아는 사람은 길을 묻는 사람에게 말로 길을 설명한다. 길을 물은 사람은 말한 대로 따라가서 목표 지점에 도달하는 경우도 있지만 실패하는 경우도 있다. 길을 물은 사람은 가르쳐준 사람의 말을 매뉴얼 삼아 길을 찾는다. 길을 성공적으로 찾았다는 의미는 말로 설명한 길과 몸으로 표현된, 다시 말해서 실제로 행동으로 옮겨 이동한 경로가 같았다는 의미다. 길을 찾는 데 성공하지 못했다는 의미는 누구의 잘못이든 말로 설명한 길과 몸으로 표현된 길이 달랐다는 의미다. 설명대로 가지 않았는데도 목표 지점에 도달하는 경우도 있다. 이때에도 길을 성공적으로 찾았다고는 볼 수 없다. 시간 낭비, 설명을 듣는 수고, 육체적 고생 등을 수반하기 때문이다. 매뉴얼대로 하면 실패하는 경우도 있다. 지형지물이 바뀌거나 길이 달라지는 등 여러 가지 이유로 매뉴얼대로 하더라도 목표 지점을 찾을 수 없는 경우를 생각할 수 있다.

매뉴얼이 제 기능을 하지 못하여 길을 묻는 사람이 천신만고 끝에 목표 지점을 찾았다고 가정하면 자신이 찾은 방법이 다음에는 새로운 매뉴얼이 될 가능성이 있다. 이번에는 길을 성공적으로 찾았다고는 말할 수 없지만 다음에는 새로운 매뉴얼을 사용하여 성공 가능성을 높일 수도 있을 것이다. 혹은 자신이 찾은 매뉴얼과 길을 아는 사람이 말로 가르쳐준 기존의 매뉴얼을 혼합하여 더 성공 가능성이 높은 매뉴얼을 만들 수도 있다. 길을 아는 사람이 가르쳐준 매뉴얼대로 하지 않고도 매우 쉽게 목표 지점을 찾은 경우도 생각해볼 수 있다. 이 경우 기존의 매뉴얼은 폐기되고 새롭게 찾은 방법이 다음 시도에는 매뉴얼로 기능하게 된다. 어떤 경우이건 관건은 성공 여부다. 매뉴얼은 기존의 시도들을 통하여 만들어지고 수정 보완된 과거에 '성공적이었던' 방법을 설명한 행동 지침이다. 대개 '표현되는 도'가 '매뉴얼 도'와 일치하면 성공한다. '표현되는 도'가 '매뉴얼 도'와 일치하지 않아도 성공할 수 있다. 이 경우에는 매뉴얼이 수정될 가능성이 있다.

핸슨의 도의 구분은 방법으로서 도의 개념을 좀 더 명확하게 이해하는 데 유용할 뿐만 아니라 '학'(學)의 개념과 중요성을 다시 생각하게 한다는 점에서 의의가 있다. 유가철학을 넘어 동양철학을 대표하는 텍스트인 『논어』는 학(學)이라는 말로 시작한다. "배우고 때로 익히니 또한 즐겁지 아니한가"(學而時習之 不亦說乎)라고 노랫가락처럼 읊조리는 『논어』의 첫머리는 학(學)이 습(習)과 짝이 되는 전통을 남겼다. 통상 학(學)을 '배우다'로, 습(習)을 '익히다'라고 각각 번역하는데, 이 통상의 번역이 핸슨의 '도'의 구분과 기본적인 관점에서 일치한다. '배우다'의 목적어는 핸슨의 용어로는 매뉴얼 도(discourse dao)가 된다. 행동을 위해서는 일단 과거에 성공적이었던 매뉴얼(들)을 배우는 것이 중요하다. 그러나 아주 단순한 행동을 제외하면 배운 대로 한다고 생각해도 첫 시도에서 성공적인 행동이 나오기는 어려운 경우가 대부분이다. 그래서 연습이 필요하다. 매뉴얼을 몸으로 표현해내기 위해 수없이 반복적인 연습을 하면 언젠가 매뉴얼과 같은, 적어도 유사한 행동이 표현된다. 처음 시도에서는 '매뉴얼 도'와 '표현되는 도'의 차이가 크게 마련이다. 시도가 거듭되고 반복적으로 연습하여 매뉴얼이 몸에 익으면 어느 순간 매뉴얼이 그대로 몸으로 표현되는 순간, 즉 '매뉴얼 도'와 '표현되는 도'가 일치하는 순간이 올 수 있다. 이때 느끼는 감정이 희열이며 이러한 과정 자체를 즐겨야 하는 것이다.

연구의 중심이 도(道)에서 성(性)으로, 성(性)에서 리(理)로 이동한 성리학에서도 학(學)에 대한 관점, 즉 학(學)이란 순간적인 체험이라기보다는 시간과 노력을 요하는 과정이라는 관점은 변하지 않고 오히려 강화되었다. 성리학자 주희(朱熹)는 학(學)을 '본받다'[效]라고 해석하였다. '본받다'라는 말은 어떤 모양을 그대로 따라서 한다는 뜻이다. 주희가 『논어』를 해석한 저서 『논어집주』의 이 부분(學而時習之 不亦說乎)에 대한 해석을 옮겨보면 다음과 같다.

> 학(學)이란 말은 본받는다는 뜻이다. 사람의 본성(本性)은 모두 선(善)하나 이것을 앎에는 먼저 하고 뒤에 함이 있으니, 뒤에 깨닫는 자는 반드시 선각자(先覺者)의 하는 바를 본받아야 선(善)을 밝게 알아서 그 본초(本初: 처음)를 회복할 수 있는 것이다. 습(習)은 새가 자주 나는 것이니, 배우기를 그치지 않음을 마치 새새끼가 자주 나는 것과 같이 하는 것이다. 열(說)은 기뻐하는 뜻이다. 이미 배우고 또 때때로 그것을 익힌다면 배운 것이 익숙해져서 중심(中心)에 희열(喜說)을 느껴 그 진전이 자연히 그만둘 수 없는 것이다.
>
> 정자(程子)가 말씀하였다. '습(習)은 중습(重習: 거듭함)이니, 때로 다시 생각하고 연역(演繹)해서 가슴속에 무젖게 하면 기뻐지는 것이다.' 또 말씀하셨다. '배우는 것은 장차 그것을 행하려고 해서이니, 때로 익힌다면 배운 것이 내 몸에 있다. 그러므로 기뻐지는 것이다'(學者 將以行之也 時習之則所學者在我 故悅). (성백효, 2002: 17)

주희는 '학'을 '본받다'[效]라고 하고, 목적어를 "선각자의 하는 바"(先覺之所爲)라고 하여 선각자의 행동을 본받는 것이 '학'이라고 설명하였다. '습'은 그 글자에 새 깃털에서 따온 '우'(羽)가 들어 있음에 착안하여 새가 나는 연습을 하는 것에 비유하였다. "이미 배운 것을 반복적으로 실행하여 익히는 것"(旣學而又時時習之)이 이 구절이 강조하는 핵심이다. 주희의 해석에서 주목할 말은 '본받다'의 '본', '선각자'의 '선'(先), '행동'(爲)이며 정자의 말에서 주목할 말은 '행동'(行), '나'[我]이다. '본받다'의 '본'은 모델이다. '선각자'란 나보다 먼저 깨달은 사람이다. 먼저 알았다는 점이 중요하다. 주희의 해석을 정리하면, 나보다 먼저 안 다른 사람이 행동하는 것을 모델로 삼아 내가 행동하는데, 처음에는 행동이 익숙하지 않으니 익숙해지도록 연습하라는 것이다. 주희가 인용한 정자의 말은 주희의 해석을 더욱 명확하게 한다. 도구나 수단을 나타내는 '이'(以)가 가리키는 말은 '배운 바'이다. 해석하면, '배운다는 것은 배운 바를 미래에 실천으로 옮기는 것인데 시간을 들여 연습하면 배운 바가 나에게 붙는다. 그러면 기쁘다'이다. 성백효는 '시'(時)를 '때때로'라고 번역했는데 '때때로'의 의미는 '간혹'이라는 의미가 아니라 '시간을 들여서 꾸준히'라는 뜻으로 이해해야 한다. 새가 나는 연습을 하는데 간혹 연습해서야 날기가 어려울 것이다. 또 정자의 말에서 '재아'(在我)를 '내 몸에 있다'라고 번역했는데 이 번역은 두 측면에서 살펴볼 필요가 있다. 첫째, 정신과 육체의 이분법이 명확하지 않았던 것으로 추정되는 고대 중국철학의 맥락이라면 '나에게 있다'라고 하는 편이 낫다. 둘째, 정신과 육체의 이분법이 자리 잡은 성리학의 맥락에서 행동은 정신의 지배 아래 있다. 따라서 '배우고 익힘' 역시 정신 차원의 문제로 이해하는 것이 더 타당하다고 생각한다. 인용된 성리학자 정자의 말처럼 배우고 익히는 과정이란 '다시 생각하고 연역(演繹)해서 가슴속에 무젖게' 하는 것이다. 성리학의 패러다임에서 '배우고 익힘'은 정신적 과정으로 이해하는 편이 일관성이 있으며, 몸에 쌓이고 육체가 중심이 되는 과정으로 본다면 좀 더 설명이 필요하다. 그럼에도 성백효가 번역 상의 오류를 범한 것은 아니다. '내 몸에 붙어서 혹은 남아서 행동이 자연스러워지는' 경지를 염두에 두고 번역했을 것이다.

정신과 육체의 이분법이 자리 잡기 이전인 고대 중국철학의 맥락에서도, 정신이 행동을 지배한다고 전제하는 성리학의 맥락에서도, '학'에 관한 일관된 해석은, 첫째, '학'은 행동을 위해 필요하며, 둘째, '학'은 '습', 즉 시간을 들여 연습하는 과정을 수반한다는 점이다. 이러한 '학'에 관한 해석이 핸슨의 도의 구분와 연결되는 지점은 '행동'과 '시간'이다. '디스코스 도'와 '퍼포먼스 도'의 차이는 첫째, 도, 즉 방법이 행동을 위한 매뉴얼로 역할을 할 때 확인된다. 둘째, 둘의 차이는 시간으로 환원되며 이 시간이 '학'과 '습'의 개념 차이를 만든다. 앎이 순간의 체험이 아니라 시간을 필요로 한다는 생각은 유가철학의 여러 특징들의 저변에 자리 잡은 기본 관념 가운데 하나다.

이상에서 살펴본 바로는 '도'를 방법이라고 실천적으로 해석한 핸슨의 관점은 성리학이 여전히 중심인 현대 동양철학의 관점에서 본다면 파격적이지만, 핸슨의 관점 역시 여전히 성리학이 주도하는 현대 동양철학의 관점으로부터 자유롭지는 못했다고 볼 수 있다. 핸슨은 방법이라는 도의 정의 및 두 가지 도의 구분 모두를 도의 개념에 포함시켜 『논어』, 『맹자』뿐만 아니라 고대 중국철학 주요 텍스트 대부분을 이러한 도의 개념으로 설명하고 있다. 그러나 도를 방법이라고 정의한 부분까지는 고대 중국철학 대부분의 텍스트에 적용이 가능하지만 '디스코스 도'와 '퍼포먼스 도'로 도를 구분한 관점은 『논어』, 『맹자』, 『순자』 등 유가철학으로 분류되는 텍스트의 경우에는 잘 설명된다고 할 수 있다. 다른 텍스트에서도 도가 방법으로 정의되는 한, 도의 구분이 적용되지 않는 것은 아니다. 다만, 유가철학으로 분류되는 텍스트에서 그러하듯 강조되지는 않는다.

'배우고 익힘', 즉 '학습'의 개념이야말로 유가철학이 동양철학 나아가 동아시아 사회 전반에 끼친 영향 중 가장 핵심적인 부분을 차지한다. '배움'이 '익힘'을 동반하는 과정이기 때문에 시간과 노력이라는 두 요소가 중요하다. 예컨대, 유가철학에서 나이 듦에 관한 긍정은 '학습'의 개념과 관련이 있다. 단지 나이가 들면 지혜가 늘어날 것이라는 막연한 추측이 아니라, '앎'은 '학습'과 관련되어 있고 '학습'은 시간을 필요로 하는 과정이기 때문에, 나이 듦이란 '학습'을 위한 필요조건이라는 논리에 기반하여 나이 듦에 대하여 긍정하는 것은 자신의 나이 듦을 받아들이고 연장자를 존경하는 근거가 된다. 물론, 나이 듦과 성공적인 행동이 계속 정비례하는 관계는 아니다. 성공적인 행동에는 연습량과 연습 횟수 이외에도 타고난 자질 등 여러 다른 요인들이 관여하기 때문이다. 그러나 '학습'이 시간과 노력을 충분히 들여야만 하는 과정임을 강조하는 시각은 동아시아 사회의 가치 체계 형성에 여전히 결정적인 역할을 담당하고 있다.

2. 덕(德)

덕(德)은 좁은 의미로는 한 인간의 어떤 행동을 가능하게 하는 자질 전부, 넓은 의미로는 인간됨 그 자체다. 앞으로 설명할 도-덕 모델에서는 한 인간의 행동을 가능하게 하는 자질 전부를 의미한다. 도-덕 모델을 요약하면 다음과 같다. 도-덕 모델에서 선험적으로 주어지는 것은 없다. 개인은 행동한다. 자신이 행동하고 있다는 사실을 인지한다. 행동의 방법, 즉 도(道)를 인지한다. 자신이 원하는 대로 행동하기 위해서 방법, 즉 도(道)를 고민한다. 특정 방법, 즉 도(道)로 행해진 행동의 결과 특정 덕이 생기고 축적된다. 축적된 덕은 다음 행동에 이용되고 발현되어 비로소 인지된다. 방법, 즉 도(道)를 고민하여 성공적으로 행동하면 그 결과로 획득되는 자질이 사람 됨됨이를 만들며 그것이 곧 자신이다.

동양철학에서 일반적으로 덕은 '득'(得)으로 이해되었다. 행동과 연결하여 해석하면, 덕은 도의 결과로 획득된 자질이다. 덕은 행동을 통해 체득된 결과물이다. 정신과 육체의 이분법이 분명하지 않았던 고대 중국철학에서 덕은 정신적인 자질뿐만 아니라 육체적인 자질 전반에 걸친 개념이다. 넓은 의미로 덕은 사람됨 그 자체이다. 사람은 곧 그 사람이 가진 덕이라고 할 수 있다. 사람을 평가한다는 것은 그 사람의 덕을 평가한다는 의미다. 어떠한 사람이 되고자 한다는 것은 어떤 덕을 얼마나 가진 사람이 될 것인가의 문제로 치환된다.

덕의 개념에 가장 가까운 영어 번역은 잠재력(potential)이 아니라 역량(capacity)이다. 넓은 의미로는 사람됨(personhood)이다. 역량은 부피, 용적, 체적이다. 부피, 용적, 체적이 크면 많은 물건을 담을 수 있다. 역량은 행동에 비례한다. 행동을 하면 역량이 커지고 행동을 안 하면 역량은 줄어든다. 역량이 크면 큰 행동을 할 수 있다. 그런데 특정 행동을 해보기 전에는 그 행동을 가능하게 하는 역량을 알 수 없다. 더구나 그 역량을 행동하는 사람 자신이 가지고 있는지 아닌지는 알 수 없다. 최초의 행동이 취해져야만 역량이라는 개념이 성립한다. 최초의 행동 이전에 주어진 역량이란 없다. 물론, 역량이 없다면 행동은 불가능하다. 또한 역량의 100%가 모든 행동에서 다 발현되지도 않는다. 역량의 10%만 발휘되는 행동도 있다. 그런데 이 역량의 100%, 10%라는 값은 이전에 행동한 이력을 가지고 추측하는 값이다. 한 번도 해보지 않은 행동에 대한 역량의 개념은 의미가 없다. 최초의 행동을 가능하게 한 자질이 역량의 출발점이다. 행동하는 사람은 최초의 행동에 동원된 자질을 그 행동을 가능하게 하는 역량이라고 인지한다. 여기에서 역량과 잠재력의 개념 차이가 발생한다. 잠재력은 행동 이전에 주어져 있을 뿐만 아니라 반드시 행동을 전제하지도 않는다. 행동하는 사람에게 영원히 인지되지 못한 채, 한 번도 발현되지 않고 잠재되어 있을 수도 있다. 잠재력이 없다면 행동은 불가능하지만 행동에 의해 가시화되지 않는다고 해도 잠재력은 존재한다. 반면, 역량은 최소한 한 번의 행동을 통해 발현되어야만 존재할 수 있는 개념이다. 만약, 덕을 잠재력이라고 이해한다면 오류다. 덕이 잠재력이라면 덕은 도에 의해 득(得)될 수 없고 다만 활성화(activated)된다. 도는 잠재력을 활성화하는 방법이며 덕은 행동 이전에 존재하는 선험적인(a priori) 것이 된다.

덕은 행동을 통한 자아 형성의 축이며 사람됨 그 자체이다. 정세근(1998: 398) 역시 덕을 자아의 중심이라고 보았다. 한국어, 중국어, 일본어로 작성된 연구에서는 동어반복이 가능하다. 도를 도라고 하고 덕을 덕이라고 하여 굳이 번역하지 않는 경우가 많다. 그러나 도나 덕이 일상어로 사용되지 않는 언어로 작성된 연구에서는 그 개념을 어떻게든 정리하여 제시하지 않으면 안 된다. 따라서 외국어 번역을 살펴보는 것이 의미를 명확하게 이해하는 데 도움이 된다. 영어로 번역할 때 덕은 다양하게 번역된다. 'Virtue'(Ivanhoe, 1999)라고 번역하는 것이 가장 일반적이다. 핸슨은 'virtue' 대신에 'virtuosity'(Hansen, 1992)라고 번역하여, 행동을 위한 잠재력(potential), 역량(capacity)이라는 의미를 부각시켰다. 그러나 핸슨은 잠재력과 역량의 의미를 구분하지는 않았다. 그 외에도 '힘', 즉 power(Waley, 1999), '속성', 즉 attribute(Legge, 2001) 등의 번역이 있다. '힘'이라는 번역은 virtuosity와 같이 행동에 동원되어 행동을 가능하게 하는 자질로서 덕의 의미에 초점을 맞추었다. '속성'이라는 번역은 자질, 사람됨으로서 덕을 이해한 번역이다.

덕은 이 모든 의미를 포함하는 까닭에 이 모든 번역어가 가능하지만 주의할 점은 오히려 가장 일반적인 번역어인 virtue에 있다. 흔히 virtue라고 하면 가치가 개입된 '선한 것', '좋은 것'으로 인식되는 경우가 일반적이다. 덕 역시 그러하다. '덕이 있다'는 것은 '덕이 없다'는 것보다 좋은 것이며 덕이 있는 사람은 덕이 없는 사람보다 선하다는 해석이 일반적이다. 그러나 적어도 고대 중국철학의 맥락에서 덕은 가치중립적인 개념으로 보는 것이 타당하다. 덕이 선하고 좋은 것의 의미로 쓰인 텍스트도 많지만 그렇지 않은 텍스트도 있다.

행동을 설명하는 도-덕 모델에서 덕은 가치중립적인 개념이다. 도 역시 마찬가지다. 덕은 자질이며 사람됨이고 도는 방법이라고 본다면, 도덕적 가치 판단에서 악한 자질에 속하는 것이 당연히 존재한다. 앞서, 방법은 '가치가 있는가, 없는가'의 문제 이전에 방법으로서 '성공적인가, 아닌가'가 논의의 핵심이라고 설명하였다. 따라서 성공적인 방법이라도 가치의 차원에서는 몰가치한 방법이 존재한다. 예컨대, 도둑질을 보면, 성공적인 도둑질을 위해서는 빠른 시간에 자물쇠를 여는 방법, 집주인이 신고하지 못하도록 하는 방법 등의 성공적인 방법이 동원되어야 한다. 이러한 방법은 도둑질을 위해 성공적이지만 몰가치하다. 성공적인 도둑은 조심스러운 몸의 움직임, 빈틈을 기다릴 줄 아는 끈기 등 가치 판단의 차원에서는 가치가 있다고 여겨지는 자질을 갖춘 경우도 있다. 도덕적인 가치 판단에서 흔히 악한 자질이라고 여겨지는 신체적 불균형은 성공적인 프로 운동선수에게서 흔히 발견된다. 운동 자체는 가치 있다고 여겨지며 운동하는 방법도 성공적이어서 좋은 기록을 내지만 운동을 하면 할수록 신체 불균형은 심화되어 자신에게는 악덕이 쌓일 수도 있다.

덕은 행동을 통해 비로소 인지되고 발현된다. 사람이 어떤 덕을 얼마나 가지고 있는지 행동을 하기 전에는 알 수 없다. 100kg의 역기를 들어 올리는 것을 보면 근력이라는 덕을 100kg 들어 올릴 만큼 가지고 있음을 자신도 알게 되고 남도 알게 된다. 역기를 들어올리기 전에는 스스로도 알 수 없다. 고등학교 2학년 수준의 수학 문제를 풀면 그에 해당하는 지능 및 지식이라는 덕을 가지고 있음을 스스로도 알고 남도 알게 된다. 학교 학생회장에 선출되고 나면 자신이 학생회장에 선출될 만큼의 매력이라는 덕을 가지고 있음을 스스로도 알고 남도 알게 된다.

여기서 짚고 넘어가야 할 점은 행동을 할 때 동원된 덕은 그 종류와 총량, 수준 등을 측정하기가 거의 불가능하다는 점이다. 역기를 들어 올리는 일에 동원된 덕은 근육의 힘만이 아니다. 지능, 판단력 등의 정신적인 영역에 속하는 덕도 동원되었다. 수학 문제를 푸는 행동에 동원된 덕은 지능 이외에도 시력, 다소의 에너지 등을 포함한다. 학생회장에 선출되는 데 필요한 덕에는 매력만이 아니라 체력, 지능도 있다. 이러한 덕의 종류조차도 서로 겹친다. 학생회장에 선출되는 데 필요한 매력에는 체력, 지능 등도 포함될 수 있다.

덕은 특정될 수도 없고 측정할 수도 없는 구체화하기 어려운 개념임에도 불구하고 도(道)와 짝을 이루어 행동을 인도할 때 축이 될 수 있는 이유는 단순하다. 대개의 경우, 행동을 하는 사람도, 이를 지켜보는 사람도, 굳이 행동에 작용한 덕을 일일이 분석할 필요를 느끼지 않기 때문이다. 정신과 육체의 이분법이 자리 잡기 전인 고대 중국철학의 맥락에서는 덕을 특정한 분류를 적용하여 분석하거나 변화를 측정하는 등 덕을 구체화한다는 개념 자체가 존재하지 않았다. 지금도 일상의 행동에서라면 행동에 필요한 자질을 특정하거나 특정된 자질을 측정하거나 비교하거나 분류하는 작업이 필요하지 않다. 스스로 어떤 사람이 되고 싶다고 여기거나 다른 사람의 사람됨을 판단하는 경우에도 보통 사람이라면 사람됨을 형성하는 요소를 특정하고 그 변화를 측정하고 요소들의 상호관계를 분석하고 시간에 따른 총량의 변화를 기록하고 수준을 나누는 작업을 수행할 필요를 느끼지는 않는다.

과학의 시대를 살고 있는 지금, 특정될 수도, 측정될 수도, 비교될 수도 없는 것은 존재하지 않거나 가치가 없다고 치부하는 경우가 있다. 그러나 과학을 방편으로 살아가는 과학자, 공학자일지라도 일상에서 부딪히는 윤리의 문제를 피해갈 수는 없으며 이들 역시 고대 중국철학자들과 비교하여 그다지 분석적이지 않은 방식으로, 오히려 덜 분석적이고 덜 논리적인 방식으로, 문제에 접근하는 경우가 일반적일 것이라고 추측한다. 일상의 행동에서조차 특정하고 측정하고 비교하고 분류하는 작업을 수행하거나 아니면 적어도 다른 과학의 연구 성과에 의존하여 자신의 행동을 결정하고 윤리적 선택의 상황에 대처하는 경우는 많지 않을 것이라고 추측한다.

나는 고대 중국철학자들이나 과학의 시대를 살아가는 현대인이나 일상의 행동, 일상에서 경험하는 윤리적 문제에 접근하는 방식은 본질적으로 같을 수밖에 없다고 생각한다. 지식의 총량이 비교할 수 없을 만큼 증가하고 인터넷 등의 발달로 지식에의 접근이 언제나 어디서나 용이해진 지금도 일상의 행동을 결정하는 순간 무엇을 기준으로 결정해야 할지 몰라 당황하고 윤리적 선택의 문제에서 확신보다는 갈등을 일상적으로 경험하는 사람들의 수가 적지 않을 것이다. 나는 일상의 행동, 윤리적 문제와 관련하여 단순한 틀, 단순한 개념, 단순하고 길지 않은 과정이 아니라면 거의 개입할 수 없다고 생각한다. 복잡한 틀, 넘치는 개념과 연관 지식들, 정보처리 및 실천에 소요되는 견디기 어려운 긴 과정을 피하고 싶은 인간을 위해 첨단 과학의 시대에도 점집이 성행하고 있다. 복잡한 논증 과정을 거쳐 과학적으로 입증된 사실을 행동의 준거로 받아들이는 대신 단순한 종교적 신념을 행동의 준거로 채택한다. 지식의 양이 늘어나고 질이 향상되고 접근이 용이해졌다고 해서 인간이 반드시 이러한 지식을 십분 활용하여 일상의 행동, 일상에서 경험하는 윤리적 문제를 해결한다고 보기는 어려운 것이다.

좁은 의미의 덕은 특정 행동의 실현에 동원되는 자질들의 집합이다. 도-덕 모델에서 덕은 두 가지 측면에서 설명될 수 있다. 첫 번째 측면은 덕이 행동에 동원되는 사람의 자질이라는 점이다. 바꾸어 말하면, 덕은 사람에게 내재된 자질이며 행동을 통해서 실현된다. 아직 행동을 통해서 실현되기 전, 내재된 상태의 덕일지라도 덕은 항상 물리적인 실현을 전제로 한다. 사람의 행동을 통해 실현되고 나서야 비로소 덕이라고 불릴 수 있다. 어떤 사람이 어떤 행동을 하고자 했을 때 그 사람의 덕이 그 행동을 가능하게 한다. 쇼퍼(Schofer)는, "덕은 사람들로 하여금 행동을 하여 덕이 없이는 불가능할 그런 상태에 도달할 수 있도록 해준다"고 표현하였다(Schofer, 2000: 76). 여기까지만 보면 덕의 개념은 능력, 잠재력 등의 다른 개념들과 별반 차이가 없다. 그러나 행동을 통해 실현되는 것을 전제로 한 자질이라는 점에서 덕은 능력, 잠재력 등과 다르다. 일반적으로, 자질, 능력, 잠재력 등은 반드시 행동을 통한 실현을 전제로 하지는 않는다. 행동으로 발현되지 않아도 자질, 능력, 잠재력의 유무를 이야기한다. 반면, 덕은 행동으로 발현되고 나서야 비로소 이야기할 수 있다.

예를 들면, 자질, 능력, 잠재력은 행동으로 실현된 적이 없어도 그 유무를 이야기할 수 있다. 한 번도 외국어를 배워본 적이 없는 사람도 스스로의 느낌과 추측만으로 '나는 외국어를 습득할 수 있는 자질(능력, 잠재력)이 있어'라고 이야기할 수 있다. 외국어를 배운 적은 없어도 모국어를 잘 구사한다든지, 다른 암기력이 좋다든지 하는 다른 경험을 근거로 스스로 그러한 자질, 능력, 잠재력이 있음을 알 수 있다. 다른 사람의 행동을 보고도 같은 판단이 가능하다. 한 번도 장거리 달리기를 하는 것을 본 적은 없지만 그 사람의 신체적 조건이나 다른 일을 하는 모습을 지켜본 경험만으로 '너는 장거리를 달릴 수 있는 자질(능력, 잠재력)을 가지고 있어'라고 말할 수 있다. 요컨대, 자질, 능력, 잠재력은 행동으로 실현된 적이 없거나 앞으로도 실현되지 않는다고 해도 그 존재 유무에 대해 말할 수 있다.

누차 강조하지만, 덕은 행동을 전제로 한 개념이다. 덕은 행동으로 실현되어야만 비로소 존재 유무에 대해 말할 수 있다. 특정 행동을 성공적으로 실현하기 위해 필요한 덕의 종류와 양, 그리고 그 수준에 대하여 행동을 실제로 해보기 전에는 행위자 스스로도 알 수 없다. 따라서 이에 대하여 말할 수 없다. 일단 행동을 해야 한다. 행동의 결과가 성공적이라면, '나는 외국어를 습득할 수 있는 덕이 있구나', '너는 장거리를 달릴 수 있는 덕이 있구나' 하고 알게 되는 동시에 말할 수 있다. 행동의 결과가 실패라면 '나는 외국어를 습득할 수 있는 덕이 없구나', '너는 장거리를 달릴 수 있는 덕이 없구나'라고 알게 되는 동시에 말할 수 있다.

도-덕 모델에서 덕이 행동의 결과로 변화되고 축적되는 자질이라는 것은 다음과 같은 의미다. 특정 행동의 실현에 동원되었던 덕은 행동이 완료되면 행동 이전의 상태와는 달라진다. 행동 이전의 상태와는 달라진 자질들의 조합, 구성 비율, 양, 수준으로 재편성된다. 변화된 덕은 다음번 행동에 동원되어 다시 재편성된다. 성공적인 행동의 결과로도 덕은 변하지만 실패한 행동의 결과로도 변화한다. 외국어를 한 번도 공부한 적이 없는 사람이 외국어를 습득하고자 공부했지만 결국 외국어를 배우는 데 실패했다면 '나는 외국어를 습득할 수 있는 덕이 없구나' 하고 그 사실을 알게 된다. 외국어를 습득할 수 있는 그 덕은 없지만 외국어 공부에 동원된 자질의 집합은 외국어 공부를 시작하기 전과는 조합, 구성 비율, 양, 수준 등에서 다른 자질의 집합으로 잠재되어 있다가 다음번 외국어 공부에 동원된다. 다음번 외국어 공부 역시 실패로 끝나도 덕은 변화되어 잠재되어 있다. 아무리 시도해도 외국어 습득이 영영 실패할 수도 있지만 세 번, 네 번, 다섯 번의 시도 끝에 어느 날 성공한다면 '나는 외국어를 습득할 수 있는 덕이 있구나' 하게 된다. 외국어를 습득할 수 있는 덕이 비로소 존재하게 되는 것이다. 외국어 공부를 오래도록 중단하는 행동은 덕을 변화시킨다. '나는 외국어를 습득할 수 있는 덕이 있구나'라고 하던 사람이 어느 날 외국어 습득을 시도할 때 실패하는 경우다. 외국어 습득이 성공한 이후, 외국어 공부를 계속 해왔던 사람도 외국어 공부에 동원되는 자질이 다른 행동에도 동원되어 외국어 공부를 위한 자질의 집합이 변하므로 자질의 집합, 즉 덕은 변화한다.

덕의 개념에서는 행동의 성공 여부가 중요하다. 덕은 특정 행동의 실현에 동원되는 자질의 집합으로서 그 집합이 행동을 성공적으로 실현하는 조합, 구성 비율, 양, 수준 등에서 역치를 넘어서 행동이 성공적으로 실현된 후라야 비로소 그 덕이 존재함을 인지하게 되기 때문이다. 특정 행동의 실현에 동원되는 덕, 즉 어떤 행동의 이전에 있었던 행동의 조건으로서의 덕은 행동의 결과로 변화되고 다시 축적되어 다음 행동의 조건이 된다.

요컨대, 좁은 의미에서 사람이 가진 덕은 그 사람의 행동을 가능하게 한다. 신체적인 강인함이라는 자질이 좋은 의도라는 자질과 합쳐져 자질의 집합으로서의 덕이 되어, 그 덕이 차에 치일 뻔한 아이를 차사고의 위험으로부터 구할 수 있도록 만든다. 더딘 손의 움직임, 행동 조작의

미숙함, 부정확한 판단력이라는 자질의 집합으로서의 덕은 엉성한 행동을 되풀이하도록 만든다.

넓은 의미에서 덕은 사람됨, 즉 그 사람 자체다. 어떤 사람이 지닌 자질의 총합으로서의 덕이 그 사람이다. 단적으로 말해서 어떤 사람이 다른 사람을 배려하는 행동을 계속 성공적으로 수행한다면 그 사람은 남을 배려하는 덕을 지닌 사람이고 따라서 남을 배려하는 사람이며 결론적으로 가치 판단의 차원에서 좋은 사람이다. 어떤 사람이 다른 사람의 물건을 훔치는 일을 계속 성공적으로 수행한다면 그 사람은 도둑질하는 덕을 지닌 사람이고 따라서 도둑놈이다.

어떤 사람이 특정한 인격체, 특정한 인간형이 되고 싶다면 그러한 사람이 지닌 자질의 총합으로서의 덕을 지니도록 노력하여야 한다. 그러한 사람이 지닌 자질의 총합으로서의 덕을 지니기 위해서는 행동의 결과로 그러한 덕이 쌓이는, 축적되는 행동을 하여야 한다. 그러한 덕이 쌓이는 행동이란 일회에 그치는 행동이 아니라 행동들의 연속체다. 각각의 행동들은 그 성취도 면에서 차이가 있다. 대개 전의 행동보다 후의 행동이 성취도 면에서 높다. 대개의 경우 행동을 거듭할수록 성취의 측면에서 '더 나은' 행동이 된다.

앞에서 말한 '익히다', 곧 '습'(習)을 떠올리면 이해가 좀 더 쉽다. '습'은 알에서 부화한 아기 새가 나는 연습을 하는 것을 뜻한다. 어린 새는 특정한 인격체, 특정한 인간형에 해당하는 목표로 자신의 어미 새를 정했다. 어미 새처럼 되고 싶다. 어미 새는 멀리까지 멋지게 날아서 먹이를 구해 온다. 어미 새가 지닌 자질의 총합으로서의 덕을 특정하거나 측정할 수 없는 아기 새는 어미 새처럼 되기 위해 일단 나는 연습을 해야 한다고 생각한다. 처음에는 날개의 힘도 없고 공기의 양력을 이용할 줄도 모르고 몸의 각 부분들의 움직임도 미숙하고 판단력도 부족하여

나는 것 자체가 불가능하다. 아기 새는 말한다. '나는 날아오르는 덕이 없구나.' 그래도 날기 위한 행동을 멈추지 않는다. 아기 새는 어미 새의 나는 모습, 즉 '매뉴얼 도'를 그리며 그대로 해보려고 노력한다. 어미 새가 나는 방법과 아기 새가 날기 위해 쓰는 방법, 즉 '표현되는 도'와는 전혀 같은 방법을 쓰고 있다고도 볼 수 없다. 그러나 연습이 거듭되면 어느 날 아기 새는 날아오른다. 날갯죽지에 힘이 생기고 다리로 땅을 차는 힘이 붙고 에너지가 증가하고 공기를 느낄 줄 알게 되고 판단력이 생겼기 때문이다. 동시에, 아기 새가 나는 방법, 즉 '표현되는 도'가 점점 어미 새가 나는 방법, 즉 '매뉴얼 도'와 일치되어갔기 때문이다.

3. 덕, 도, 수신

덕의 변화와 도의 변화가 반복되는 행동을 통하여 동시에 수반되는 과정, 이것이 수신이다. 아기 새의 날개의 힘, 다리의 근력, 공기를 느끼는 감각, 판단력의 변화와 나는 방법의 변화가 반복되는 행동, 즉 나는 연습을 통해 상호 영향을 주며 변화되어가는 과정이 아기 새의 수신이다. 아기 새가 수신하는 이유는 어미 새처럼 되고 싶기 때문이다. 어미 새의 행동을 지향하며 아기 새의 행동이 변화해가다 보면 어느 틈에 아기 새의 특정 행동, 즉 나는 행동이 변할 뿐만 아니라 아기 새 자신의 됨됨이가 어미 새처럼 변해간다. 어미 새처럼 근육이 붙고 주변 상황에 대한 판단력이 향상된다. 나는 행동에 동원된 각각의 자질들이 연습을 통해 변화·발전한 결과, 능숙하게 날게 될 수 있을 뿐만 아니라 그러한 자질들과 관련된 다른 행동, 예컨대 먹이를 잡거나 위험으로부터 몸을 피하거나 하는 등의 다른 행동에도 영향을 끼쳐 다른 행동 역시 성공적으로 수행할 수 있게 된다.

수신(修身)은 행동을 통해서 사람됨을 형성하는 과정이다. '선한 사람' 혹은 '좋은 사람'이 되기 위한 의도를 가지고 한 행동만을 수신이라고 하지는 않는다. 기본적으로는 일상의 모든 행동이 수신의 과정이 될 수 있다. 예컨대, 어떤 사람이 엘리베이터가 없는 5층 건물의 5층에 살고 있다고 가정하자. 그는 하루에도 여러 번 오르내리기를 반복한다. 어느 날 그는 아이 학교에서 주최하는 학부모 10km 달리기에 출전하게 된다. 달리기 연습도 하지 않았고 지난해에 출전해서는 결승점을 통과하지도 못했기에 그는 완주할 수 없을 것이라고 생각한다. 그러나 그의 예상과는 달리 그는 완주할 수 있었다. 그는 10km를 완주하는 덕을 갖춘 사람이 되었다. 그러나 달리기 연습을 특별히 한 적은 없다. 아침부터 저녁까지 아이를 학교에 데려가고 데려오고 쓰레기 버리고 시장에 가고 이웃 주민들을 만나고 다른 볼 일을 보느라 5층 계단을 수없이 오르내린 결과, 다리 근육이 튼튼해지고 폐활량이 증가했다. 업무를 반복적으로 수행하는 과정에서 변화·발전된 자질들의 일부가 장거리 달리기에 동원되었고 그 사람이 장거리 달리기를 성공적으로 수행하기 위해 필요한 자질들의 집합이 역치를 넘어서 그 결과, 장거리 달리기를 성공적으로 수행하게 된 것이다.

기본적으로는 일상의 모든 행동들이 수신의 과정일 수 있지만, 고대 중국철학자들은 수신을 의도와 노력이 수반되는 특정 행동이라는 의미로 사용하였다. 고대 중국철학자들은 행동이 곧 사람을 만든다고 생각했다. 비록 이상적인 인간상에 대한 견해가 서로 다르고 이에 따라 '더 나은' 사람에 대한 견해도 서로 달랐지만 그들은 사람이 '더 나은' 사람이 되도록 행동을 인도해야 한다고 생각했다. 고대 중국철학자들에게 더 나은 사람이 되기 위한 행동의 인도는 스스로의 행동을 포함하여 다른 사람의 행동을 '더 나은' 사람이 될 수 있도록 인도하는 과정을 의미한다. 만약 어떤 사람이 더 나은 사람이 되기를 원한다면 그는 더 나은 사람이 되도록 그를 이끌어줄 방법으로 행동을 꾸준히 하는 노력을 기울여야 한다. 요컨대, 고대 중국철학자들에게 수신의 의미는 사람이 이상적인 인간이 되고자 하는 의도를 가지고 그를 이상적인 인간에 가깝게 인도할 방법으로 행동을 꾸준히 해나가는 노력의 과정이다. 타고난 자질의 차이, 처한 상황의 차이 등으로 인하여 그 노력의 과정이 노력하는 모든 사람을 이상적인 인간이 되도록 할 수는 없지만 적어도 그 노력의 과정을 통해 사람은 더 나은 사람이 된다.

사람의 행동을 자질의 집합인 덕과 방법, 즉 도로 설명하면, 사람은 특정 방법으로 행동하면서 자질의 집합, 즉 덕을 실현시킨다고 할 수 있다. 다시 말하면, 사람이 행동할 때 그는 어떤 방법을 취하며 이때 이에 해당하는 덕이 발현된다. 예를 들어, 어떤 사람이 배를 타지 않고 수영으로 강을 건너기로 했다고 하면, 그는 강을 건너는 행동의 방법으로 수영을 선택한 것이다. 수영을 해서 강을 건너기로 한 사람은 어떤 영법으로 건널 것인가를 결정하게 되는데, 평영으로 강을 건널 때와 접영으로 강을 건널 때 발현되는 덕은 각각 다르다. 캐치볼 하는 사람들 중 공을 던지는 사람을 예로 들면 그는 공을 던지는 데 필요한 어떤 자질들을 필요로 한다. 예컨대, 에너지, 근육의 움직임을 조화롭게 사용하는 능력, 시력, 거리 및 각도를 계산하는 지능 등이다. 이러한 자질의 집합, 즉 덕과 별개로 그는 공 던지는 방법을 결정해야 한다. 공 던지는 방법을 결정한다는 것은 공을 아래서 위로 던질 것인지 위에서 아래로 던질 것인지 비스듬히 뿌리듯 던질 것인지에 따라 어떻게 공을 쥘 것인지 결정되고, 어떻게 설 것인지, 준비 동작은 어떻게 할 것인지 등의 결정을 포함한다. 요컨대, 행동이란 어떤 사람이 특정한 도를 통해서 자신의 덕을 실현하는 것이다.

자기 형성(self-constitution)이란 행동을 통해 이루어지며, 자기 형성의 과정으로서 수신은 더 나은 사람이 되기 위해 특정한 방법, 즉 도로 행동하여 자신의 자질의 총합으로서의 사람됨, 즉 덕을 더 나은 상태로 변화시키는 것이다. 예를 들어, 먹는 것을 좋아하여 자주 많이 먹는 사람이 있다고 하면 그의 많이 먹는 행동은 그를 과체중으로 이끌어 불건강한 사람이라는 자기 형성의 결과로 수렴될 것이다. 실제로 그의 많이 자주 먹는 행동은 그를 과체중으로 만들어 건강 검진에서 고지혈증, 고혈압 전 단계, 하중으로 인한 슬관절의 이상, 복부 및 내장 비만의 판정을 받은 불건강한 사람이 되도록 한다. 어느 날 그는 건강한 사람이 되기로 결정한다. 그가 생각하기에 건강한 사람은 지금 자신의 사람됨인 불건강한 사람보다 더 나은 사람이다. 그에게 자기 형성의 과정으로서 수신은 건강한 사람이 되기 위해 특정한 방법, 즉 도로 행동하여 자신의 불건강이라는 덕을 건강이라는 덕으로 바꾸는 과정이다. 건강한 사람이 되기 위한 그의 수신은 체중을 줄이는 데 초점이 맞추어져 있는데, 특히 운동을 통해 지방을 운동으로 연소시켜 체중을 줄이는 방법, 즉 도를 채택하였다. 운동을 통한 체중 감량이라는 방법, 즉 도 중에서 일단 그는 하루에 한 시간 걷는 방법, 즉 도를 선택한다. 그러나 첫날 그는 고작 십 분밖에 걷지 못했다. 평소에 쿵쿵 걷는 습관이 있는 그가 운동을 한다고 오히려 더 힘주어 걸은 결과, 무릎 관절에 통증이 왔기 때문이다. 의사는 무릎에 무리가 가지 않도록 사뿐사뿐 걷는 방법, 즉 도를 가르쳐주었다. 그러나 배운 방법대로 걸었는데도 무릎의 통증은 여전하여 그는 다시 의사를 찾아갔다. 그를 관찰한 의사는 그가 의사에게서 배운 방법대로 걷고 있지 않다고 말하고는 그의 걷는 모습을 찍은

영상을 보여주었다. 그는 그가 배운 방법대로 걷고 있다고 생각했지만 실제 그의 걷는 행동은 의사가 가르쳐준 그러한 걸음걸이는 아니었다. 의사는 병원의 운동치료실에서 테라피스트의 지도 아래 걷도록 처방하였다. 테라피스트는 의사가 말한 방법, 즉 도와 그가 실제로 걷는 방법, 즉 도가 일치할 때까지 그를 훈련시켰다. 테라피스트의 인도 아래 행동을 거듭할수록 '매뉴얼 도'와 '표현되는 도' 사이의 차이는 점점 줄어들어 그는 관절에 무리가 가지 않도록 사뿐사뿐 걷게 되었다. 걸음걸이가 교정되면서 그는 더 오래 걸을 수 있게 되었는데, 단지 걸음걸이가 교정되었기 때문만은 아니라 다른 신체적인 변화가 수반되었기 때문이다. 걸음걸이를 연습하느라고 걷는 운동을 꾸준히 하는 과정에서 그는 다리 근육량이 늘어나 무릎 관절에 부담을 덜 주게 되었다. 걸을 때 허리를 펴고 팔을 자연스럽게 앞뒤로 흔들며 리듬감 있게 걸을 수 있도록 신체 각 부분의 코디네이션을 전보다 잘 할 수 있게 되었다. 폐활량도 늘어나 숨이 덜 차게 되었다. 걸음걸이가 교정되면서 신체적 변화가 수반되는 과정은, 바꾸어 말하면 다른 신체적 변화가 수반되었기 때문에 걸음걸이가 교정되는 과정이라고도 볼 수 있다. 쿵쿵 걷는 걸음걸이는 몸무게에 비해 다리 근육량이 적어서 걸을 때 다리를 들어주는 근육이 그 무게를 끝까지 감당하지 못하고 놓아버려서 발이 땅에 너무 일찍 부딪히게 된 결과로 형성된 것이다. 걷는 운동을 반복한 결과, 다리 근육량이 증가하여 발이 땅에 닿을 때까지 충분히 다리를 지탱할 수 있게 되면서 사뿐사뿐 걷는 걸음걸이가 가능해졌다고 할 수 있다. 이렇게 걷는 방법이 바뀌면서 몸 상태가 변화하고 몸 상태가 변화하면서 걷는 방법이 바뀌는 과정이 걸음걸이 교정의 과정이다. 그는 이제 테라피스트의 인도 없이도 관절에 무리가 가지 않도록 걷는 운동을 할 수 있게 되었다. 걷는 시간과 거리를 늘려나가고 속도도 전보다 빠르게 걷게 되었지만 피로감은 덜 느끼게 되었다. 꾸준히 걷기를 지속한 결과, 체중도 감소하고 불건강한 사람에서 건강한 사람으로 사람됨이 변화되었다.

방법, 즉 도가 바뀌면서 자질의 집합, 즉 덕도 함께 변화하고 덕이 바뀌면서 도 역시 함께 변화해나가는 과정이 행동을 통한 수신이며 수신을 통해 사람은 좀 더 나은 사람이 될 수 있다. 물론, 도와 덕이 상호 영향을 주며 변해가는 과정은 사람을 자신이 원하지 않는 방향으로 바꾸어갈 수도 있다. 이러한 과정을 수신이라고 부르지는 않는다. 고대 중국철학자에게는 이상적인 사람이 되어가는 과정, 더 나은 사람으로 변화해가는 과정만이 의미가 있었다. 그럼에도 도를 닦아서 덕이 변화하는 과정이 도덕적 가치 판단의 차원에서 볼 때 반드시 바람직한 방향으로만 진행되지는 않는다는 점을 알고 있었다. 만약 도덕적 가치판단의 차원에서 볼 때 도와 덕의 상호작용에 의한 자기 형성이 오직 이상적인 사람됨을 지향하며 전개되는 과정이라면, 덕은 항상 가치를 담보한 개념이 되며, 따라서 영어로 번역할 때 긍정적인 함의를 가진 virtue라고 번역되어도 아무런 문제가 없을 것이다. 그러나 도와 덕의 상호작용에 의한 자기 형성이 도덕적 가치 판단의 차원에서 반드시 도덕적으로 가치를 증가시키는 방향으로 전개되지는 않기 때문에 덕은 가치중립적인 개념이 된다. 악덕을 증가시키게 되는 방향으로 도를 행하면 악덕이 증가하고 악인이 된다.

고대 중국철학자들은 저마다 다른 이상적인 인간형을 제시했고 그에 따라 '더 나은 사람이 된다'는 의미도 철학자들마다 달랐지만 사람이 더 나은 사람이 되도록 노력해야 한다는 점에서는 의견을 같이했다. 흔히 '무위'(無爲)의 철학으로 알려진 『도덕경』의 저자(들) 역시 이 점에서는 예외가 아니다. '무위'란 글자 그대로 풀면 '함(爲)이 없다'가 된다. '하다'라는 뜻을 가진 위(爲)를 거짓 위(僞)와 같은 글자로 보아서 '억지로 거짓되게 행동하지 않는다'라고 보는 해석이 일반적이다. 고대 중국에는 글자의 수가 지금보다 훨씬 적어서 한 글자를 가지고 여러 의미로 사용하였다. 후대에 가면 글자 수도 늘어나고 의미도 분화되어 한 글자로 여러 뜻을 나타내는 일은 줄었지만 그때에도 글자끼리 서로 호환되는 일은 빈번하였다. 예컨대 『논어』 첫 구절(學而時習之 不亦說乎)에 나오는 '열'(說)은 '기쁘다'라는 뜻으로 쓰일 때 '열'(悅)을 쓰는 경우가 대부분이다. 여기서는 보통 '말하다'라는 뜻으로 쓰이는 '설'(說)을 '열'(悅)과 호환하여 사용하였다. 같은 맥락에서 '무위'(無爲)의 위(爲)를 '거짓 위'(僞)와 호환되는 글자로 보아도 무방하다. '무위'(無爲)를 '억지로 거짓되게 행동하지 않는다'고 해석하고 이에 근거하여 『도덕경』의 무위(無爲) 철학은 그 어떤 노력도 하지 말라는 뜻이라고 보는 견해가 있다. '무위'에 '자연'(自然)을 덧붙여 그 어떤 노력도 하지 말고 자연스럽게 살아가라는 뜻이라고 말하기도 한다.

'무위'(無爲)를 '억지로 거짓되게 행동함이 없다'라고 해석하거나, 혹은 '없다'[無]를 금지의 뜻을 가진 '물'(勿)의 의미로 풀이하여 '억지로 거짓되게 행동하지 말라'고 해석하는 것은 타당하지만, 그렇다고 '무위'(無爲)가 노력 자체를 부정하는 것이라고까지 보기는 어렵다. 오히려 '무위'(無爲)야말로 행동 인도와 관련된 그 어떤 개념보다도 그 실현에 강력한 노력을 필요로 하는 개념이다. 뒤에 더 자세히 설명하겠지만, 글자 그대로 해석해도 '함이 없다', '행함이 없다', 더 나아가 '억지로 거짓되게 행동함이 없다'는 인간의 상태, 혹은 사람됨은 보통사람의 경우라면 노력 없이 도달하기 어려운 상태일 것이다. 사람은 항상 움직인다. 눈의 깜빡임, 들숨과 날숨에 따른 흉곽의 변화 등이 늘 있다. 부동자세로 1시간을 서 있기보다 1시간 달리기가 일반적으로 더 쉽다. '함이 없다'는 상태는 일상적인 상태는 아니다. '행함이 없다'는 상태 역시 일견 쉬울 듯 보여도 역시 일상적인 상태는 아니다. 사람은 항상 무언가를 하고 있기 마련이다. 가장 편안하게 누워 있는 상태의 경우에도 눕기를 행하고 있는 셈이다. 좀 더 일상적으로 해석해보자. 무엇인가 행하는 상황에서 행함이 없는 상태를 생각해볼 수 있다. 예컨대 보통 사람의 99%는 어떤 상황에서 할 행동을 하지 않는 경우가 있을 수 있다. 물에 빠지면 살려고 발버둥치기 마련인데, 발버둥치는 행동이 없어야만 물에 뜬 상태로 에너지를 허비하지 않아 오히려 구조될 확률이 높아진다. 이 경우에 '행함이 없다'는 매뉴얼은 유효하다. '억지로 거짓되게 행동함이 없다'는 상태 역시 쉽지 않다. 억지로 거짓되게 행동함이 없이는 단 하루도 살기 어려운 현실에서 '억지로 거짓되게 행동함이 없다'는 상태 역시 저절로 얻어지는 쉬운 상태는 아니다. 현실이야 어떻든 '억지로 거짓되게 행동함이 없는' 상태를 지향하라는 매뉴얼을 생각할 수 있다. 그러나 이미 싫어하는 상사 앞에서도 웃는 일이 습관이 되고, 좋아하는 사람 앞에서 감정을 숨기는 것이 습관이 된 사람의 경우, 억지로 거짓되게 행동함이 없는 상태가 되려면 노력 없이는 불가능하다. 요컨대, 노력이 없이는 '무위'(無爲)를 실현하기 어렵다. 『도덕경』의 저자가 이러한 인간의 처지를 몰랐을 리 없으므로 '무위'(無爲)를 노력을 부정하는 개념으로 해석하는 견해는 옳지 못하다. 따라서 '무위'(無爲)를 주장한 『도덕경』의 저자를 포함하여 고대 중국철학자들은 사람이 더 나은 사람이 되도록 노력하여야 하며 그 노력은 오직 행동을 통해 가능하다고 생각하였다고 하겠다.

'도'와 '덕'의 상호작용을 통한 자기 형성은 오직 반복적인 행동을 통해 가능하다. 행동을 통해서 도와 덕이 서로 영향을 주며 자기를 형성해가는 과정은 덕이 먼저인지, 도가 먼저인지 마치 논리가 돌고 도는 것처럼 들릴 수도 있다. 그러나 인간이 태어날 때의 상태를 생각해보면 이해하기 쉬워진다. 사람은 어머니의 뱃속에 있을 때부터 아무도 가르쳐주지 않아도 행동을 한다. 태어나서 울음을 터트릴 때도 자신의 목청껏 운다. 자신이 가진 자질에 따라 특정한 방법으로 운다고 할 수 있다. 인간이 형성될 때부터 이미 덕은 행동을 위한 필요조건으로 인간에게 내재해 있다. 어떤 행동들은 배우지 않아도 할 수 있다. 갓 태어난 아기의 울음이 그러하다. 배우지 않아도 우는 행동을 하며 입 벌리는 모양, 우는 중간 중간의 쉼 등 사람마다 같지 않은 방법으로 운다. 그러나 태어나는 모든 아기가 울 수 있는 것은 아니다. 소리를 낼 수 있는 기관이 없는 경우, 즉 울음이라는 행동에 동원되는 자질의 집합에서 결정적인 자질이 결여되어 우는 데 필요한 덕이 없거나 부족한 아이의 경우는 울지 못한다. 우는 데 필요한 덕이 있는데도 우는 수천 가지 방법 중 그 어떤 하나의 방법도 몰라서 울지 못하는 아이는 없다. 어떤 방법으로든, 그 방법이 성공적이든, 덜 성공적이든, 소리가 제대로 안 나서 거의 실패처럼 보이든, 아기는 운다.

방법을 배우지 않고도 어떤 방법으로든 할 수 있는 행동들도 있다. 대개 생존 본능과 직결되는 행동이 그러하다. 이 경우에는 덕이 갖추어져 있으면 행동할 수 있다. 그러나 인간을 인간답게 하는, 인간만이 할 수 있는 행동이라고 하는 것들은 대개 방법을 배워야만 행동할 수 있다. 아기가 걸음마를 익히는 과정을 보면 덕과 도의 상호작용을 알 수 있다. 아기가 직립하기까지 아기는 직립에 필요한 덕, 직립에 동원되는 자질들을 일어나 앉거나 하는 다른 행동들 통하여 갖추어나간다. 앉는 행동을 통해 척추기립근을 강화하고 기는 행동을 통해 다리 근육을 강화한다. 물건을 쥐면서 손으로 짚는 연습도 한다. 아기는 직립을 위한 필요조건으로서의 덕이 완전히 갖추어지기 전부터 직립의 방법, 즉 도를 연습하게 된다. 무언가를 짚고 일어서려다가 주저앉기를 반복한다. 그러던 어느 날, 직립에 필요한 최소 요건의 자질들(예컨대 근골격 발육 상태, 에너지), 즉 덕과 겨우 직립이라 봐줄 수 있을 정도로 아기의 몸을 만드는 방법, 다시 말해 도가 만날 때, 아기는 직립한다. 아주 짧은 시간 동안. 자신들의 직립과 비교해볼 때 그 순간이 너무 짧고 그 방법이 너무 어설퍼서 그 행동을 직립이라고 볼 수 있을지 없을지 어른들은 논란을 벌인다. 그러나 최초의 직립 이후 아기는 더 나은 도로 더 빨리 직립하고 덕이 변화하여 더 오래 서 있을 수 있게 된다.

앞서 말했듯이 고대 중국철학의 맥락에서 수신은 의도와 노력이 개입되는 과정이다. 사람은 자신이 원하는 사람됨을 갖추기 위해 자신이 현재 가지고 있는 덕으로부터 시작하여 행동을 특정 방법으로 해나가며 자신을 이상적인 사람됨에 가깝게 변화시켜간다. 이 과정이 수신이다. 사람됨을 의미하는 덕은 일생 동안 의도하든, 의도하지 않든, 노력하든, 노력하지 않든 행동을 통해 변해간다. 이 변해가는 덕을 자신이 의도한 대로 변화시키려면 노력이 필요한데, 이 노력의 핵심이 도, 즉 행동 방법이다. 자신이 의도한 대로 자신의 덕을 변화시키려면 '어떻게 행동하여야 할 것인가'를 생각하여야 한다. 막막하다. 자신이 되고 싶은 사람됨은 있는데 어떻게 행동하여야 그러한 사람됨, 즉 덕을 갖출 수 있을지 처음부터 알기는 쉽지 않다. 고대 중국철학 텍스트 『순자』의 저자는 이럴 때 매뉴얼을 참조하라고 가르친다. 매뉴얼은 성인(聖人)들의 행동 방법이다. 『순자』는 사람으로서 가장 이상적인 덕을 가진 사람들을 성인이라고 불렀는데 이들은 대개 과거에 살았던 사람들로서 삶의 족적을 남겼다. 발자국을 따라가면 그 사람이 있는 곳에 이를 수 있는 것처럼 성인의 발자국, 즉 성인의 행동을 따라하면 그 사람이 될 수 있다. 사람됨이란 행동을 통해서 형성되기 때문이다. 그 족적을 '매뉴얼 도'로 삼아 이 매뉴얼을 따라 행동하면 성인의 사람됨을 갖출 수 있다. 반면, 『도덕경』

의 저자는 절대로 다른 사람의 행동을 따라하지 말라고 가르쳤다. 그 가르침이 '무위'(無爲)다. 『도덕경』 저자의 가르침은, '남이 특정 방법, 즉 도로 성공했다고 해서 남의 행동을 따라 해서는 안 되며 반드시 자신이 자신에게 맞는 방법을 그때그때 찾는 노력을 게을리 해서는 안 된다'는 것으로 요약할 수 있다. 자신이 '매뉴얼 도'를 만들어야 하며 남이 만들어놓은 매뉴얼에 현혹되어서는 자신이 원하는 사람됨을 갖출 수 없다. 내가 원하는 사람됨이 남과 달리 독특하기 때문이 아니라, 내가 원하는 사람됨이 모두가 되기를 원하는 사람됨이라고 하더라도 나와 남이 다르기 때문에, 특히 행동의 필요조건인 덕에서 차이가 있기 때문에, 남이 하는 방법, 즉 '도'대로 하다가는 자신에게 맞지 않는 방법을 고집하는 것이 되어, 결국 자신의 덕을 원하는 대로 변화시킬 수 없고, 자신이 원하는 사람됨을 갖추지 못하게 된다는 논리다. 서울로 가는 길에 대한 매뉴얼이 대전에서 출발하는 사람과 원주에서 출발하는 사람의 경우 각기 다르다. 원주에서 출발하는 사람이 대전에서 출발하는 사람으로부터 그 사람이 전에 서울로 출발하여 성공적으로 서울에 도착한 길만을 듣고 자신이 그 사람과 달리 원주에서 출발한다는 사실을 고려하지 않은 채 서울로 출발한다면 성공적으로 서울에 도착하기 어렵다. 원주에서 출발한다는 사실을 고려에 넣지 않는다는 것이 어떻게 가능할까? 자신과 자신에게 서울로 간 길을 설명해준 사람이 서로 다른 곳에서 출발한다는 사실을 모르는 경우다. 예컨대, 전화로만 듣고 서로 같은 곳에서 출발한다고 믿어 의심하지 않은 것이다. 수신의 과정이 시작될 때 서로 다른 자질을 갖추고 있는 두 사람이 같은 매뉴얼로 행동하여 같은 덕에 수렴하기는 쉽지 않을 것이다. 만약 『순자』의 성인에 해당하는 이상적인 사람이 행한 방법을 매뉴얼 삼아 수신한다면 성인과 평범한 사람과는 수신의 과정이 시작되기 전 행동의 필요조건으로서의 자질에서 이미 차이를 보일 수도 있다. 이 경우, 수신의 과정 후 수신의 결과로서 형성된 자질의 차이는 단지 수신의 시간과 강도의 차이로만 설명되지 않을 가능성이 크다. 요컨대, 고대 중국철학자들이 말한 '매뉴얼 도'에 관한 생각에는 현격한 차이가 있다. 도에 관한 견해 차이로부터 고대 중국철학의 갈래가 형성되었다. 이러한 차이에 대해서는 뒤에서 더 논의할 것이다.

생각하고 결정하였으면 그 도를 실행에 옮긴다. 수신의 과정이 시작된다. 대개 처음 시도에서 행동은 성공적이지 않을 가능성이 크다. '매뉴얼 도'와 '표현되는 도' 사이의 차이가 커서 행동에 실패하는 경우가 있다. 이 경우에는 행동을 반복하면 '매뉴얼 도'와 실제로 '표현되는 도' 사이의 차이가 줄어들어서 행동에 성공하게 되는데 이 과정이 '익힘'[習]이다. '매뉴얼 도'와 '표현되는 도' 사이의 차이는 방법을 아직 잘 이해하지 못해서 생길 수도 있지만 좀 더 근본적인 이유는 아직 '매뉴얼 도'를 실현하기에 덕이 없거나 모자라기 때문이다. 그 방법 또는 도에 필요한 자질의 집합, 즉 덕은 오직 행동을 통해 변화하기 때문에 없는 덕을 만들거나 모자라는 덕을 키울 때도 그 도로 행동을 반복할 수밖에 없다. 그 사이, 다른 행동들을 통해서도 자질의 집합을 이루는 일부 자질이 다른 행동에 동원되어 변화하므로 이때 생긴, 혹은 증가한 덕이 그 행동을 할 때 영향을 준다. 따라서 실패의 원인이 오직 덕의 부족에 있다면, 실패한 후 그 행동을 하지 않았음에도 어느 날 성공하게 될 수도 있다.

방법, 즉 도 자체를 바꿔야 하는 경우도 생긴다. 자신이 원하는 사람됨을 갖출 수 있도록 자신의 행동을 인도해주리라고 믿었던 도, 즉 방법을 통해 변화해가는 자질이 자신이 원하는 자질의 집합과 사뭇 다른 변화를 보인다고 생각할 때 방법, 즉 도를 바꾸게 된다. '이 길이 아닌가?'라는 생각이 들면 방향을 전환하는 것은 당연하다. 그러나 큰 방법으로서의 도, 예컨대 인생관, 가치관의 기둥이 되는 도는 '이 길이 아닌가?'라는 생각이 들 때에도 좀처럼 쉽게 바꿀 결심이 서지 않는다. 반면, 작은 방법으로서의 도, 시행 세칙 정도에 해당하는 도는 상대적으로 자주 바꾸기도 한다.

'마른 사람'이 이상적인 사람됨이라고 생각하여 '마른 사람'이 되기 위해 수신하는 사람이 있다고 하면 이 사람은 방법으로 저체중을 위한 식단, 즉 다이어트를 수행하고 있을 가능성이 크다. '마른 사람'이 이상적인 사람이라는 가치관이 바뀌지 않는 한 다이어트는 계속된다. 저칼로리 섭취라는 도가 크게 성공을 거두어 그 결과 정상 체중에 한참 미달하는 체중을 갖게 되었다거나, 혹은 실패가 거듭되어 요요 현상으로 더욱 체중이 증가한다고 해도 다이어트는 중단되지 않을 가능성이 크다. '마른 사람'의 객관적인 기준이 없고, 객관적인 기준, 즉 저체중에 대한 기준이 있다고 해도 이 기준을 자신의 '마른 사람'에 대한 정의로 대체하는 경우는 드물기 때문에 영양실조로 쓰러져도 다이어트는 계속될 것이다. 즉, 성공 여부와 상관없이 방법, 즉 도는 바뀌지 않는다. 반면, 세부 시행 세칙으로서의 도는 바뀐다. 아마도 지나치게 자주 바뀔 것이다. 다른 사람이 성공을 거두었다고 말하는 매뉴얼들, 예컨대 황제 다이어트, 바나나 다이어트, 포도 다이어트, 지중해식 식단, 단식 등 온갖 종류의 매뉴얼을 시도하게 된다.

앞서 예로 든 『맹자』 첫머리에 등장하는 이야기도 '도'를 바꿔야 하는 필요성에 대한 내용으로 되어 있다. 맹자가 양나라 혜왕을 만났을 때 이들은 나라를 잘살게 할 방법, 즉 '도'를 이야기했다. 두 사람은 인구가 많아서 세수가 많은 나라의 가치에도 합의했다. 맹자 역시 다른 나라로부터 이주해오는 사람이 늘어나 인구가 늘고 그 결과 생산이 늘고 세수가 늘어나는 그러한 국가를 만들고 싶은 혜왕의 욕망을 무가치한 것으로 취급하지 않았다. 오히려 그 욕망을 부추기기까지 했다. 이 둘은 또한 양나라를 통치하는 지금의 도를 바꿔야 할 필요성에 대해서도 합의했다. 그러나 이 둘의 차이는 바꿔야 하는 도의 수준에 있었다. 혜왕은 '이롭게 한다'[利]는 통치 방법, 즉 도를 바꿀 생각은 없었다. 다만 그 하위 수준의 시행 세칙을 바꾸고 싶었을 뿐이다. 그가 "우리나라를 무엇으로써 이롭게 할 수 있습니까?"(將有以利吾國)라고 물은 까닭이다. 그는 '리'(利)라는 도가 인구를 늘리고 나라를 부유하게 할 방법이라는 점에는 의문을 갖지 않았다. 그가 스스로 생각할 때 자신의 실패 원인은 도를 제대로 실현하고 있지 못하기 때문이다. 즉, '매뉴얼 도'와 '표현되는 도'의 간극 때문이고 어떻게 하면 그 간극을 메울 수 있는지 묻고 있는 것이다. '어떻게 하면 리(利)라는 도를 성공적으로 구사하여 인구를 늘리고 나라를 부유하게 할 수 있는가'라고 하며 시행 세칙을 묻는 혜왕에게 맹자는 근본적인 수준의 도를 바꿀 것을 주문한다. 맹자의 논지는 큰 도는 그대로 두고 그 하위 수준의 작은 도만을 바꿔서는 혜왕이 원하는 국가를 만들 수 없다는 것이다. 즉, '리'라는 도를 폐기하고 '인의'라는 도로 바꾸어야만 혜왕이 원하는 국가를 건설할 수 있다. 그래서 맹자가, "왕께서는 왜 꼭 '리'라고 말하십니까? 강조하지만 방법은 오직 '인의'가 있을 뿐입니다"(王何必曰利 亦有仁義而已矣)라고 말한 것이다. 그러나 앞에서도 말했듯이 사람들은 실패가 명약관화하다고 해도 큰 도를 바꾸는 일에는 저항감을 표시하고, 아직 실패했다고 단정하기 어려워도 작은 도는 지나치게 자주 바꾸는 경향이 있다. 혜왕은 맹자에게 '인의'로 도를 바꿔야 한다는 말을 듣고도 저항감 때문에 계속 맹자를 물고 늘어진다. 맹자는 작은 도를 바꾸는 일로는 실패가 오십보백보이니 큰 도를 바꿔야 한다고 지속적으로 설득한다.

확인할 것은 '인간 행동을 통한 자기 형성 모델로서의 도-덕 모델에서 말하는 도와 통치 방법으로서의 도가 같은 개념의 도인가 아닌가'이다. 결론부터 말하면, 같은 수준의 개념이다. 고대 중국철학자들은 국가의 통치는 체제나 제도가 아니라 근본적으로는 통치자의 사람됨에 좌우된다고 믿었다. 『맹자』에도 정전제와 같은 토지 및 조세 제도가 언급된다. 그러나 맹자가 주장하는 통치의 도, 즉 '인의'에 기반을 둔 '인정'은 제도보다는 통치자의 사람됨에 달려 있기 때문에 『맹자』의 '인정'에 대한 가르침은 사람됨에 대한 가르침이 그 내용의 대부분을 이룬다.

『맹자』, 『순자』, 『묵자』 등의 텍스트에 나타난 고대 중국철학자들의 통치 철학은 법, 제도의 운용이 통치자의 사람됨과 무관하지 않으므로 이상적인 통치자의 사람됨에 대한 생각을 포함하고 있다. 고대 중국의 철학자들은 통치자의 행동을 인도하여 그가 통치를 성공적으로 할 수 있는 덕을 갖추고 통치의 도를 성공적으로 수행할 수 있게 되도록 하는 것이 통치의 제도적 측면을 갖추는 것 이상으로 중요하다고 생각했다. 그러나 통치자 자신의 관심은 다를 수 있다. 다시 말해서 통치자 자신은 정작 자신의 사람됨에는 관심이 없으며 국가를 통치하는 일은 법과 제도를 만들고 운용하는 일로서 자신의 사람됨과는 별개라고 생각할 수 있다. 맹자와 대화하는 혜왕의 경우가 그러했다. 맹자와의 대화에서 보이는 혜왕의 욕망은 자신의 사람됨이 아니다. 혜왕은 자신이 원하는 사람됨을 갖추기 위한 방법을 맹자에게 묻는 것이 아니라 자신이 원하는 나라를 만들기 위한 방법을 묻고 있다. 혜왕은 도를 사용한 결과가 혜왕 자신에게 돌아가는 것이 아니라 다른 사람 예컨대 국민에게 돌아간다고 생각한다. 혜왕의 생각은 '이롭게 한' 결과, 즉 '리'의 방법을 사용한 결과가 국민에게 영향을 끼친다는 것이다. '리'를 성공적으로 수행하면 국민의 수가 늘어나고 '리'를 성공적으로 수행하지 못하면 국민의 수가 늘지 않는다. 다시 말해서 '리'라는 도를 실현한 결과가 혜왕 자신에게 영향을 끼쳐서 혜왕 자신의 덕이 변화하는 것이 아니라, 국민에게 영향을 끼쳐서 국민의 행동을 이끌어낸다. 요컨대, 혜왕의 도 개념은 덕과 연결된 개념이 아니며 도-덕 모델을 따르고 있지 않다.

맹자는 혜왕의 도 개념이 근본적인 문제를 노출하고 있다고 생각한다. 근본적으로, 도는 덕과 연결된 개념이며 도-덕 모델의 틀로 설명되는 인간 형성과 관련된 개념이다. 맹자는 도를 실현한 결과가 일차적으로는 행위자 자신에게 돌아와 행위자 자신의 덕을 변화시킨다고 주장한다. 혜왕이 '리'를 도로 실현하든 '인의'를 도로 실현하든 그 행동의 결과는 일차적으로 혜왕의 덕을 변화시킨다. 이때, '인의'를 도로 실현하는 행동을 반복하여 바뀐 혜왕의 덕이 부국을 위한 여러 수준의 통치 방법, 즉 도에 필요조건이고 이 덕이 있어야만 결과적으로는 혜왕이 원하는 바의 부국을 실현할 수 있다. 도를 실현한 결과가 자신이 아닌 남에게 영향을 미치는 부분은 이차적이며 파생적인 부분이다. 물론, 이 부분도 중요하다. 도를 실현한 결과, 변화되는 덕이 행위자의 사람됨을 변화시키는 일은 일차적으로 그 행위자 자신과 관련되어 그 덕의 가치 유무 역시 행위자 자신에게만 영향을 끼친다. 그러나 행위자 자신의 변화된 덕은 이차적으로는 다른 사람에게 경향을 끼친다. 가치 판단의 차원에서 그 덕이 가치가 있으면 다른 사람도 그 혜택을 볼 가능성이 크다. 예컨대 요리를 잘하는 사람이 되고 싶은 사람이 있다고 하자. 그 사람이 수신을 통해 요리를 잘하게 되어서, 언제 어디서나 어떤 식재료가 주어져도 요리를 맛있게 할 수 있는 자질의 집합, 다시 말해서 간을 보는 미각, 재료를 손질하는 손재주, 서로 다른 맛을 조합하는 기술, 없는 재료를 다른 재료로 보충하는 상상력 등을 갖추게 되었다면, 일차적으로는 그 사람 자신이 스스로 원하는 사람이 됨으로써 그 덕의 혜택을 누리지만,

이차적으로는 다른 사람도 맛있는 요리를 먹게 되어 그 덕을 볼 가능성이 크다.

앞서 말한 바와 같이, 덕은 '얻는다'는 의미의 득(得)과 통한다. 덕은 도-덕 모델에서와 같이 행동을 통해 획득된 형질로서의 의미와 더불어 '남에게 득이 된다'는 의미를 동시에 지닌다. '남에게 득이 된다'는 점에서 '득'을 '덕'이라고 이해하는 해석이 더 일반적이다. 현재 한국어에서 사용되는 덕의 일반적인 용례는 이러한 덕의 두 가지 차원에서 벗어나지 않는다. 덕의 의미는, 행동의 결과로 변화되는 덕이 행위자의 사람됨을 형성하는 것과 그 사람됨의 영향이 다른 사람에게까지 미치는 것, 두 가지 차원으로 설명된다. 흔히 '덕이 있는 사람'이라고 말할 때의 덕은 사람됨이 훌륭하다는 뜻이다. 현재 한국어에서 덕은 앞에 악(惡)이 붙어서 '악덕'이라고 쓰이는 경우를 제외하면 보통 긍정적인 함의를 담고 있다. '덕이 있는 사람'은 사람됨이 훌륭한 사람이다. 사람됨이 훌륭하다는 의미를 다시 따져보면 '덕이 있는 사람'은 남을 배려하고 남에게 무엇인가를 베푸는 사람이다. '덕이 있는 사람'에서 덕을 득과 통한다고 볼 때, 남에게 무언가를 얻게 해준다는 의미, 즉 후자의 의미가 강조된다고 볼 수 있다. 『논어』에 "덕이 있는 사람은 외롭지 않다. 항상 이웃이 있기 때문이다"(德不孤 必有隣)라고 한 말은 다음과 같은 의미다. '덕이 있는 사람은 주변 사람에게 무엇인가를 얻게 해주는 그러한 자질의 집합을 가진 사람이므로 그 사람과 함께 있는 이웃은 무엇인가 얻는 것이 있다. 다시 말해서 그 사람의 덕을 보는 것이다. 따라서 그 덕이 있는 사람 주변에는 항상 그의 덕을 보는, 혹은 덕을 보려는 사람들이 있게 마련이다.' 만약 덕을 득과 통하는 말로 해석하여 특히 '다른 사람에게 무엇인가를 얻게 해주는 사람'이라는 의미로 다시 해석하지 않고, 해석 없이 덕을 그냥 덕으로 사용하면 '덕이 있는 사람'의 의미는 추상적이 된다. 덕을 다시 해석하지 않고 그냥 사용할 때 만나는 문제 중 하나는 동어반복이다. '덕이 있는 사람은 인격이 훌륭한 사람인데 인격이 훌륭한 사람은 덕이 있는 사람'이라는 식이다. 앞서 말했던, 도를 다시 해석하지 않고 그냥 쓸 경우에 생기는 신비화와 유사한 문제가 발생한다. 동어반복 역시 신비화와 마찬가지로 언어의 지시적 사용에 장애가 되며 의미의 전달을 방해한다.

4. 요약

나는 자기 실천(practicing the self)의 의미로서의 '수신'은 동아시아 철학을 형성하는 중요한 개념 축이라고 생각한다. 정신과 육체의 이분법이 확고하게 자리 잡기 이전인 고대 중국철학에서는 행동을 통한 자기 실천, 자기 실천을 통한 자기 형성으로서 '수신'의 개념을 정의할 수 있다. 정신과 육체의 이분법이 중국철학에 자리 잡은 이후에는 '수신'의 개념이 분화된다. 유가철학에서는 정신적 수신을 강조하는 수양론, 도가철학에서는 물질과 육체에 주안점을 둔 양생론 등이 중국철학의 역사와 더불어 발전되어왔다.

나는 행동을 통한 수신, 수신을 통한 자기 형성에서 중심축이 되는 두 개념으로 덕(德)과 도(道)를 설정한다. 나는 두 개념을 이렇게 정의한다. 덕은 좁은 의미로는 한 인간의 어떤 행동을 가능하게 하는 자질 전부, 넓은 의미로는 인간됨 그 자체다. 도는 행동을 하는 방법이다. 덕은 '지니고 있는 것', 도는 '길'이라는 의미로 해석한 결과다. 덕과 도의 관계는 도로 덕을 쌓고 쌓인 덕으로 도를 행하는 것이라고 설명할 수 있다. 풀어서 말하면 다음과 같다. 특정 행동을 취하는 특정 시점에서 한 인간의 덕은 고정되어 있다. 특정 행동을 취할 방법을 선택하고 그 방법대로 행동을 시도한다. 물론 대개의 경우 자신이 생각한 그 '방법'대로 행동을 취할 수는 없다. 방법이 미숙하거나 '몸'이 따라주지 않기 때문이다. 그러나 그 방법을 사용하여 행동을 반복하다 보면 방법도 능숙해지고 '몸'도 전보다는 따라주게 된다. 어떤 방법으로 행동을 반복적으로 행하는 과정에서 '몸'이 바뀐 것이다. '몸'이 바뀌면 그 방법으로 행동을 취하기가 훨씬 수월해진다. 여기서 '몸'은 반드시 물질적인 것, 육체적인 것만을 의미하지는 않는다. '몸'은 덕, 다시 말해서 한 인간의 어떤 행동을 가능하게 하는 자질 전부를 의미한다. 방법은 도다.

이러한 덕과 도의 개념은 핸슨의 정의로부터 발전되었다. 그는 도는 프로그램이며, 덕은 프로그램을 내면화한 인간의 육체적 잠재력이라고 정의하였다(Hansen, 1992: 105). 핸슨의 정의에 따르면, 잠재력을 동원하여 프로그램을 수행하는 것이 인간의 행동이 된다. 그는 또한 '매뉴얼 도'(discourse dao)와 '표현되는 도'(performance dao)를 구분하여, 행동의 주체가 머릿속에 그리고 있는 방법, 즉 입력된 매뉴얼과 실제 행동으로 표현되는 방법의 차이를 설명하였다. '행동이 능숙하다'는 의미는 말로 설명되는 도, 즉 '매뉴얼 도'와 '표현되는 도', 다시 말해 실제 행동 속에서 드러나는 방법의 차이가 적다는 의미다.

다시 한 번 다음과 같이 논의를 정리할 수 있다. 도덕규범(moral code)과 실제 행동 사이에서 행동 주체에게 맡겨진 '자유'의 영역을 푸코는 '윤리'(ethics)라고 불렀다. 이 '윤리'를 행동의 관점으로부터 삶 전체로 확장해보면, '윤리'란 행동의 자기 결정을 넘어 '자기 형성'(self-construction)의 과정이다. 굳이 '자기 형성'이라는 용어를 쓴 이유는 자기란 찾는 것도, 만드는 것도 아니며 '자기 실천'(practicing the self)을 통해 형성된다는 점을 강조하고 싶기 때문이다. 자기 형성의 관점에서 '윤리'는 자기 실천이며 중국철학의 용어로 바꾸면 '수신'에 해당된다.

제3부
선진(先秦) 철학에서 '윤리'의 유형

제5장

명(名)

1. 이름으로부터 규범으로

앞 장에서 나는 고대 중국철학의 주요 텍스트에 나타난 도과 덕을 개념화하여 동아시아 윤리 모델을 구성했다. 동아시아 윤리학의 전통에서 도와 덕 다음으로 중요한 개념은 명(名)이다. 명은 보통 '이름'이라는 뜻으로 쓰이며, 동사적으로는 '이름을 붙이다'라는 뜻도 지닌다. 앞서 설명한 바와 같이, 고대 중국어는 현대 중국어와 비교할 때 통사구조가 명확하지 않아서 명사를 동사적으로 해석해야 뜻이 통하는 경우가 많다. 행동을 지시할 때에도 명사만으로 행동을 지시할 수 있다. 통사구조가 아직 충분히 발달하지 않은 상태에서 명사만으로도 행동을 지시할 수 있다고 가정한다면 행동을 정교하게 지시하기 위해서는 명사를 많이 만들어 사용하려고 할 것이다. 예컨대, 부사와 동사의 결합으로 행동을 지시하는 대신 명사만으로 행동을 지시하는 경우, 모습을 가리키는 명사가 다수 필요하다. 만약 부사와 동사의 결합으로 행동을 지시한다면, 행동 자체를 지시하는 동사와 행동을 정교하게 하는 부사를 서로 결합하여 부사어의 형식으로 행동을 지시하게 된다. 따라서 행동을 정교하게 지시하기 위해 많은 수의 글자가 필요하지는 않다. 그러나 고대 중국어에서는 행동을 지시하는 많은 단어들이 존재했다. 그 이유는 동사와 부사의 결합으로 행동을 지시하는 대신 특정 행동을 하고 있는 모습을 묘사하는 명사로 행동을 지시했기 때문이다.

『시경』에 조수초목지명(鳥獸草木之名), 즉 새, 들짐승, 풀, 나무의 이름 등 자연물의 이름을 비롯하여 장신구, 복식, 무기 등과 관련된 사물의 이름이 유독 많이 등장하는 이유는 명사만으로 행동을 정교하게 지시하려고 했기 때문이 아닌가 생각된다. 다시 말해서, 명사만으로 행동을 정교하게 지시하려면 각기 다른 이름으로 사물을 불러야 한다. 따라서 사물의 이름이 많아진다. 예컨대, '수도에서 물 받아와'라고 말하는 대신 '수돗물!'이라고 하고, '사온 물 가져와'라고 말하는 대신 '생수!'라고 말하는 경우를 생각해볼 수 있다. 명사로 행동을 지시하는 고대 중국의 관행이 계속 이어져, 중국 사회가 복잡해질수록 단어의 수가 비약적으로 늘어나고 동사와 통사구조의 발달은 오히려 더디게 되었던 것으로 보인다.

이름, 즉 명(名)이 도와 덕 다음으로 중요한 이유는 고대 중국철학에서 이름이 행동의 규범(code)을 구성하는 핵심 요소이기 때문이다. 행동을 통한 자기 형성에서 행위자는 자신의 방법, 즉 도를 통하여 자신의 자질, 즉 덕을 변화시킴으로써 자신이 원하는 사람됨, 다시 말해서 자질의 총합으로서의 덕을 형성해간다. 덕은 최초에 주어진 값이지만 행동하기 전에는 어떤 덕을 어느 정도로 가지고 있는지 알 수 없다. 따라서 행위자는 도에 집중할 수밖에 없는데 도의 실행에서 중요한 것이 매뉴얼이다.

앞서 언급한 핸슨의 개념을 다시 상기해보자. 디스코스 도(discourse dao)와 퍼포먼스 도(performance dao)에서 디스코스 도를 '매뉴얼 도'라고 하였다. 도의 실행에서 매뉴얼이 그만큼 중요하다는 것을 의미한다. 핸슨은 고대 중국철학을 도를 중심으로 분석하면서 모든 학파로부터 일정거리를 유지하려고 노력하였음이 분명하다. 그럼에도 불구하고 나는 그가 유가철학의 지배적인 관점에서 완전히 자유로울 수 없었다고 생각한다. 그 이유는 도를 매뉴얼과 실제 실행에서 실현되는 도로 나누었기 때문이다. 성인이 자신의 실천을 통해 만들어준 매뉴얼로서의 도를 후대의 행위자가 자신의 행동으로 실현하는 것이 『논어』의 시작인 학(學)이다. 행위자가 이제까지 해본 적이 없는 어떤 행동을 하려고 할 때 어떤 형태로든 매뉴얼을 가지고 있어야 한다. 행동을 어떠한 방법으로 할 것인가에 대한 최소한의 구상이라도 가지고 있지 않다면 행동 자체를 시작할 수도 없다.

행위자가 행동을 시작하기 전에 머릿속에 가지고 있는 매뉴얼을 '누가 만들었으며 행위자에게 어떤 의미를 가지고 있는가'를 두고 고대 중국철학자들의 관점은 서로 대립한다. 매뉴얼은 어떤 행위자보다 앞서 그 행위를 한 사람 중에서 매우 성공적으로 그 행동을 수행했다고 정평이 난 사람이 남긴 그 행동에 대한 노하우(know-how)를 그대로 외운 것일 수도 있다. 아니면, 행위자보다 먼저 그 행위를 성공적으로 수행한 사람의 매뉴얼을 보니 자신과는 맞지 않음이 너무나 명백하여 그 매뉴얼을 애써 머리에서 지우고 자신만의 방법으로 어떻게든 그 행동을 해보려고 하면서 자신이 만든 매뉴얼일 수도 있다. 혹은 성공적으로 수행한 사람이 한 사람만은 아닐 것이므로 그들의 매뉴얼들을 참조하여 자신이 첨삭하여 제3의 매뉴얼을 만들 수도 있다.

명, 즉 이름은 사회의 구성원이 합의하여 함께 사용하는 사물의 이름이다. 특정한 사람이 붙인 이름이라도 사회의 공인을 얻지 못하면 이름이 아니다. 이름이 행동을 지시하기 위해 쓰이는 경우, 이름은 사회가 만든 매뉴얼의 주재료가 된다. 다시 말해서, 매뉴얼은 이름으로부터 나왔다. 행동을 지시하기 위해 이름이 쓰인다면 이름을 배우는 과정은 곧 행동의 매뉴얼을 습득하는 과정이 된다. 예컨대, 아기에게 말을 가르칠 때, 아기는 사물의 이름과 동시에 행동도 배운다. '맘마!'가 대표적이다.

『논어』의 「자로」(子路)편에 나오는 다음 구절은 명이 사회의 기본 질서를 구성하는 근본임을 설명하고 있다. 중요한 부분이므로 다소 길더라도 원문을 인용한다.

> 子路曰, 衛君待子而爲政, 子將奚先? 子曰, 必也正名乎! 子路曰, 有是哉, 子之迂也! 奚其正? 子曰, 野哉, 由也! 君子於其所不知, 蓋闕如也. 名不正, 則言不順, 言不順, 則事不成, 事不成, 則禮樂不興, 禮樂不興, 則刑罰不中, 刑罰不中, 則民無所錯手足. 故君子名之必可言也, 言之必可行也. 君子於其言, 無所苟而已矣.

명료한 해석이 필요하므로 기존의 번역을 활용하기보다 직접 한 구절씩 번역하기로 한다.

> [공자의 제자인] 자로가 말한다. "위(衛)나라 군주가 선생님을 맞이하여 정치를 하려고 하는데 선생님께서는 무엇을 우선적으로 하실 겁니까?"[정치의 급선무가 무엇인가를 묻는 질문이다]
>
> 공자가 대답한다. "그거야 이름을 바로잡는 것이지."['必也'에는 몰라서 묻느냐는 뉘앙스가 있는 것으로 보인다. '正'은 '바로잡다'의 뜻으로 동사적으로 쓰였다]
>
> 자로가 말한다. "그게 있었죠. 선생님도 멀어도 한참 머네요.[급선무가 뭐냐고 물었더니 현실과 동떨어진 먼 이야기를 한다는 뉘앙스가 있다] 무엇을 바로잡

는다고요?"['其'는 강조하는 말인데 '正'을 강조하면 바로잡는 행동 자체를 의심하는 뜻이 된다. 즉, 이름을 바로잡는 행동이 어렵고도 먼 일임을 강조하고 있다]

공자가 말한다. "뭘 모르는구나.['野'는 '文'의 상대어로 촌스럽다는 뜻이다. 반면, '文'은 세련되었다는 의미다. 세련되었는지 촌스러운지는 '文', 풀어서 설명하면 배움, 지식, 문화 등이 있고 없음에 달려 있다. 따라서 '野'는 '뭘 모른다'는 의미다. '文'은 형용사적으로 쓰이면 '野'의 상대어이지만 명사적으로 쓰이면 '質'의 상대어이기도 한데, 이때 '文'과 '質'은 '장식과 바탕', 또는 '후천적으로 교육받은 상태와 선천적으로 타고난 자질' 등으로 대별된다] 유[자로의 이름]야. 군자는 모르는 바는 덮고 뛰어넘는 것이다.

이름이 바르지 못하면 말이 순하지 않고,

[이름이 바르지 않으면 말이 순리에 맞지 않는다, 즉 논리적이지 않다]

말이 순하지 않으면 일이 이루어지지 않고,

[말이 논리적이지 않으면 그 말대로 집행할 때 제대로 되지 않는다]

일이 이루어지지 않으면 예악이 일어나지 않고,

[예악은 규범에 해당한다. 말이 논리적이지 않아서 말에 따라 실행할 수가 없으므로 말의 실행, 곧 실제 사례들에 규칙성이 없어 규범이 생기기 어렵다]

예악이 일어나지 않으면 형벌이 맞지 않고,

[규범이 생기지 않으니 법의 집행 역시 현실과 맞지 않는다]

형벌이 맞지 않으면 국민이 손발을 둘 곳이 없어진다.

[법과 법에 따른 집행이 일관되지 않으면, 즉 법에 예측가능성이 없으면 국민은 안절부절못하게 되고 생업을 이어갈 수가 없다]

따라서 군자가 이름을 붙이면 반드시 말을 할 수 있게 되고,

[군자는 이름을 붙이는 권위를 가진 사람이다. 이름을 '바르게' 붙이는 것으로부터 말에 논리가 생긴다. 바꾸어 말하면, 이름을 붙이는 권위를 가진 사람이 이름을 제대로 붙였다면 반드시 말이 될 수밖에 없다]

말을 하면 반드시 행할 수 있게 된다.

[말에 논리가 서면 말에 따라 행동할 수 있게 된다. 말이 되면 말대로 실행할 수도 있게 된다]

군자는 그 말에 구차함이 없어야 한다."

[군자는 자신이 붙이는 이름과 그에 따른 말에 거리낌이 있거나 사욕이 있어서는 안 된다. 자신과 남에게 일관되게 적용되는 보편적인 이름과 그에 따른 말이어야 하기 때문에 이름 붙이기와 말에 보편성을 해치는 뭔가 석연치 않은 점이 있어서는 안 된다는 의미이다]

위의 인용은 고대 중국철학에서 이름, 말, 행동이 서로 관련되어 있음을 시사하는 중요한 대목이다. 고대 중국철학자들에게 철학이란 곧 '행동의 인도'였다고 하는 관점에서 살펴보면, 이름은 말의 근원이자 행동의 근원이며 규범과 법의 근원이 된다. 이름은 모든 질서의 시작이다. 도-덕 모델로 설명하면, 이름은 '디스코스 도', 즉 '매뉴얼 도'의 기본 재료가 된다. 이름은 말의 근본이고 매뉴얼은 흔히 말로 구성된다. 말로 구성되는 매뉴얼에서 이름이 중심이 된다는 것은 궁극적으로 이름이 행동을 인도한다는 의미가 된다.

이름으로 구성되는 매뉴얼이 있다는 것은 행동이 시작되기 이전에 행위자가 이미 자신이 속한 사회의 규범(code)에 포섭되어 있다는 점을 의미한다. 이름은 사회적인 산물이기 때문이다. 일반적인 경우, 어떤 사람이 혼자서 이름을 붙이고 사용한다면 그것은 이름이 아니다. 이름에는 이미 사회에 지배적인 행동 규범(code)이 내재해 있다. 똑같은 모양의 그릇이어도 '밥그릇'이라는 이름으로 부르면 그 그릇으로 밥을 먹지만 '화분'이라는 이름으로 부르면 꽃을 심는다. 행위자가 사회적 규범을 거부하고자 하는 의도에서 자신만의 디스코스 도, 즉 매뉴얼을 만들고자 한다면 이름 붙이기부터 시작해야 한다. 사회화 과정에서 습득한 이름을 그대로 사용하여 자신만의 매뉴얼을 만든다면, 그 매뉴얼 도를 실행한 결과로서의 행동을 사회로부터 주어진 행동 규범의 거부로 볼 수는 없다. 이름에 내재한 규범 때문인데, 고대 중국철학에서 행동의 지시에 이름이 차지하는 중요성을 생각한다면, 이름 자체를 거부하지 않는 이상, 사회로부터 주어진 행동 규범의 거부는 제한적일 수밖에 없다. 또한, 사회 구성원들의 행동을 바꾸고자 하는 사람은 명명(命名)하는 권력을 장악해야 한다.

'이름을 바로잡는다' 혹은 '이름이 바르다'는 것은 '이름에 옳고 그름이 있다'는 전제에 기반을 두고 있다. 과연 '이름에 옳고 그름이 있는가'도 의문이지만 '이름에 옳고 그름이 있다'고 한다면 옳고 그름을 판별하는 기준 역시 문제가 된다. 이름에 관한 관점의 차이가 고대 중국철학자들을 나누는 분기점이 되는 지점이다.

2. 담론, 지식, 명(名), 그리고 행동 이끌기

담론, 지식, 명은 모두 행동을 이끈다(즉 guiding behavior)는 점에서 서로 관련이 있다. 행동을 지시할 때 주로 말이 사용되기 때문이다. 담론과 지식은 푸코 철학의 핵심을 이루는 개념들이다. 담론은 행동에 직접적으로 영향을 끼치지는 않는다. 여기저기 떠도는 말, 즉 담론들에는 그 담론을 듣고 그대로 실행에 옮기지 않으면 안 된다고 느낄 만큼의 강제성이 대개의 경우는 없다. 만약 담론으로만 존재하던 어떤 말이 지식으로서 체계화되면 강제성을 띠게 된다. 지식은 담론보다는 직접적으로 행동에 영향을 미친다. 예컨대, 담배가 건강에 해롭다는 담론들이 떠돈다. 담론들을 주워섬기는 것만으로는 골초인 친구의 담배 피우는 행동에 영향을 미치기 어렵다. 금연으로 친구의 행동을 이끌고자 할 때, 담론은 힘(power)이 약하다.

지식은 행동을 인도하는 힘이 세다. 지식은 특정한 시스템 속에서 생산된다. 공인 받은 대학과 연구소의 연구자들은 담배의 어떤 성분이 폐에 어떻게 축적되고 폐 기능을 어떻게 약하게 하는지 실험을 통해 증명한다. 병원의 임상 연구는 장시간 담배연기에 노출된 폐를 보여주고 각종 폐질환과의 연관성을 설명한다. 담배의 해악에 관한 지식은 권위를 갖는다. 권위 있는 지식은 골초인 친구가 금연을 시도하게 한다. 권위 있는 병원의 의사로부터 들은 '폐의 이상 소견'이라는 말은 단지 어떤 사람의 '소견'이 아니다. 의학 지식이다. 이 지식은 권력으로서 친구의 행동을 강제한다. '폐의 이상 소견'이라는 지식 앞에 저항하여 흡연을 지속한다면 그는 '비이성적이며 비합리적인 사람', 즉 '광인'이다. 친구는 비이성적이고 비합리적인 인간으로 낙인찍히는 것을 감수하고서도 금연이라는 행동으로 인도되기를 거부할 수도 있다. 그러나 지식은 금연이라는 행동으로 인도될 때까지 그를 강제한다. 중독과 관련된 지식은 그를 '중독자'로 낙인찍고, 그는 중독 치료의 대상이 될 수도 있다. 중독 치료의 결과로 그는 금연이라는 행동으로 인도될지 모른다. 한 번 지식에 포섭된 이상, 지식은 그를 놓아주지 않는다.

고대 중국철학에서 명은 개인의 행동을 유도하는 권력(power)과 관련되어 있다는 점에서 푸코 철학에서 담론과 지식에 해당한다. 사물을 한 지점에서 다른 한 지점으로 옮길 때 작용하는 것이 힘(power)이다. 다른 사람을 내가 원하는 대로 행동하게 하는 것이 힘(power)이다. 다른 사람을 행동하게 하는 힘은 물리적일 때도 있지만 물리적이지 않은 힘을 사용하는 경우가 일상적이다. 예컨대, 다른 사람이 이동하도록 하기 위해서는 그를 번쩍 들어서 옮기는 방법도 있겠지만 주로 말을 사용한다. 그 말에 따라 다른 사람이 행동하면 그 말은 힘이 있는 말이다. 권위(authority)는 말에 힘(power)을 부여하는 가장 강력한 요소다. 권위 있는 말은 말하는 사람의 권위에 의존하기도 하지만 말이 전달하는 지식에 의존하기도 한다. 말이 전달하는 지식의 권위는 지식을 생산하는 시스템으로부터 온다.

『논어』의 정명(正名)에서 알 수 있듯이, 유가철학에서 명은 권위의 핵심이다. 권위는 권력의 핵심이다. 권력은 행동의 인도와 관련되어 있다. 고대 중국철학에서 행동을 인도하는 말은 '부사+동사'가 아니라 명사 중심으로 이루어졌으며, 명사는 다름 아닌 이름이다. 역으로 풀어서 설명하면 다음과 같다. 고대 중국철학자들의 주제는 행동의 인도다. 동작을 직접 지시하지 않고 사물의 이름을 불러서 행동을 지시하는 방법이 고대 중국철학의 행위의 인도에 채택된 방법이라고 한다면, 이름이야말로 행동의 인도에 중심이 된다. 사물에 이름을 붙이거나 기존의 이름을 바꾸는 일이 행동의 인도에서 중심이 되는 방법이라는 뜻이다. 그러나 이름이란 사회 구성원이 함께 사용할 때라야만 이름으로서 의미와 기능을 가진다. 아무나 이름을 붙이고 바꿀 수 없다. 사물에 이름을 붙이고 사람들이 그 이름으로 그 사물을 부르게 하는 것, 그것이 권위다. 권위로써 사물에 이름을 붙이고 사람들이 그 이름으로 그 사물을 부르게 하여 사람들의 행동을 인도하는 것, 그것이 권력이다.

명이 고대 중국철학에서 중요한 것은 행동의 권력이 이름으로부터 비롯되기 때문이다. 행위자의 관점에서 보면, '자신의 행동에 대한 자유'의 문제가 된다. 『홍길동전』에 나오는 예처럼, 아버지를 아버지라고 부르지 못하고 형을 형이라고 부르지 못하는 행동을 계속해왔던 홍길동의 경우 아버지를 아버지라고 부르고 싶고 형을 형이라고 부르고 싶은 욕망에 반하여 행동해온 것이다. 생물학적 아버지를 아버지라고 부르지 못한 이유는 '이름' 때문이다. 서자로서 자신의 생물학적 아버지를 부르는 호칭, 즉 이름은 '아버지'가 아니라 '대감'이다. 행동을 통한 자기 형성의 관점에서 보면, 홍길동은 생물학적 아버지를 '아버지'가 아닌 '대감'이라고 호칭하고 자신은 '소인'이라고 부르는 행동을 해왔으니, 이는 가족관계 밖의 인간관계에서 종이나 아래 신분에 있는 사람이 윗사람을 부를 때의 이름으로 생물학적 아버지를 부르는 행동을 통해서 자기를 생물학적 아버지와 같은 가족에 속하지 않고 사회적으로 낮은 신분에 있는 사람으로 형성해간 것이 된다. 그 행동이 자신의 욕망에 반하는 행동이었음을 자각한 홍길동은 아버지를 아버지라고 부르고 형을 형이라고 부를 자유를 위해 투쟁하게 된다.

행동의 방법, 즉 도의 관점에서 보면, 이름은 디스코스 도를 구성하는 중요한 요소다. 디스코스 도가 행동의 매뉴얼이 된다는 점은 앞서 언급하였다. 전자제품을 구매하면 사용법에 관한 매뉴얼이 함께 제공된다. 전자제품 사용법의 매뉴얼은 한국어를 포함한 여러 언어로 구성되어 있으며, 동시에 매뉴얼에는 각종 부속의 명칭을 포함하여 그림이 들어 있다. 사용법과 관련된 매뉴얼은 주로 완곡한 명령법으로 되어 있는 경우가 많다. 보통 영어로 쓰인 매뉴얼을 보면 동사로 시작한다. 사용하는 방법이 디스코스, 즉 말의 형식으로 제공되며, 행동을 지시하는 동사 중심으로 구성된다. 그러나 각종 부속의 명칭이 들어 있는 그림으로도 간단한 사용법 설명이 가능하다. 복잡하지 않은 기기의 경우, 부속의 이름 옆에 단순히 순서를 표시하는 번호만 넣어도 사용법 설명이 된다. 그림이 없이 부속의 이름만으로도 간단한 사용법 설명이 가능하다. '플러그', '스위치', '플레이 버튼'이라고만 말해도 '플러그를 꼽고 스위치를 온(On) 상태로 놓고 플레이 버튼을 누른다'라는 사용법 설명, 즉 행동의 인도가 가능하다. '플러그', '빨래', '세제', '전원', '표준', '시작'이라고만 말해도 '플러그를 꼽고 빨래 넣고, 세제 넣고, 전원 버튼 누르고, 세탁 모드에서 표준 선택하고, 시작 버튼 누른다'라는 행동의 인도가 가능하다. 사용하는 방법, 즉 도를 디스코스, 즉 말의 형식으로 제공할 때 동사 대신 명사를 중심으로 해도 된다는 것이다. 고대 중국철학에서는 이와 같은 명사 중심의 디스코스 도를 통하여 사물이나 어떤 상태에 이름을 붙여 동작의 지시, 즉 행동의 인도를 위한 말을 구성했다. 이러한 이유로 『논어』, 『순자』, 『도덕경』을 비롯한 고대 중국철학의 텍스트에서 이름, 즉 명이 그토록 중요하게 다루어질 수밖에 없었던 것이다.

다시 말하지만, 푸코 철학에서 담론 및 지식, 그리고 고대 중국철학에서 이름이 중요한 이유는 이러한 것들이 행동을 통제하기 때문이다. '디스코스'라는 말은 '이야기'라는 뜻이다. 일상에 떠도는 이런저런 말들이다. 푸코 철학에서 디스코스, 즉 담론이 중요한 위치를 차지하는 까닭은 담론이 지식과 관련이 있기 때문이다. 예컨대, 몸무게와 관련된 이야기는 오랜 옛날부터 일상의 화제 중 하나였을 것이다. 그러나 후기 산업사회를 경험하는 사회 구성원들처럼 몸무게 이야기를 삶의 중요한 부분으로 받아들이는 사람들은 드물 것이다. 후기 산업사회의 구성원들은 공통적으로 몸무게, 정확히는 체중 감량을 위한 식이요법, 즉 다이어트 및 운동요법과 관련된 이야기를 일상의 일부로 받아들인다. 신문과 방송 매체에서는 하루도 거르지 않고 이와 관련된 이야기를 쏟아낸다. 이러한 이야기는 단지 이야기로 입에서 입을 통해 떠도는 것뿐만 아니라 이야기를 하는 사람들의 행동에 영향을 미친다. 사람들은 단지 이야기를 할 뿐 아니라 이야기로 자신의 행동을 통제하고 다른 사람의 행동을 통제한다. 이야기가 담론이 되는 순간이다. 후기 산업사회가 아닌 사회에서도 담론은 존재하고 행동을 통제한다. 예컨대 귀신이야기 등은 밤에 혼자 나다니는 위험을 피하도록 한다. 그러나 후기 산업사회에서 담론이 중요한 이유는 담론이 지식과 결합하여 매스미디어를 통해 유통될 때 사람의 행동에 미치는 영향력의 크기 때문이다. 지식을 내용으로 하는 담론들이 특정한 행동 규범을 지지할 때 사회 구성원들이 받는 행동의 통제는 법에 준할 때도 있다.

지식은 독점된다는 점에서 담론과는 다르다. 지식을 생산하고 유통시키고 지식에 권위를 부여하여 행동을 통제하는 권력이 되게 하는 특정한 시스템이 독점된다는 의미다. 담론도 지식과 마찬가지로 행동에 영향을 미치지만 지식이 갖는 권위는 없다. 단, 담론이 지식과 결합하면 지식의 권위와 담론의 일상에서의 침투력을 동시에 갖게 되어 일상의 행동을 통제하는 데 유용하다. 몸무게를 '정상 체중', '비정상 체중'으로 나누고 '비만'(obesity)이라는 질병으로 진단하는 의학적 지식이 단지 병원에서 환자를 돌보는 데만 사용된다면 몸무게와 관련되어 전체 사회 구성원이 지금과 같이 행동을 통제받는 일은 일어나지 않았을 것이다.

지식이 담론과 결합하여, 정확히 말하면 담론의 형식으로 일상의 이야기에 섞여 들어가면서 그 지식은 전체 사회 구성원에게 행동 통제의 영향력을 발휘하기 시작하였다. '뚱뚱하다', '말랐다' 정도로 이야기되던 몸무게에 관한 담론이 몸무게에 관한 '정상'과 '비정상'에 관한 지식을 병원의 울타리를 넘어 일상의 수다에 실어 나르기 시작하였다. 자신의 몸무게가 삶에 전혀 중요하지 않은 사람들조차 몸무게를 늘리고 줄이는 데 연관이 있다고 말해지는 행동들을 할 때에는 담론을 의식하면서 행동하게 되었다.

제6장
세 가지 유형

앞에서 언급한 바와 같이, 선진(先秦) 철학자들은 각기 초점은 달랐지만 '어떻게 행동할 것인가'라는 한 가지 문제의식을 공유하고 있었다. 이들은 '어떻게 살 것인가'라는 윤리학의 근본 질문을 '어떻게 행동할 것인가'라는 질문으로 해석하였다. '어떻게 행동할 것인가'라는 공통의 질문은 행동을 통해서 '좋은 사람'이 될 수 있다는 공통의 믿음에 기초한다. '어떻게 행동할 것인가'라는 질문을 가지고, 선진(先秦) 철학의 주요 텍스트들을 살펴보면 세 가지 방향성이 포착된다. 다시 말해서, '좋은 사람'으로 가는 세 가지 갈래 길이다. 행동을 통한 자기 형성에 세 가지 서로 다른 접근을 대표하는 텍스트로 나는 『순자』(荀子), 『묵자』(墨子), 『도덕경』(道德經), 『장자』(莊子)를 택했다.

선진(先秦) 철학의 텍스트들은 현대의 저작물처럼 누군지 알 수 있는 저자 혹은 저자들에 의해 정해진 시간에 쓰인 완결된 저작물이 아니다. 현대의 저작물들은 저자에게 저작물에 대한 책임을 요구한다. 책임감이라는 무거운 의무를 지는 대가로 저자들은 저작물에 대한 권리를 자신의 다른 소유물에 대한 권리와 동일하게 배타적으로 소유한다. 다른 사람은 저작물에 대해 첨삭을 가하거나 자신의 저작물의 일부로 가져갈 수 없다. 반면, '그 최초의 생각이 누구로부터 왔는가'에 대한 논의를 접어두고 선진(先秦) 철학의 텍스트 자체만을 놓고 보면, 이들 텍스트들은 오랜 세월 여러 사람들의 다툼, 경쟁, 그리고 협력에 의해 형성된 결과물이다.[14]

나는 논의의 편의상, 그리고 학문의 관례상, 위에 열거한 고대 중국철학의 텍스트를 순자, 묵자, 노자(老子), 장자라고 불리는 인물에 의한 단일 저작으로 간주한다. 다시 한 번 강조하지만, 이는 순전히 논의의 편의를 위한 장치다. 선진(先秦) 철학의 텍스트들이 오랜 시간 복수의 작자들에 의해 만들어진 공동 저작물이라는 점은 이미 두루 논의되었다. 복수의 작자들에 의해 만들어진 텍스트라서 동일한 텍스트 안에도 논리적으로 서로 모순된 생각들이 존재하며 한 가지 생각에 대한 명확하고 충분한 설명이 결여된 경우도 적지 않다. 더욱이 이들이 역사적으로 실존한 인물인가 아닌가 역시 여전히 논란거리다. 그러나 이러한 사실을 알고 있으면서 지난 이천오백 년간 동아시아의 학자들이 이들 텍스트들을 순자, 묵자, 노자, 장자의 철학에 '정통한' 제자들이 '책임감'을 가지고 기록한 저작물인 양 간주한 까닭이 있다. 공자, 맹자의 철학을 '신학'(神

14 브라이언 반 노든(Bryan Van Norden)은 단지 선진 철학의 텍스트뿐만이 아니라 동시대인에 의해 저술된 텍스트가 아닌 역사적 텍스트를 연구할 때 텍스트의 완결성 및 논증의 일관성의 문제에 부딪히게 되고, 이 때문에 해석의 어려움이 뒤따른다고 보았다. 그는 플라톤, 흄, 칸트 등을 연구할 때에도 현대에 쓰지 않는 단어, 알 수 없는 전제 등에 직면하여 해석상의 어려움을 겪지만 아무도 그들이 철학자로서 부적합하다고 생각하지 않는다고 말한다. 따라서 선진 철학의 텍스트를 대할 때, 논증, 타당성 혹은 일관성에 대하여 서양 철학의 텍스트를 연구할 때보다 더 높은 기준을 적용하여 섣불리 판단하는 오류를 범해서는 안 된다고 지적한다(Van Norden, 2007: 14).

學)으로 승격시킨 학자들을 제외하고도 현대의 연구자들을 포함한 학자들이 '단일 철학자의 일관된 생각'이라고 간주하는 이유를 나는 이들 텍스트의 완결성을 가정함으로써 동아시아 철학의 방법론적 측면에서 발생하는 이익 때문이라고 생각한다. 다시 말해서, 동서양 철학을 막론하고 철학의 전유물인 개념화와 개념의 연결을 통한 논리의 전개를 위해 동아시아 철학의 근간을 제공하는 선진(先秦) 철학의 텍스트들은 각각 하나의 일관되고 완결된 생각의 덩어리로 간주될 필요가 있다. 나 역시 그러한 전통을 따른다.

더욱이, 이 책의 논점은 선진(先秦) 철학의 대표 텍스트 분석을 통한 텍스트 이해가 아니라 선진(先秦) 철학의 대표 개념 분석을 통한 도-덕 모델의 구성이다. 『순자』(荀子), 『묵자』(墨子), 『도덕경』(道德經), 『장자』(莊子)를 면밀히 분석하여 철학 텍스트로서의 완결성을 증명함으로써 소위 '순자 철학', '묵자 철학', '노자 철학', '장자 철학'을 공공연하게 하려는 시도가 아니다. 이들 텍스트에 담긴 생각들이 형성되기 시작한 시기라고 추정되는 춘추전국시대에 이들 '사상가'들의 '사상'이 어떤 모습이었으며 동아시아 사상사에서 그 사상이 어떤 의의를 지니는가에 대하여 연구하는 역사적 접근도 아니다. 동아시아 철학의 모태인 선진(先秦) 철학으로부터 파생된 개념들을 재해석하여, 이 재해석된 개념들을 가지고 '어떻게 살 것인가'라는 윤리학의 질문을 처리하는 도구를 구성하는 작업이다. 이러한 목적을 위해 앞서 말했듯, 텍스트의 완결성을 가정할 필요는 있다. 예컨대, 『순자』(荀子)는 여러 철학이 뒤섞인 텍스트지만 순자(荀子)라고 불리는 철학자를 대표하는 예(禮) 개념이 텍스트 안에서는 일관성을 갖는다고 가정한다. 이렇게 가정하지 않으면 순자의 예 개념을 재해석하여 이를 토대로 윤리 모델을 구성하는 작업은 어렵다.

왜 이러한 무리수를 두면서까지 윤리 모델을 구성하려고 하는지 물을 수 있다. 이에 대한 답은 '실용'이다. 개인이 '어떻게 살 것인가'라는 고민을 처리하는 프로세서로 그 윤리 모델을 사용하려는 것이다. 그 개인은 동아시아인이든 비동아시아인이든, 과거 사람이든 현대인이든 상관없이 '어떻게 살 것인가'라는 고민을 하는 개인이다. 이때 철학은 문제를 해결하는 실용학문이다.

다시 논의로 돌아가서, '어떻게 행동할 것인가'라는 질문에 대해서는 서로 다른 세 가지 방향성이 제시될 수 있으며, 이는 도-덕 모델에서 도(道)의 세 가지 방향에 해당한다. 도(道)에 대한 세 가지 방향은 명(名)에 대한 서로 다른 세 가지 관점으로부터 도출되었다. 결론부터 말하면, 이 세 방향은 복종, 거부, 회의다. 개인은 '어떻게 행동할 것인가'라는 질문에 대해 명(名)에 대한 복종, 명(名)에 대한 거부, 명(名)에 대한 회의로 대답할 수 있다. 물론, 그 대답은 행동으로 구체화된다. 다시 말해서, 개인은 명(名)에 대한 복종으로 구체적인 행동의 방법, 즉 도(道)를 구성하거나, 명(名)에 대한 거부로 도를 구성하거나, 명(名)에 대한 회의로 도를 구성한다.

앞서 설명한 바와 같이, 명(名) 곧 이름은 사회적 규약이다. 개인이 마음대로 바꿀 수 없다. 고대 그리스의 철학자 디오게네스는 무소유(無所有)를 통해 자유를 실천한 쾌락주의 철학자로 알려져 있다. 알렉산더대왕이 그의 명성을 듣고 찾아와서 원하는 것을 말하라고 했을 때 '당신이 햇볕을 가리고 있으니 비켜달라'고 한 일화가 유명하다. 그가 최후에 소유했던 것이 물컵이었는데 어느 날 손으로도 물을 떠 마실 수 있음을 알고 물컵을 버렸다고 한다. 그는 물컵을 버릴 수는 있다. 그러나 물컵의 이름을 바꿀 수는 없다. 물컵은 물컵이라고 이름 붙은 이상, 물을 떠 마시는 행동을 지시하고 있다. 물컵이라는 이름은 물을 마시는 행동으로 사람을 인도하고 있다. 물론, 물컵을 쌀통의 쌀을 푸는 계량컵 혹은 칫솔을 꽂아두는 칫솔꽂이 등으로 사용할 수 있다. 이때에는 '물컵'이 개명(改名)한 것이다. 물컵으로 보이는 물건이 쌀통에 들어가 있으면 그 이름은 '계량컵' 혹은 '쌀 푸는 컵'이 된다. 칫솔이 꽂혀 있으면 '칫솔꽂이'다. 혼자 사는 집이면 집주인인 '개인'이 마음대로 이름을 바꿀 수 있다고 생각할 수도 있다. 그렇다. '물컵'이라는 이름과 가격이 입력된 바코드를 붙이고 있던 물건을 구매하여 쌀통에 넣음으로써 '개인'은 '계량컵' 혹은 '쌀 푸는 컵'으로 그 물건의 이름을 마음대로 바꿨다. 그러나 그 개명을 위한 행동이 사회적 규약이다. 즉 개인이 사회적 규약에 따라 개명 절차를 밟은 결과, '물컵'이 '계량컵' 혹은 '쌀 푸는 컵' 혹은 '칫솔꽂이'가 된 것이다. 친구가 그 집에 놀러왔을 때를 생각해보자. 친구가 물 마실 컵을 찾다가 컵으로 보이는 모든 물건이 개수대에 들어가 있음을 알게 된다. 물컵을 찾아 헤매는 친구의 눈길은 한쪽에 놓인 쌀부대 위에 오뚝 올라앉은 물건도 스치고 지나갔다. 그러나 그 물건을 집어서 물을 마시는 사람은 극히 드물 것이다. 그 물건이 거친 개명 절차는 그 집에 처음 방문한 친구도 알고 있다. 사회적 규약이기 때문이다.

명(名), 곧 이름이 사회적 규약이라면 명(名)은 앞에서 언급한 바와 같이 곧 권력의 문제가 된다. '행동을 특정 방향으로 이끄는 명(名)을 누가 어떻게 정하는가'가 문제가 될 것이고 이는 곧 권력의 문제가 된다. 혼자 사는 집이면 집주인인 '개인'이 마음대로 이름을 바꿀 수 있다고 생각할 수도 있다. 그렇다. 마음대로 이름을 바꿨다. '물컵'이라는 이름과 가격이 입력된 바코드를 붙이고 있던 물건을 구매하여 쌀통에 넣음으로써 '쌀 푸는 컵'으로 그 물건의 이름을 바꿨다. 어머니가 놀러오셨다. 밥을 지으려다가 쌀부대 위에 오뚝 올라앉은 물건에 눈이 갔다. '쌀 푸는 컵'으로 쓰기에는 너무 좋아 보였다. 어머니는 '쌀 푸는 컵'을 씻어서 '물컵' 옆에 두고, 대신에 밥공기 하나를 쌀부대에 넣어두었다. 어머니가 가신 후 집주인은 쌀부대에서 자신이 모르는 사이에 '쌀 푸는 컵'으로 개명된 '밥공기'를 발견하고는 다시 밥공기를 원래 자리에 돌려놓고 전의 '물컵'을 다시 쌀부대에 넣어두었다. 집주인은 어머니와 몇 차례 이 일을 반복하다가 어느 날 어머니와 언쟁을 벌이게 된다. 언쟁은 '어떤 물건이 쌀을 푸기에 적합한가' 혹은 '무엇이 쌀 푸는 것인가'라는 명(名)의 문제를 거치지도 않고 곧바로 '내 집에서 내 맘대로도 못 살아?'와 '너 엄마에게 대드니?'라는 권력의 문제로 직행한다. 이름의 문제가 권력의 문제임을 일상에서 확인하는 예는 무수히 많다.

선진(先秦) 철학 텍스트가 자신을 포함한 사람들의 행동을 인도하기 위한 일종의 필드매뉴얼 혹은 가이드북이라고 할 때, 도(道)의 세 가지 방향을 행동 지침으로 바꾸면 '그 길을 따라 가라'(Follow the way), '그 길을 따르면 안 된다'(Do not follow the way), '길을 따라 가라'(Follow a way)가 된다. 정언명령의 형식을 띤 이 세 가지 행동 지침은 가이드북의 골자가 된다. 기계의 사용설명서, 업무 요령, 여행 가이드북 등과 같이 가이드북의 역할은 방법 찾기, 길 찾기다. '그 길'과 '길'의 차이는 '유일한 길의 존재를 믿는가, 안 믿는가'의 여부다. 어떤 일을 하는 데, 혹은 어떤 곳을 찾는 데 가장 좋은 방법 혹은 길이 존재한다고 믿는 경우, '그 길'을 따라야만 한다는 전제 하에 쓰인 가이드북이 '그 길을 따라 가라'류의 가이드북이다. 가장 좋은 길이라는 것이 있기는 하지만 '그 길로 가면 오히려 목적지에 이르지 못 한다'는 역설적인 기조 하에 쓰인 가이드북이 있다. '그 길을 따르면 안 된다'류다. 가장 좋은 길이 있을 수도 있고 없을 수도 있고, 가장 좋은 길이라고 믿고 따르지만 그 길을 따라 간 결과, 가장 좋은 길이었을 수도 있고 아닐 수도 있다. 더군다나 따라 가본 결과, 목적지에 이르긴 했는데, 다른 길을 갔더라면 더 좋았을 수도 있지 않을까라는 생각을 완전히 접을 수도 없다는 전제 하에 쓰인 가이드북이 가장 좋은 길인지 어떤지는 모르겠지만 일단 이 '길을 따라 가라'류의 가이드북이다.

도(道), 명(名)과 연결하면, 가이드북의 종류는 크게 세 가지로 나눌 수 있는데, 각각 순서대로 명(名)에 대한 복종, 명(名)에 대한 거부, 명(名)에 대한 회의다. 도(道)를 동사적으로 해석하여 '길을 따르다'라고 한다면, 명(名)은 '그'에 해당한다. '그 길', 다시 말해서 사회적 규약인 '이름'이 가리키는 가장 좋은 길의 존재를 인정하고 '그 가장 좋은 길'을 따를 것인가, 거부할 것인가, 혹은 '그 가장 좋은 길'의 존재를 의심할 것인가의 여부가 '어떻게 살 것인가'에 대한 선진(先秦) 철학의 세 가지 갈래를 낳았다.

1. 『장자: 내편(內篇)』「소요유」(逍遙遊)의 예

나는 세 가지 가이드북의 분류, 즉 '명(名)에 대한 복종', '명(名)에 대한 거부', '명(名)에 대한 회의'를 설명하기 위한 예로 『장자』의 맨 처음에 나오는 붕새의 이야기를 골랐다. 하나의 목표를 향한 세 가지 길을 하나의 이야기에 대한 세 가지 해석으로 설명하려고 한다. 『장자』의 첫 편인 「소요유」에 나오는 이 우화(寓話)는 지금까지도 가장 널리 회자되고 인용되는 이야기다. 이야기는 이렇다.

> 북쪽 큰 바다에 물고기가 있는데 이름이 곤(鯤)이다. 곤의 크기는 몇 천 리나 되는지 모른다. 그것이 변하여 새가 되었는데 그 이름이 붕(鵬)이다. 붕의 등은 몇 천 리나 되는지 모른다. 떨치고 날아오르면 그 날개가 마치

하늘에 드리운 구름 같다. 이렇게 새는 바다가 움직이면 곧 남쪽 큰 바다로 가려고 한다. [……] 매미와 비둘기가 웃으며 말한다. '내가 풀쩍 뛰어 느릅나무, 박달나무로 날아가지만, 이르지 못해서 땅에 떨어져버릴 때도 있다. 어째서 구만리 남쪽으로 가려고 하는가?' [근교] 풀밭에 간다면 [준비해 간] 세 끼 밥만 먹고 돌아 와도 [아직] 배가 꺼지지 않지만, [멀리] 백 리를 간다면 밤새 [가지고 갈] 양식을 방아 찧어야 하고, 천 리를 간다면 석 달 치 식량을 마련해야 하니 두 벌레가 무엇을 알겠는가! [……]

[은 왕조의 첫 번째 왕인] 탕(湯)이 [스승인] 극(棘)에게 물은 것이 이것이다. 풀도 나지 않는 북쪽에 깊은 바다가 있는데 천지(天池)다. 물고기가 있는데 그 넓이가 수천 리이고 길이도 알려져 있지 않은데 그 이름을 곤(鯤)이라고 한다. 새가 있는데 그 이름을 붕(鵬)이라고 한다. 등은 태산 같고 날개는 하늘에 드리운 구름 같다. 양의 뿔처럼 요동치며 올라 구만리 구름을 뚫고 푸른 하늘을 등진 후에 남쪽을 향하여 남쪽 깊은 바다로 간다. 참새가 웃으며 말한다. '저것은 어디로 가는 거지? 나는 폴짝 올라도 몇 길 못 오르고 내려와서 쑥밭 사이를 날지만 이것도 날기의 궁극(飛之至)인데 저것은 어디로 가는 거야?' 이것이 작음[小]과 큼[大]의 구별이다.

이 글을 여러 관점에서 해석할 수 있는 여지는 작음과 큼으로 대별되는 두 주인공인 붕새(혹은 곤)와 참새(혹은 매미, 비둘기)에 대한 해석에서 발생한다. 설명이 쉽도록, 논의와 직접 연결되지 않는 부분을 생략하고 두 문단으로 나누었다. 앞 문단과 뒤 문단에서는 먼저 곤과 붕의 장대함에 대한 묘사가 나오고, 그 뒤에 매미와 비둘기, 참새로 대표되는 작은 날짐승들이 웃으며 자신과 붕새를 비교하는 말, 끝으로 화자(話者)의 평가가 나온다. 두 문단이 비슷한 형식으로 구성되어 있다. 위의 인용문에 한정해서 해석하면, 뒤 문단에서 말하는 작음과 큼의 구별, 그리고 앞 문단에서 '두 벌레가 무엇을 알겠는가!'라고 하는 말이 논의의 핵심이 된다. 이 글의 화자는 매미와 비둘기를 벌레라고 비하하면서 붕새의 경지를 알 수도 없는 자신들의 처지를 자각하지 못하고 붕새를 비웃는 매미와 비둘기에 대하여 한탄하고 있다. 작음과 큼을 구별하면서, 작음을 큼에 견주어 좋지 않게 보고 있다. 그러나 『장자』라는 텍스트 전체의 맥락에서 이 글을 읽으면 해석은 달라진다. 텍스트의 다른 글들과 동일한 관점을 견지하고 있다고 전제하면, 작음과 큼의 구별은 있을지언정 어느 한쪽을 더 좋은 것으로 보지는 않는다는 해석이 더 낫다. 이렇듯 이 글은 여러 관점에서 해석이 가능하며 또 그렇게 해석되어왔다. 이러한 전통을 따라서 나 역시 이 글을 세 가지 서로 다른 관점에서 해석해보기로 한다.

'그 길을 따라 가라'는 행동 지침에 따라 쓰인 가이드북으로서 위의 인용문을 읽으면 '그 가장 좋은 길'은 붕새의 길이 된다. 참새, 매미, 비둘기를 비하함으로써 그들이 가는 작은 길을 낮추어 보고 있다. 논의를 단순화하면, 길은 작음과 큼으로 구별되어 있는데 좋은 길은 큰 길이다. '그 길을 따라 가라'는 행동 지침은 '어떻게 행동할 것인가'라는 질문에 대한 답이며 '어떻게 살 것인가'라는 윤리학으로 연결된다. 가장 좋은 길인 붕새의 길을 따라가는 삶이란 어떤 삶인가. 큰 길을 따르는 삶이다. 큰 것을 지향하는 삶이다. 몸의 크기 때문에 큰 곳이 아니면 머물 수 없으며 날개가 커서 한 번 날면 끝에서 끝으로 움직여야 한다. 작은 길을 따르는 사람들의 비웃음을 살지라도. 붕새의 길을 따르는 삶이란 그 길을 가장 좋은 길로 여겨 따르는 삶을 뜻한다. '그 길을 따라 가라'는 행동 지침에 따라 쓰인 가이드북에 의지하여 자신의 행동 매뉴얼, 곧 '디스코스 도'를 구성한 사람들은 자신이 선택한 길이 '가장 좋은 길'이라는 신념을 갖기 쉽다. 이러한 신념을 갖게 되면 자신과 다른 길을 선택한 사람들, 자신과 다른 삶의 방식으로 살고 있는 사람들은 자신보다 좋지 못한 길을 선택했다고 생각하기 쉽다. '참새가 어찌 붕새의 뜻을 알리오' 라고 하며.

'그 길을 따르면 안 된다'는 행동 지침에 따라 쓰인 가이드북으로써 위의 인용문을 읽으면 '그 가장 좋은 길인 붕새의 길을 따르면 안 된다'는 것으로 해석된다. 언뜻 보면 역설적인 '그 길을 따르면 안 된다'는 행동 지침은 간단하다. 한마디로 황새가 뱁새 따라가다 가랑이 찢어진다는 말이다. '그 가장 좋은 길'은 존재한다. 그 가장 좋은 길이 붕새의 길이다. 그러나 붕새의 길이 가장 좋은 길인 것은 붕새이기 때문이다. '그 길이 목적지에 도달하는 가장 좋은 길인 것은 맞지만 내가 그 길을 선택하면 붕새가 아닌 이상 목적지에 도착할 수 없다'는 논리다. 붕새는 위의 인용문에서 제시된 바만 보더라도 매우 특이한 새다. 매미, 비둘기, 참새의 평범함과는 다르다. 붕새처럼 몸도 날개도 크지 않은 날짐승이 붕새의 날갯짓을 한다고 해서 붕새처럼 북쪽 바다에서 남쪽 바다로 날아갈 수 없다. 푸른 하늘을 등지는 높이까지 날아올라 북쪽 바다에서 남쪽 바다로 날아가는 삶은 좋은 삶이다. 그러나 매미와 비둘기, '두벌레'는 그러한 경지를 알 수조차 없다. 알 수조차 없는 경지를 어떻게 실천하겠는가. '그 길을 따르면 안 된다'는 행동 지침에 따라 쓰인 가이드북은 붕새처럼 특별한 사람의 행동을 본받아서 자신의 행동 방식을 구성할 때 발생하는 위험에 대한 경고장이다. 가이드북을 읽는 사람이 붕새인지 아닌지는 모른다. 그러나 붕새처럼 특별한 사람이 희소함에도 불구하고 붕새의 길이 '가장 좋은 길'임은 분명하기 때문에 붕새의 길을 따르고자 하는 사람은 많을 수 있다. '그 길을 따르면 안 된다'는 행동 지침에 따라 쓰인 가이드북은 매번 길을 선택할 때 '가장 좋은 길'로 제시되는 '붕새의 길'을 거부하라고 말한다. '붕새의 길'이 가장 좋은 길임을 알면서도 거부한다면 어떤 길을 선택해야 할까? '가장 좋은 길'을 거부해야만 자신에게 좋은 길이 보인다. 붕새에게 맞추어 제시된 '날기의 궁극'을 거부해야만 비로소 자신에게 맞는 '날기'가 보인다. 요컨대, '그 길을 따르면 안 된다'는 행동 지침의 핵심은 '그 길'에 현혹되지 않아야만 길이 보인다는 것이다.

'길을 따라 가라'는 행동 지침에 따라 쓰인 가이드북으로써 위의 인용문을 읽으면, 붕새 이야기는 '앞에 펼쳐진 길이 가장 좋은 길인지 아닌지 알 수도 없고 심지어는 가장 좋은 길이 아닐지도 모르지만, 그러나 일단 길을 따라 가라'는 인도의 말로 읽힌다. 읽는 사람은 붕새, 매미, 비둘기, 참새 그 누구에게 자신을 대입해도 된다. '길을 따라 가라'는 행동 지침으로 위 인용문을 읽을 때 중요한 대목은 앞 문단과 뒤 문단에서 따옴표 안에 든 말이다. 말의 내용이 아니라 말을 했다는 점이 중요하다. 매미와 비둘기, 참새는 붕새가 자신들처럼 날지 않는다는 사실을 안다. 그 사실을 작음과 큼의 '차이'라고 충분히 인지하고 있다. 붕새에 대한 말이 그 인지의 증거다. 그들은 말할 뿐만 아니라 웃는다. 이 웃음이 붕새에 대한 비웃음이든 아니든, 자조의 표현이든 아니든 웃음은 어떤 감정의 표현이다. 즉 그들이 붕새에 대해 말할 때 감정이 섞여 있다는 것이다. 그 감정이 무엇이든 적어도 그 감정은 자기 확신은 아니다. 그 웃음이 비웃음이라고 할지라도 자기 확신에 차 있다면 비웃지 않는다. 오히려 견고한 자기 확신이 없기 때문에 비웃게 된다. 그들은 감정 섞인 말로 붕새와 자신들을 '비교'하고 있다. 그들은 의심하고 있다. 참새는 쑥밭 사이를 나는 자신의 날기가 '날기의 궁극'이라고 만족하면서도 한편으로 의구심이 드는 것이다. 자신의 날기가 날기의 궁극이 아니지 않을까? 붕새의 날기가 혹시 날기의 궁극이 아닐까? 그러나 의구심이 든다고 해서 곧 자신의 나는 법을 포기하고 붕새의 나는 법을 따라하지는 않는다. 참새는 여전히 쑥대 사이를 난다. 그래도 하늘을 나는 붕새를 볼 때마다 여전히 '붕새의 길이 더 좋은 길이 아닐까' 하는 생각을 떨쳐버릴 수는 없다. 참새는 쑥대 사이를 나는 '길을 따른다.' 자신이 따라가는 길이 가장 좋은 길이 아닐 수도 있다는 생각을 하며. 붕새 역시 마찬가지다. 자신이 날아가는 구만리 장천이 가장 좋은 길이 아닐 수도 있다는 생각을 하며. 그런데 여기가 끝이 아닐 수도 있다. 참새는 지금은 붕새처럼 구만리 장천을 날 수 없다. 그러나 참새에게 '길을 따라 가라'는 행동 지침은 붕새처럼 날면 안 된다는 금지이거나 영원히 붕새처럼 날 수 없다는 불가능의 선언은 아니다. 참새가 붕새의 나는 법을 본받아도 된다. 왜 안 되겠는가. 그러던 어느 날 쑥대 사이가 아니라 박달나무 꼭대기를 날아다닐 수 있을지도 모른다. 붕새의 나는 법을 본떠 박달나무 꼭대기를 날아다니던 참새의 자손들이 진화를 거듭하여 어느 날 붕새처럼 구만리 장천을 날 가능성은 열려 있다. 붕새에게도 마찬가지다. 의심을 가지고 가능성을 열어둔 채 '길을 따라 가라.'

위의 세 가지 행동 지침 이외에도 위 인용문에서 읽을 수 있는 행동 지침은 더 있다. 앞서 말했듯, 위 인용문을 여러 관점에서 해석할 수 있는 여지는 작음과 큼으로 대별되는 두 주인공인 붕새(혹은 곤)와 참새(혹은 매미, 비둘기)에 대한 해석에서 발생한다. 위의 세 가지 해석과는 다른 한 가지 해석은 이렇다. 첫 번째 해석과 같이 '그 길을 따라 가라'인데, '그 길'에 대한 해석이 다르다. 그 해석은 다음과 같다. 작음과 큼이 존재한다. 붕새가 매미, 비둘기, 참새가 될 수 없고 그 역도 불가능하다. 작음에는 작음에 맞는 '그 길', 즉 '가장 좋은 길'이 있고 큼에는 큼에 맞는 '그 길', 즉 '가장 좋은 길'이 있다. '가장 좋은 길'은 붕새가 큰 날짐승의 길을 가고, 매미, 비둘기, 참새는 작은 날짐승의 길을 가는 것이다.

이렇게 보는 시각은 선진(先秦) 철학의 두 가지 관점과 연결된다.

하나는 분수론(分數論)이고 다른 하나는 상대론(相對論)이다. 분수론은 한마디로 말해서 개인의 분수는 정해져 있고 그 분수에 따라서 사는 것이 가장 좋은 삶이라는 시각이다. 붕새와 참새는 분수가 다르고 길이 다르다. 분수는 '나눈다'는 뜻이다. 나뉘는데 수로 나뉜다. 붕새는 붕새에게 주어진 분수가 있다. 위의 인용문에서 보면 '등이 몇 천 리'이고, '등은 태산 같고 날개는 하늘에 드리운 구름'과 같다고 하는 신체조건이 그에 해당한다. 따라서 그 분수에 맞는 실천, '양의 뿔처럼 요동치며 올라 구만리 구름을 뚫고 푸른 하늘을 등진 후에 남쪽을 향하여 남쪽 깊은 바다로 간다'는 것이 분수에 맞는 삶이다. 작은 날짐승은 작은 몸과 작은 날개로 '몇 길'을 날아오르는 것이 분수에 맞는 삶이다. 붕새와 참새는 나뉜다. '구만리'와 '몇 길'로 나뉜다. 이렇게 나뉘어 사는 삶이 좋은 삶이다. 다른 하나는 상대론(相對論)인데 작음과 큼의 구별은 있지만 어느 것이 다른 한쪽보다 낫거나 못하지 않다는 관점이다. 붕새나 참새나 '날기의 궁극'(飛之至)은 같다는 관점이다. 『장자』라는 텍스트를 불가지론이나 회의론이 아닌 상대론에 무게를 두어 해석하면, 붕새 이야기의 주제는 큼과 작음은 구별되지만 큼이 작음보다 낫거나 그 반대도 아니라는 것이다.

또 다른 해석 하나는 통상적인 의미의 '무위자연'(無爲自然), 즉 '자연스럽게 일어나는 행위'(spontaneous action)로 보는 것이다. 간단히 말해서, 세 번째 해석과 같이 '길을 따라 가라'는 것인데, 의심을 품지 말고 그저 발길 가는 대로 가라는 것이다. 그러면 그 길이 가장 좋은 길이다. 붕새는 붕새대로 '자연스러운' 길을 따라 가면 되고 참새는 참새대로 '자연스러운' 길을 따라 가면 그것이 좋은 길이다. '발길 가는 대로 가라'는 것은 DNA 유전 정보와 같은 본성에 따라 행동하라는 것일 수도 있고, 그 상황에서 자신의 의식, 무의식이 총체적으로 작용하는 직관에 의지하라는 것일 수도 있다. 그런데 나는 '무위자연'을 '발길 가는 대로 가라'라고 해석하지 않는다. 뒤에 자세히 말하겠지만, 나는 두 번째 해석, '그 길을 따르면 안 된다'가 '무위'의 행동 지침이라고 생각한다. 주어진 '그 길'을 따르지 않기 위해서 저항하는 행동이 무위(無爲)다.

위의 세 번째 해석, '길을 따라 가라'가 단순히 '작음과 큼의 구별'이라는 상대론 혹은 '어디로 가도 마찬가지니 의심 품지 말고 그저 발길 가는 대로 가라'는 '무위자연'과 다르다고 강조하는 근거는 위 문단과 아래 문단을 떼어서 볼 수 있다는 발상에 있다. 위 문단과 아래 문단이 서로 상충하는 의미를 전달하는 별개의 글인데, 이 두 문단을 하나의 전체 속에 놓고 상충하는 의미를 통일하면 위의 세 번째 해석이 된다. 위 문단과 아래 문단의 의미는 다르다. 위 문단은 화자(話者)가 매미와 비둘기를 벌레라고 폄하하고 그들의 붕새에 대한 평가를 무지라고 일축하면서 붕새의 길을 좋은 길로 제시하고 있다. 아래 문단의 핵심은 화자(話者)가 말한 작음과 큼의 구별, 곧 상대론이다. 붕새가 나는 모양을 과장되게 표현하고, 이어서 참새의 자부심을 담담하게 덧붙여서 참새에 초점을 맞추고 있다. '그 길을 따라 가라'는 첫 번째 해석은 전체 글에서 위 문단 쪽에 초점을 둔 결과이며, 상대론적 해석은 앞 문단과 뒤 문단을 일종의 억양법으로 보고 뒤 문단, 특히 마지막 문장에 핵심이 있다고 본 결과다. 첫 번째 해석이 '작음과 큼의 구별이 있는데 큰 길이 좋은 길이다'라고 하는 것이라면, 상대론적 해석은 '붕새의 길이 좋은 길인데 그것을 모르면 무지한 벌레 취급을 받을 수도 있다. 그러나 그렇지 않다. 작음과 큼의 구별이 있을 뿐이다'라는 것이 된다.

'길을 따라 가라'는 세 번째 해석은 『장자』의 핵심 개념 중 하나인 의심(skepticism)과 관련하여, '변화'[化]에 무게를 둔 해석이다. 뒤에서 좀 더 자세히 말하겠지만, 변화의 가능성을 열어두기 때문에 『장자』의 의심이 의미를 갖는다. 일단, '붕새의 길이 가장 좋은 길이니 그 길을 따라 가라'고 하는 앞 문단의 의미와 '작음과 큼의 구별'이라고 하는 뒤 문단의 의미를 통일하면, '붕새의 길이 날기의 궁극일지도 모른다. 비록, 작은 날짐승은 이에 대하여 모르지만. 그런데 작은 날짐승의 길도 날기의 궁극일지 모른다'는 결론에 이른다. 우화(寓話)가 많이 등장하는 『장자』 특유의 억양법과 시니시즘에 초점을 맞추면 상대론적 관점으로 수렴되는 경우가 많다. 나는 가급적 억양법과 시니시즘을 배제하고 『장자』를 진지한 어조로 읽으려고 한다.

'그 길을 따라 가라', '그 길을 따르면 안 된다', '길을 따라 가라' 이외에도 소위 분수론, 상대론, 무위자연의 관점에서 위 인용문을 해석할 수도 있다. 그 외의 다른 해석도 물론 가능하다. 그러나 논점은 붕새 이야기의 다양한 해석을 살펴보는 일이 아니다. '어떻게 행동할 것인가'라는 공통의 고민에 대해 선진(先秦) 철학자들이 내놓은 서로 다른 고민의 초점을 알아보는 것이 논점이다. 그 서로 다른 초점은 크게 세 방향으로 갈리는데, 그 세 방향에 대한 예시가 '그 길을 따라 가라', '그 길을 따르면 안 된다', '길을 따라 가라'의 세 가지 서로 다른 행동 지침이다. 길을 도(道)로 바꾸고, '그'를 명(名)으로 바꾸면, 행동 지침, 다시 말해서 도를 구성하는 방식은 순서대로 '명(名)에 대한 복종', '명(名)에 대한 거부', '명(名)에 대한 회의'라고 할 수 있다.

선진(先秦) 철학자들의 이러한 견해 차이는 앞서 말했듯이 도와 덕에 관한 견해 차이에서 비롯된다. '어떻게 행동할 것인가'라는 질문에 대한 서로 다른 세 가지 방향성을 대표하는 철학자는 순자(荀子), 묵자(墨子), 노자(老子), 장자(莊子)다. 세 개의 방향성은 도와 덕에 관한 세 갈래의 견해라고 할 수 있으므로, 순자, 묵자, 노자, 장자의 차이를 도-덕 모델의 차이로 설명한다. 이제 각론으로 들어가 보자.

2. 방법[道]의 갈래들

도-덕 모델에서 명(名)은 외부로부터 주어지는 매뉴얼에 해당한다. 명은 '그 길'이다. 선진(先秦) 철학의 텍스트에 한정하여 볼 때, '그 길'은 사회적, 역사적으로 형성되고 정당화된다. 간단히 말해서, 성인의 길이자 발자취다. 일반적인 개인이 올바른 추론의 과정을 통해 도출할 수 있는 길이 아니다. 명(名), 다시 말해서 이름의 자의성을 생각하면 이해할 수 있다. 의성어, 의태어처럼 이름을 들으면 그 이름이 지시하는 사물이 연상되는 것과 같은 이름-사물의 관계는 드물다. 의성어에서 유래한 이름, 예컨대 부엉이, 뻐꾸기 등은 이름붙이기의 특수한 경우다. 특정한 이름으로 불리게 된 계기는 있을지언정 그 최초의 계기로부터 이름은 역사적으로 너무 멀리 떠내려 왔다. 그러나 정당화 과정을 거쳤기 때문에 그 이름이 아닌 다른 이름으로 특정 사물을 지칭하면 의사소통이 되지 않는다.

선진(先秦) 철학은 이러한 이름, 명(名)을 기본으로 하여 이를 명령과 규칙, 법으로 확장하고 있다는 점에서 특징적이다. 앞서 말한 바와 같이 행동 인도에 이름이 중요한 역할을 담당한다는 점에서 이름과 법 사이의 연결고리를 찾을 수 있다. 따라서 행동을 규율함으로써 사회 질서를 만드는 예악전장제도(禮樂典章制度)에서 이름이 핵심을 차지하게 된다. 예악전장제도로 대표되는 행동 규범 및 사회 질서는 완전한 인간인 성인(聖人)에 의해 만들어졌다는 믿음에 의해 정당화되었다. 규범을 정당화하는 철학은 어떤 사회철학에서나 필수적인데, 홉스의 '자연법'과 같이 '이성을 가지고 합리적으로 사고하는 개인'에 기반을 둔 정당화 방식이 아니라 '성인'으로 대표되는 특수한 인간에 기반을 둔 정당화 방식이다. 선진철학에서는 이러한 성인이 만든 이름, 곧 명(名)이 국가의 법으로부터 일상의 소소한 규범에 이르기까지 다양하게 존재하여 개인의 행동을 인도하였다.

사회로부터 주어지는 매뉴얼을 바탕으로 개인이 자신의 행동을 위한 사전 지침으로 만든 것이 '디스코스 도'라고 할 수 있다. 일상을 관찰해보면, 사회로부터 주어지는 매뉴얼에 가능한 한 충실하게 행동하고 싶은 사람도 있고, 매뉴얼이라면 무조건 거부하고 싶은 사람도 있고, 일단 매뉴얼을 참조하기는 하지만 전적으로 신뢰하지는 않는 사람도 있다. 사회의 규칙에 대한 태도를 예로 들 수 있다. 위반하면 물리적 처벌이 따라오는 명시적 규칙보다 암묵적 관례에 대한 태도를 보면 그 차이가 더 잘 드러난다. 어떤 집단의 신입은 명시적 규칙의 경우에는 대개 선택의 여지없이 받아들여야 한다고 생각한다. 그러나 암묵적 관례는 다르다. 암묵적 관례 역시 위반할 경우 처벌이 따른다. 어떤 경우에는 명시적 규칙의 위반에 따른 처벌보다 가혹할 수도 있다. 그래서 신입은 가능한 한 관례를 어기고 싶어 하지 않는다. 혹은 '관례에도 규칙만큼 그 나름의 합리적인 이유가 있겠지'라고 생각해서 적극 수용하기도 한다. 그러나 '규칙도 아닌데 관례까지 지킬 필요는 없다. 나는 나만의 방식이 있다'고 생각해서 관례를 거부하는 사람도 있다. 그리고 관례를 따라가지 않을 이유가 딱히 없어서 관례를 따르기는 하지만 관례를 거부할 수 있다고 생각하는 사람도 있다.

앞서, 나는 사회로부터 주어지는 명에 대한 세 가지 태도를 선진(先秦) 철학의 텍스트로부터 추출하였다. 그 길을 따르라(Follow the way), 그 길을 따르지 말라(Do not follow the way), 길을 따르라(Follow a way). 위에서 예로 든 관례에 대한 태도를 포함하여 모든 규칙에 대한 태도를 '명에 대한 세 가지 태도'로 설명할 수 있다. 강조하지만, 규칙에 대한 태도가 이 세 가지로 모두 설명된다는 뜻은 아니다. 선진(先秦) 철학의 주요 텍스트에 나타난 주요 개념들을 '명에 대한 태도'라는 틀로 보았을 때, 이 세 가지가 가장 두드러진다는 표현이 오히려 적합하겠다.

간단히 요약하면, 명에 대한 복종은 『순자』와 『묵자』, 명에 대한 거부는 『노자』, 명에 대한 의심은 『장자』로 설명할 수 있다. 『순자』에서 가장 중요한 개념인 예(禮), 『묵자』의 겸애(兼愛)로 대표되는 평등사상은 명에 대한 복종을 약속할 때 가능하다. 흔히 노자 철학을 '무위'라고 말한다. 『노자』 혹은 『도덕경』이라고 불리는 텍스트의 가장 중요한 구절이 제1장, "도가도 비상도 명가명 비상명"(道可道 非常道 名可名 非常名)이라는 점에는 이견이 없을 것이다. 나는 "도가도 비상도 명가명 비상명"이 곧 '무위'(無爲)의 내용이라고 생각한다. 무위란 무엇을 하지 않는다는 것인가? 나는 '무위', 곧 '하지 않는다'는 말의 의미를 '도를 도라 하지 않고 명을 명이라 하지 않는다'라고 해석한다. 마지막으로, '장자 철학'을 대표하는 상대론이다. 나는 상대론을 '명에 대한 의심'으로 해석한다. 다시 말해서, 명이 상대적이라는 것이다.

3. 명에 대한 복종

1) 『순자』의 예(禮)

예를 명에 대한 복종이라고 볼 때, 명은 성인의 길이다. 지금의 상식으로 볼 때 이름은 많은 사람이 그렇게 부름으로써 굳어진 것이다. 다시 말해서 이름은 한 언어를 공유하는 집단[言衆]의 공동 창작물이다. 그런데 『순자』에서 이름은 성인이 명명한 것이다. 이때, 명은 지금의 개념으로는 법에 가깝다. 『순자』의 시대에 모든 사물의 이름을 몇몇 소수의 사람이 짓고 이를 유포한다는 것은 불가능하다. 소셜네트워크가 발달한 지금도 언어를 공유하는 집단에 널리 고르게 특정 이름을 유포한다는 것은 어렵다. 따라서 『순자』의 맥락에서 이름, 곧 명은 법과 관련된 사물의 이름 혹은 법 그 자체다.

『순자』에 무수히 반복되는 성인에 대한 예시는 성인의 방법이 무엇인가를 보여주고 이에 따라서 실천하도록 유도하는 일종의 모범 사례다. '예가 왜 명에 대한 복종인가'를 설명하는 것은 별 의미가 없다. 『순자』를 읽어보면 대개 알 수 있다. 여기서 생각해야 할 부분은 '『순자』에서 왜 명에 대한 복종을 가장 성공적이고 권할 만한 '그 길', 즉 '도'로 강조했을까'라는 점이다. 단적으로 말해서, 『순자』의 본성론, 즉 성악(性惡)과 관련이 있다. 인간의 본성은 악하다. 여기서 선(善)의 두 의미, 착함과 잘함을 떠올려보면, 선의 반대말인 악(惡)도 두 가지 의미로 해석할 수 있다. '악함과 잘 못함'이다. 물론, 성악을 '인간의 본성은 악하다'라고 해석하는 데 무리는 없다. 그러나 악(惡)에 '잘 못함'이라는 의미도 있다는 점을 특히 강조하는 이유는 해석을 풍부하게 하기 위함이다.

성악(性惡). 인간은 모자란 존재다. 부족하다. 그래서 잘 못한다. 한계가 있다. 따라서 인간 중에 성공적인 인간, 즉 성인을 본보기로 삼아서 그의 행동을 모방하는 것이 최선이다. 이렇게 생각하면 부담이 적다. 스스로 성찰하고 책임지는 부담이 적다는 것이다. 성찰할 필요가 없다는 뜻이 아니다. 오히려 늘 성찰한다. 그런데 성찰의 기준과 범위가 비교적 명확하다. 자신의 행동을 성인의 행동에 비추어보아야 한다. 따라서 성찰의 수준은 제한적이다. '행동을 잘 하고 있는가, 아닌가'만 성찰하면 된다. '이 행동이 과연 효과적인가? 더 나은 방법이 있지 않을까' 혹은 '이 행동을 왜 하는가?' 등의 메타 수준의 성찰을 할 필요가 없다. 그 질문에 대한 답은 성인이 감당해준다.

'내가 왜 이 행동을 하는가'와 같이 성찰하는 나를 성찰하는 것이 메타 수준의 성찰이다. 메타 수준의 성찰은 이름붙이기, 즉 명명(命名)을 위해 필요하다. 개인은 명명을 할 필요가 없다. 명명은 성인이 한다. 개인은 명을 따르면 된다. 개인은 모자라기 때문이다. 명을 잘[善] 따르는 것만으로도 충분히 훌륭하다. 『맹자』의 성선(性善)과 비교하면, 성선이란 '인간은 잘 하도록 구조화되어 있다'는 것이다. 성인의 마음[心]을 누구나 가지고 있으므로, 이 마음이 행동으로 발현되도록 하기만 하면 된다.

명에 대한 복종으로서 순자의 예를 해석할 때, 예의 실천은 두 가지로 집약된다. '이름을 바로잡음'[正名]과 '나눔'[分]이다. '예를 행한다'는 것은 먼저 이름을 바로잡고, 바로잡혀 올바르고 정당하게 된 그 이름에 맞게 나눈다는 뜻이다. 앞서, 명에 대한 복종은 '그 길'을 따르는 것이라고 했다. 주어진 상황에서 바른 길은 하나다. 주어진 상황에서 바른 행동을 지시하는 말도 하나다. 그 말을 바르게 하는 것이 예의 시작이다. 만약 주어진 상황에서 행동을 지시하는 말이 제각각이거나 혹은 올바르지 않다면 그에 따라 행동하는 복종은 유일한 옳은 길이 될 수 없다. 따라서 말을 바로잡는 것, 곧 정명(正名)이 중요하다. 주어진 상황에서 유일한 바른 행동을 지시하는 말은 성인의 말이다. 성인이 남긴 전범이다. 성인이 남긴 전범에 비추어 이름을 바로잡고, 그 바로잡힌 이름에 따라 행동하기 때문에 성인의 전범이 곧 예의 매뉴얼이 된다. 예를 '성인의 행동 규범'이라고 하는 이유가 여기에 있다.

2) 『묵자』의 겸애(兼愛)

『묵자』를 관통하는 핵심이 '같음', 즉 평등이라는 점에는 이견이 없다. 무엇이 같다는 것인가? 계급 평등? 『묵자』의 첫 편 「상현」(尙賢)에서는 이미 개인의 능력 차이를 인정하고, 오직 능력에 따라서 직능의 차이를 두어야 한다고 주장한다. 그런데 이에 따라 파생될 계급의 차이를 없앨 수 있다고 주장한다면, 이는 환상이거나 아니면 거대 폭력에 대한 예견 혹은 정당화다. 따라서 지금 시점에서, 『묵자』가 계급 평등을 핵심에 두고 있다고 해석하기는 어렵다. 그렇게 굳이 해석한다면, 『묵자』는 보편 철학을 담고 있다고 볼 수 없다. 나는 『묵자』에서 모든 인간에게 같다고 보았던 것은 '먹고 사는 권리'라고 생각한다. 한 사람도 빠짐없이 모두 먹고 살아야 한다. 이것이 '겸상리'(兼相利), 즉 모두에게 평등하게 이롭게 한다는 의미다. 겸상리는 겸애(兼愛)의 구체적인 방법이다.

『묵자』 철학에서 이름[名]은 '능력[能]－잘함[賢]－이롭게 함[利]'을 기준으로 삼아 붙여져야 한다. 이름이 '능력－잘함－이롭게 함'을 반영하지 않으면 이름을 바꿔야 한다. 공동체의 구성원은 능력(能)이라는 기준에 복종한다. 공동체 구성원 전원이 모두 같이 능력에 복종하는 것, 이것이 평등이다. 개인은 먹고 살 권리가 있다. 그런데 개개인의 능력이 다르다. 어떤 사람은 오래 달릴 수 있지만 어떤 사람은 10분도 어렵다. 또, 특정 개인도 출생부터 사망까지 생의 주기에 따라서도 능력은 다르다. 태어난 지 얼마 되지 않은 아기는 자신을 먹일 능력도 없지만 그의 엄마는 자신뿐만 아니라 자신의 자식을 먹일 능력을 갖추고 있다. 즉, 누구는 자기 혼자 먹고 살 능력도 없는데 누구는 여러 명을 먹여 살릴 수 있는 능력이 있다. 능력이 있는 사람이 현(賢)이다. 현은 자기뿐만 아니라 많은 다른 사람을 이롭게[利] 할 수 있다. 따라서 묵자는 오직 능력만으로 그의 직분을 결정해야 한다고 주장한다. 직분은 공동체 내의 역할을 규정한다. 능력 있는 현자(賢者)를 숭상할 것을 주장하는 것이 『묵자』「상현」(尙賢)편의 취지다. 현자에게 권력이 주어지고 중요한 역할이 할당되어야 한다. 그래야만 능력이 있는 개인이 능력이 없는 개인을 먹여 살릴 수 있다. 그렇지 않으면 능력이 있는 개인은 자기 자신만을 먹여 살리는 데 그 능력을 다 소비할 것이고 능력이 없는 개인은 굶어죽을 것이다. 능력의 차이를 인정하고 능력에 모두 차별 없이 평등하게 복종하는 것, 그 결과로 능력이 있는 사람이 다른 사람들을 이롭게 하는 것, 이것이 겸애(兼愛)다.

『묵자』를 관통하는 핵심이 평등이기에 묵자는 순자의 정명(正名)과 분(分)에 반대했다. 이름에 복종하는 것 자체를 반대한 것이 아니라 순자가 정한 명명법에 반대했다. '그 길을 따르라'는 점은 같은데 순자가 제시하는 '그 길'과 묵자가 제시하는 '그 길'이 다른 것이다. 순자가 제시하는 '그 길'이 나눔[分]을 기본 원리로 하는 예(禮)의 질서라면 묵자가 제시하는 '그 길'은 함께 서로 이롭게 하는 겸애(兼愛)의 평등이다. 묵자의 시각에서 순자가 제시하는 '그 길', 즉 예(禮)라는 방법은 그때그때 당면한 상황을 반영하기 어렵다는 한계가 있다. 완전한 인간상인 성인이 붙인 이름 위에 세워진 예(禮)의 질서는 시대와 상황을 초월하는 보편적인 행동 규범을 보여준다. 정명(正名)은 성인이 붙인 이름이 흔들리고 왜곡될 때, 이름을 바꾸거나 의미가 변화되도록 놓아두지 않고, 성인의 명명 취지에 따라 뜻(시니피에)과 이름(시니피앙)을 다시 확립하는 작업이다. 정명이 되면 이름에 따른 구분[分]이 명확해지고, 이에 따라 질서가 잡힌다. 이름에 따라 현실이 변화된다. 장기적으로 보면, 인간 공동체 구성원 개개인의 먹고사는 문제를 해결하는 최적화된 매뉴얼일지도 모른다. 그러나 능력 있는 사람인 현자에 의해 시행되는 겸애는 공동체 구성원이 당면한 현실의 먹고사는 문제를 효율적으로 해결할 수 있다. 이름이 흔들리고 왜곡될 때에는 이름이 현실을 반영하지 못하는 이유가 있는 것이다. 따라서 현실을 반영하는 새로운 이름, 새로운 질서가 필요하다. 현자(賢者), 즉 현명한 사람은 그 괴리를 포착하는 사람이다. 이름을 실제 이익에 봉사하도록 조정할 수 있다. 현실에 따라 이름이 조정된다. 능력이 있는 사람을 가려내어 그 사람에게 권력을 주고 그 이름에 평등하게 복종하는 길, 이것이 묵자가 제시하는 '그 길'이다.

가장 성공적이라는 의미에서 가장 좋은 '그 길'이 있으며 '그 길을 따르라'고 외치는 사상가는 순자, 묵자 말고도 많다. 자기계발서로 분류되는 저술들의 저자들은 대개가 이 부류다. 21세기의 개인은 자기계발의 자유를 전적으로 누리지만, 동시에 그에 따른 책임에 짓눌려 있기도 하다. 자기계발의 자유와 책임을 동시에 갖는 개인이 참고할 수 있는 자기계발서는 서점의 도처에서 발견된다. '자기계발', '자기경영', '리더십' 외에도 '처세술', '동양철학' 등으로 분류된 책들을 서점 진열대에서 쉽게 찾아볼 수 있다. 이러한 자기계발서의 유행을 두고 '세태의 천박함'이라고 비판하는 사람들도 있다. 그러나 자기계발서라고 불릴 수 있는 책의 연원은 윤리학의 연원만큼 깊다. 개인에게 허용되거나 허용된 것처럼 보이는 '자기계발'의 주도권 혹은 자유가 얼마이든 개인은 자신의 행동 결정에 도움이 될 만한 가이드나 가이드북을 늘 필요로 한다. 인생의 여정을 길잡이 없이 헤쳐 나간다는 것은 불안하기 마련이다. 푸코가 『성의 역사』에서 소개한 성과 관련된 일련의 책들도 자기계발서라고 볼 수 있다. 성적 쾌락을 통제함으로써 자기 행동을 통해 자신의 삶을 만들어가는 '윤리적 주체'(ethical subject)가 되기 위한 행동지침서들이다.

미국 건국의 영웅 가운데 한 사람인 벤자민 프랭클린(1706~1790)이

쓴 자서전 역시 자기계발서로 읽힌다. 프랭클린의 자서전은 자신의 행동을 계획하고 통제하여 자신이 원하는 자질을 갖추어 자신이 원하는 사람이 되고자 하는 사람들을 위한 가이드북이다. 1728년경에 프랭클린은 "도덕적 완성에 도달한다는 대담하고 열렬한 계획"(프랭클린, 1995: 135)을 세운다. 그는 그가 읽은 책들에 등장하는 '덕목'에 주목하였다. 그는 자신에게 "필요하고"(프랭클린, 1995: 136) 또 자신이 "원한다고 생각되는"(프랭클린, 1995: 136) 덕목을 13개로 압축하고 그 덕목에 따른 행동 지침을 붙였다. 그 덕목은 '절제', '침묵', '질서', '결단', '절약', '근면', '진실', '정의', '중용', '청결', '침착', '순결', '겸손'이다. 각 덕목을 위해서는 행동 지침이 있다. 예컨대, '절제'라는 덕목을 갖추기 위한 행동 지침은 '배부르도록 먹지 말라', '취하도록 마시지 말라' 등이며, '침묵'을 위한 행동 지침은 '자타에 이익이 없는 말을 하지 말라', '쓸데없는 말을 하지 말라' 등이다. 행동 지침은 명령의 형식을 취하고 있으며 구체적이다. 프랭클린은 덕목별 주간 실천 내용을 다음의 표로 작성하였다. 프랭클린이 작성한 표와 그 표에 따르는 설명은 다음과 같다.

구분	일	월	화	수	목	금	토
절제							
침묵	· ·	·		·		·	
규율[15]	·	·	·		·	·	·
결단			·			·	
절약		·			·		
근면			·				
진실							
정의							
중용							
청결							
침착							
순결							
겸손							

나는 이런 덕을 차례로 하나씩 그 주간의 과제로 하고 엄중히 주의하기로 하였다. 처음 한 주간은 적어도 절제에 위반되는 행위가 없도록 모든 주의를 다하고 다른 덕은 보통 때와 같이 해두고 다만 저녁마다 그날의 과실을 적어 넣기로 한 것이다. 이와 같이 하여 만일 첫째 주간에 절제라고 적은 첫째 줄에 검은 점이 붙지 않으면 이 덕의 습관은 매우 강화되고 반대로 부절제[16]의 습관이 약해졌기 때문에 이렇게 되면 주의를 넓혀서 다음 덕으로 넘어가, 다음 주간에는 양쪽 줄이 다 검은 점이 없이 할 수도 있다고 생각하였다. 이와 같이 최후까지 나아가면 13주간으로 긴 코스를 한 바퀴 돌고 일 년이면 네 번 반복할 수 있다. 뜰의 풀을 뽑는 사람은 잡초를 한 번에 다 뽑아 버리려고는 하지 않는다. 그것은 힘이 모자라기 때문이고, 한 번에 한구석씩 뽑고 그 구석이 끝나면 다음 구석으로 옮겨가는 것인데, 나도 이런 사람과 같이 차례로 검은 점을 각 줄에서 지워가서 각 페이지에 나타나는 덕의 진보의 자취를 보고 마음에 힘을 얻어, 여러 번 반복하는 가운데 마침내 13주간, 날마다 검사해도 수첩에는 검은 점이 하나도 없도록 하고 싶다고 생각하였다. (프랭클린, 1995: 139~140)

프랭클린의 자기 훈련(self-training)을 도-덕 모델로 설명하면 다음과 같다. 그는 '도덕적으로 완성된 사람'이 되겠다는 목적을 이루기 위해

15 번역본 본문에는 '질서'라고 되어 있다.

16 내가 신태환의 번역본을 고른 이유는 바로 이 단어의 번역 때문이다. 신태환이 의도한 것인지 아닌지는 알 수 없으나 그는 '무절제' 대신 '부절제'라고 번역하였다. '절제라는 덕목이 없는 상태'인 '무절제'에 비하여, 비록 한국어 어법에는 맞지 않지만 '절제하지 않음'의 의미를 살려 '부절제'라고 번역하는 것이 낫다. 프랭클린이 덕목이라고 말한 '절제'라는 명사는 그가 행동 지침을 실천하는 연습을 위해 만든 표 속에서는 '절제하다'라는 동사의 의미가 된다. '배부르도록 먹지 말라', '취하도록 마시지 말라'는 명령법에 담긴 행동 지침을 함축하고 있기 때문이다.

노력한다. 즉 『순자』에서 말하는 '성인'(聖人)이 되기 위한 방법, 즉 도를 모색한다. 그는 그가 읽은 책들로부터 도덕적으로 완성된 사람이 갖추어야 하는 "모든 덕"(프랭클린, 1995: 136)을 13개로 분류, 압축한다. 13개의 자질을 갖추기 위한 도로서 그는 '마음 비우기', '마인드컨트롤', '힐링', '극기 훈련' 등과 같은 것이 아니라 "계율"(프랭클린, 1995: 136)을 선택한다. 그의 도는 '계율', 즉 '행동 지침'이다. 행동 지침을 통해 행동을 반복함으로써 행동에 숙달되고, 행동이 숙달되어 그것이 습관이 되면, 그 행동 지침이 목표로 하는 자질을 갖추게 된다고 그는 생각했다. 다시 말해서, '배부르도록 먹지 말라'는 행동 지침에 따라 음식을 절제하는 연습을 하고 음식 절제가 습관이 되면 '절제'라는 자질을 갖추게 된다는 것이다. 음식 절제가 습관이 되어도 정상 체중이 유지되는 신체적인 변화만 일어날 뿐 '절제'라는 자질이 생겨나는 것은 별개의 문제라고 생각할 수도 있다. 절제하는 자질이 있어야 절제하는 행동이 가능한데 자질은 행동이 아닌 다른 요인에 의해 변화된다고 믿는 사람들도 많다. 예컨대, '마음', '마인드', '영혼', '유전자', '기'와 같은 것들이 자질을 형성하고, 그러한 자질을 바꾸기 위한 노력이 필요하다는 것이다. 이 경우 '마음 수련'을 위한 독서, '마인드컨트롤'을 위한 뇌파 조절기 착용, '영혼 인도'를 위한 기도, '유전자' 통제를 위한 연구 및 실험, '기' 수련을 위한 자연 속의 생활 등을 생각해볼 수 있다. 그러나 프랭클린은 도-덕 모델처럼 행동을 통한 자질의 변화를 제시한다. 그는 "나 자신을 명확하게 하기 위하여 명칭을 적게 하고 여러 가지 의미를 포함시키는 것보다는 명칭을 많이 분류하여 그것이 각각 가지는 의미는 좁게 한정하려고 생각했다"고 적고 있는데, 이는 행동을 위한 지침이 구체적일수록 실천에 용이하기 때문이다. 더욱이 그는 "모든 덕을 13개의 명칭에 포함시키고 그 하나하나에 계율을 붙였는데, 거기에는 그 덕의 범위가 충분히 나타나 있다"(프랭클린, 1995: 136)고 하여, 행동 지침을 통해서 갖추게 되는 눈에 보이지 않는 자질마저도 가능한 한 구체화하려고 노력했다. 그 행동 지침에 대한 실천 매뉴얼이 그가 제시한 표다. 그 표로부터 착안하여 '프랭클린 플래너'라는 상품이 탄생되었고 자기계발 동호회가 추천하는 자기계발의 필수품으로 사용되고 있다.

나는 프랭클린도 덕을 도-덕 모델의 덕과 같은 개념으로 이해했다고 생각한다. 그는 도덕적으로 완성된 사람이 되려면 어떤 자질이 필요한지, 그리고 어떻게 행동하면 그러한 자질을 갖출 수 있는지 알고 있다고 해도 "힘이 모자라기 때문"에 한 번에 그러한 자질을 갖출 수는 없다고 생각했다. 그래서 반복적인 행동이 필요했던 것이며, 반복적인 행동을 통해 "덕의 진보"가 가능하다고 본 그의 관점은 도-덕 모델과 일맥상통하다고 할 수 있다.

4. 명에 대한 거부

앞서 말했듯이 도-덕 모델에서 중요한 점은 도의 성공 여부다. '도가 성공적인가, 아닌가'에 따라 의도했던 바의 덕이 쌓일 수도 있고 아닐 수도 있다. 성공적인 도라면, 도를 길이라고 해석할 경우, 길을 따르는 사람을 목적지로 인도해야 하고, 도를 방법이라고 해석할 경우, 그 방법으로 행위자가 의도한 바가 실현되어야 한다는 말이다. 노자를 대표하는 도는 무위다.

나는 노자의 대표 철학으로 알려진 무위(無爲)를 도에 대한 거부이며 명에 대한 거부라고 해석한다. 도는 기존에 통용되는 도, 이미 정해진 도를 의미한다. 명 역시 기존에 주어진 명이다. 기존에 통용되는 길과 이름을 거부하는 것이다. 노자는 모두가 가는 길로 가면 목적지에 도달할 수 없고 통용되는 이름을 불러서는 응답받지 못할 수 있다고 주장한다. 주어진 상황에 가장 적합한 길, 주어진 사물에 가장 걸맞은 이름을 찾아야 한다는 것이다. 주어진 상황은 늘 다르다. 늘 다른 상황임에도 불구하고 습관적으로 행동하기 때문에 일을 그르치는 것이다. 규범적 행동이란 변화하는 상황을 고려한 행동이 아니다. 규범적 행동을 취하면 비난받지는 않지만 그 상황에 성공적으로 대처하기는 어렵다. 주어진 상황에 성공적으로 대처하기 위해서는 주어진 길과 주어진 이름에 따른 규범적 행동, 즉 위(爲)를 하지 말아야 하는데 그것이 무위(無爲)다. 일단 주어진 위(爲)를 무(無)로 돌리고 나면, 그 지점으로부터 상황을 주어진 대로 보게 되고, 관성에 의존하지 않는 실천이 생겨난다.

그러한 실천이 집약된 구절이 『도덕경』의 첫 구절, "道可道 非常道 名可名 非常名"이다.

> 道可道 非常道 名可名 非常名
>
> 길이 길답다면 통상적인 길은 아니며, 이름이 이름답다면 통상적인 이름은 아니다.

고대 중국철학의 텍스트를 보면, 고대 중국철학자들은 한 가지 글자를 명사적으로도 사용하고 동사적으로도 사용하면서, 그러한 글자의 특성을 십분 활용하여 자신들의 생각을 효과적으로 전달하고자 하였음을 알 수 있다. "君君 臣臣 父父 子子"가 한 예다. '임금이 임금답고 신하가 신하다우며 아버지가 아버지답고 아들이 아들답다'는 뜻으로 흔히 해석된다. 똑같은 두 글자 중에 앞에 오는 글자를 주어로 삼고, 뒤에 오는 글자를 서술어 '~답다'라고 해석한다. "道可道 非常道 名可名 非常名"도 "君君 臣臣 父父 子子"와 같은 문장 구조를 가지고 있다. '非常道'과 '非常名'에서 생략된 주어는 각각 '道'와 '名'이다. '~할 수 있다', '~해도 된다' 등의 의미를 가진 조동사 '可', '~아니다'라는 의미로서 뒤에 오는 말을 부정하는 '非', 형용사 '常'을 빼면 문장의 기본 구조가 보인다. 따라서, "君君 臣臣 父父 子子"처럼 "道可道 非常道 名可名 非常名"을 해석하면 다음과 같다. '길이 길답다면 통상적인 길은 아니며 이름이 이름답다면 통상적인 이름은 아니다.'

'길이 길답다'는 것은 목적지로 인도하는 길의 기능을 가리킨다. 길을 잘못 들었을 때, 혹은 공사나 산사태 등으로 길이 막혔을 때, 길 위에 있는 사람은 그 길을 '길답다'고 여길 수 없다. '길다운 길'은 자신이 의도한 목적지로 자신을 데려다주는 길이다. '이름이 이름답다'는 것은 사물을 가리키는 이름의 기능을 가리킨다. 어떤 사물의 이름을 불렀는데 다른 것이 응답해올 때, 그 이름을 부르는 사람은 그 이름이 '이름답다'고 여길 수 없다. '常'은 '일상적인', '통상적인', '공통된', '늘' 등의 뜻을 가진 말이다.

'행동의 방법들'이라는 주제에 맞추어 "道可道 非常道 名可名 非常名"의 의미를 당위적으로 해석하면 '길이 길답기 위해서는 통상적인 길이어서는 안 되며 이름이 이름답기 위해서는 통상적인 이름이어서는 안 된다'가 된다. 행위자 중심으로 해석하면 이렇다. (목적지로 갈 때,) 늘 가던 그 길로 습관적으로 가서는 목적지에 도착할 수 없(는 상황이 있을 수 있)다. (사물을 가리킬 때,) 늘 부르던 그 이름으로 습관적으로 불러서는 그 사물을 가리킬 수 없(는 상황이 있을 수 있)다. 위 구절을 좀 다르게 해석해볼 수도 있다. (어떤 곳으로 갈 때,) 모든 사람들이 통상적으로 이용하는 길로 가서는 가장 빨리 목적지에 도달할 수 없다. (어떤 것을 얻으려고 할 때,) 모든 사람들이 통상적으로 사용할 수단으로는 그것을 선취할 수 없다.

대한민국은 수없이 길이 바뀌는 곳이다. 끊임없이 새 길이 건설되고 새로운 건물이 들어서고 주소가 바뀌고 이정표가 바뀐다. 부지런한 자가운전자에게는 편리한 곳이고 게으른 자가운전자에게는 자신의 게으름을 절감하게 하는 곳이다. 늘 다니던 곳인데도 늘 가던 길로 습관적으로 가서는 목적지에 도달하지 못하는 경험을 할 수 있는 곳이다. 더욱이 서울은 실시간 교통상황을 알려주는 서비스가 빛을 발하는 곳이다. 출퇴근 시간인가, 주말인가에 따라 교통 상황이 달라지고 '길'이 바뀐다. 시시각각 루트가 바뀌기 때문에 한 지점에서 다른 지점으로 가는 '통상적인 길'이라는 것이 그다지 의미가 없다. 특히, 교통량이 많을 때 모두가 가는 '통상적인 길'이야말로 절대 들어서서는 안 되는 길이다. '비상도'(非常道)를 찾아 가야만 한다. 길이 길답기 위해서는 통상적인 길이어서는 안 된다고 느끼는 순간이다.

물건의 이름은 수없이, 그것도 자주 바뀐다. 바뀌는 이름에 적응하지 못해서 물건을 사지 못하는 경우도 있지만 이내 새로운 이름을 배우고 이름에 적응한다. 바뀐 이름으로 사물을 지칭할 때 처음에는 거부감이 들기도 한다. 새로운 상품이 계속 개발되고 시장에 쏟아져 들어오기 때문에 '통상적인 이름'이 너무 빨리 바뀌어서 '통상적인 이름'이라는 것이 의미가 없어졌다. '통상적인 이름'으로 불려서는 신상품의 효과가 반감되기 때문에 상품 출시와 더불어 '비상한' 이름을 붙여 기존의 상품과 차별화한다. '이름이 이름답기 위해서는 통상적인 이름이어서는 안 된다.'

이름을 부르면, 이름 불린 사람은 대답한다. 이름이 불렸는데 그것이 자기 이름인 줄 몰라서 대답하지 못한 경험이 외국에서 한번쯤은 있었을 것이다. 이러한 상황은 흔히 반복된다. 이름이 잘못 불릴 때마다 바른 발음을 가르쳐주는 사람도 있을 것이다. 이름이 잘못 불리면 절대 대답하지 않는 사람도 있을 것이다. 그러나 대부분은 그 이상한 소리가 자신을 가리키고 있다는 것을 알 때, 일단 대답은 한다. 대답을 안 하면 내가 손해를 보는 경우다. 그리고 대답한 사람 가운데 대부분은 그 이상한 부름의 소리에 적응한다. 내가 아쉽기 때문이다. 그 이상한 소리는 분명 '통상적이지 않은 이름'이다. 나는 불편하다. 그러나 그 이상한 소리는 일본에서는 일본식으로, 중국에서는 중국식으로, 프랑스에서는 프랑스식으로 미국에서는 미국식으로 '나를 부르는 소리'가 된다. 그 이름에 답하지 않으면 나는 불리지 않는다. 나는 이름 없는 존재로 살게 될 수 있다. '통상적인 이름'으로 일 년에 한 번 불릴까 말까 한 존재로 살든지 아니면 '통상적이지 않은 이름'으로 불릴지언정 자주 불리는 사람으로 살든지 결정해야 한다. 물론, '외국 이름'으로 개명하는 경우도 있다. 이름은 불릴 때 그 기능을 한다. 국제적인 감각이 결여된 이름을 가진 나. '이름이 이름답기 위해서는 통상적인 이름이어서는 안 된다'고 느끼는 순간이다.

무위(無爲)는 주어진 도와 주어진 명에 대한 적극적인 거부다. 보통의 경우 구체적인 의도가 개입된다. 다른 방법만큼 혹은 그 이상으로 많은 에너지가 소모된다. '명(名)에 대한 거부' 혹은 '그 길을 따르지 말라'(Do not follow the way)에 해당하는 예는 허먼 멜빌의 단편 『필경사 바틀비』의 주인공 바틀비의 인생살이에서 찾을 수 있다. 바틀비의 도(道)는 한마디로 '안 하는 편을 택하겠습니다'[17]다. 그는 이 방법으로 세상을 살았다. 아니, 이 방법으로 인하여 죽었다.

17 영어로 된 본래의 표현은 'I would prefer not to'다(Melville, 1942: 119).

1853년에 허먼 멜빌이 발표한 단편『필경사 바틀비』에 등장하는 바틀비는 이 소설의 화자(話者)인 '나'의 사무실에서 법률 문서의 필경사로 고용되었다. 복사기가 없던 시절, 복사기의 일을 대신하던 직업이 필경사다. 변호사인 '나'는 '내가 보거나 들어 알던 필경사들 중 가장 이상했던 바틀비의 인생'에 대해 묘사한다. 바틀비는 '나'의 사무실에 '은둔처', 곧 그의 삶의 장소를 정하고 법률 문서를 필사하는 삶을 산다. 그것 말고는 그의 삶은 존재하지 않는다. '안 하는 편을 택하겠습니다'라는 선언은 그의 삶과 그 이외의 것을 가른다. 바틀비는 그의 삶이 아닌 삶을 거부하기로 선언한다. 그의 최초의 선언은 "그가 나와 함께 있은 지 사흘째 되던 날인가에 있었던 일"(멜빌, 2011: 29)에서 터져 나왔다. '내'가 바틀비를 불렀을 때 '나'의 용건은 "나와 함께 적은 양의 문서를 검증하자는 것이었다. 그런데 바틀비가 그의 은둔처에서 나오지 않고 매우 상냥하면서 단호한 목소리로 '안 하는 편을 택하겠습니다'라고 대답했을 때 내가 얼마나 놀랐을지, 아니 당황했을지 한번 상상해보라" (멜빌, 2011: 29). 그로부터 며칠 뒤, '나'는 역시 문서의 검증 작업을 위해 바틀비를 불렀고, 역시 같은 대답을 들어야만 했다. '나'는 이번에는 그의 "터무니없는 행동에 대한 이유를 요구했다. '왜 거부하는 거지?' '안 하는 편을 택하겠습니다'"(멜빌, 2011: 33). 그런데 '나'는 그에게 화를 낼 수 없었다. "내가 말하는 동안 그는 내가 하는 모든 말을 신중히 숙고하는 듯했다. 말뜻을 충분히 이해하고 저항할 수 없이 당연한 그 결론을 부정하지 못하는 듯 보였다. 하지만 그러면서도 그보다 우위에 있는 중요한 사정 때문에 그렇게 대답할 수밖에 없는 것 같았다"(멜빌, 2011: 33~34). '나'는 바틀비를 해고하고 사무실에서 쫓아내려고 하지만 그는 그의 삶의 장소인 사무실을 떠나려고 하지 않는다. 바틀비가 '안 하는 편을 택하겠습니다'라고 했기 때문에 '내'가 사무실을 옮긴다.

새로운 사람이 사무실로 이사와도 바틀비는 그곳을 떠나려고 하지 않는다. 그는 '안 하는 편을 택'한다. 결국 바틀비는 '안 하는 편을 택하겠습니다'를 되풀이하다가 구금되고 식사를 거부하다가 죽는다. 멜빌은 바틀비가 '안 하는 편을 택하겠습니다'를 반복하는 '중요한 사정'에 대해서 밝히지 않는다.

바틀비의 거부가 무엇에 대한 거부인지, 무엇을 위한 거부인지, 밝혀지지 않았기 때문에 바틀비의 '안 하는 편을 택하겠습니다'를 두고 여러 각도에서 다양한 해석들이 시도되었다. 바틀비에 대한 여러 해석 중, '안 하는 편을 택하겠습니다'를 잠재성(potentiality)과 연결한 아감벤의 해석은 의미심장하다. 아감벤은 "바틀비가 무(無, the Nothing)—모든 피조물이 그로부터 유래된—의 극단"(Agamben, 1999b: 253)이며, 바틀비가 "이러한 무(無)란 순수하고 절대적인 잠재성임을 가장 냉정하게 입증"(Agamben, 1999: 253~254)하고 있다고 말한다.[18] 아감벤은 「잠재성에 관하여」(On Potentiality)라는 논문에서, "잠재성이란 단지 이것 혹은 저것을 하는 잠재력(the potential)이 아니라, 하지 않는 잠재력, 실재성(actuality)으로 전환되지 않을 잠재력"(Agamben, 1999a: 179~180)이라고 명시하고 있다.[19]

바틀비의 삶의 방식은 '명에 대한 거부'다. 바틀비의 '안 하는 편을 택하겠습니다'라는 선언은 '그 길을 따르지 말라'로 해석될 수 있다. 『필경사 바틀비』에서 '나'는 바틀비에게 '그 길'을 제시한다. '나'는

18 공진호는 "조르조 아감벤에 의하면 '안 하는 편을 (선)택'하겠다는 바틀비의 말은 '존재하거나 행동할 잠재성'과 '존재하지 않거나 행동하지 않을 잠재성' 사이에 있는 일종의 '비무장지대'를 개방하는 것"이라고 말한다(공진호, '옮긴이의 말', 멜빌 2011: 102).

19 유홍림과 홍철기도 아감벤을 분석하며, "나는 하지 않는 것이 좋겠습니다"(I would prefer not to)(유홍림, 홍철기, 2007: 175)에 주목한다.

온건한 사람이며 배려심이 많은 사람으로 묘사된다. '내'가 바틀비에게 제시하는 필경사로서의 '그 길'은 지극히 상식적인 길이다. 바틀비 이외의 다른 필경사들은 '의심 없이' 모두 '그 길'을 따른다. 그러나 바틀비는 '내'가 제시하는 '그 길', 사무실의 다른 필경사들에게 모두 공평하게 적용되는 '그 길', 다른 필경사들은 거부는커녕 의심도 하지 않고 가는 '그 길'을 거부한다. 그는 '그 길'을 따르지 않는 편을 선택한다. 그는 필경사로서 문서를 베끼는 일 이외의 다른 어떤 일도 하기를 거부한다. 베낀 문서를 검토하는 일뿐만 아니라 사무실에서의 일상적인 대화도 거부한다. 바틀비는 심사숙고한 끝에 상냥한 목소리로 거부의 의사를 분명히 한다. '안 하는 편을 택하겠습니다.' 바틀비는 문서를 베끼는 일을 하기 위해 고용되었다. 그러나 '나'는 문서를 베끼는 일 이외의 부가적인 일을 '필경사'의 일이라고 규정한다.

바틀비는 거부할 뿐이다. '내' 사무실에서 '필경사'라는 이름[名]의 의미는 '내'가 정한다. '나'의 명명법에 따르면, 필경사는 문서를 베끼는 일 이외에도 사무실에서 발생하는 부수적인 일들을 처리하는 사람이다. 바틀비는 결국에는 그를 죽음에 이르게 하는 연속되는 위기 속에서도 '나'의 명명법에 투항하지 않는다. 그러나 '필경사'라는 이름의 의미를 자신이 정의하기 위해 투쟁하지 않는다. 예컨대, 그는 사무실의 다른 필경사들과 공모하여 '나'의 명명법에 저항할 수 있다. '필경사는 필사만 하며 다른 일을 하지 않는다'는 고용 계약을 분명히 하여 새로운 사무실 규범을 만들 수도 있을지 모른다. 그러나 바틀비는 '투항'도 '투쟁'도 하지 않는다. 그는 문서를 베끼는 일 이외에 '내'가 요구하는 다른 일들을 '안 하는 편을 선택'했을 뿐 그밖에 다른 선택을 한 것은 아니다.

바틀비의 '안 하는 편을 택하겠습니다'는 '무위'로 번역된다. 『필경사 바틀비』에서 '내'가 그토록 알고 싶어 했던 이유, 즉 바틀비가 '안 하는 편을 택하겠습니다'라고 말하는 것의 '우위에 있는 사정'을 '명에 대한 거부'의 관점에서 답하면 다음과 같다. 바틀비가 '무위!'라고 선언하는 이유는 『도덕경』의 첫 대목, "길이 길답다면 통상적인 길은 아니며 이름이 이름답다면 통상적인 이름은 아니다"(道可道 非常道 名可名 非常名)에서 찾을 수 있다. 『필경사 바틀비』에서 사무실의 주인인 '내'가 바틀비에게 제시하는 길은 바틀비의 관점에서는 필경사의 길답지 않으며 필경사라는 이름에 걸맞지 않다. 그래서 바틀비는 '무위'라고 선언함으로써 그가 생각하는 필경사의 자연(自然), 다시 말해서 필경사로서 그가 생각하는 삶의 방식이 무엇인지를 '나'에게 지시한다. 이 방법은 다른 방법만큼, 혹은 그 이상으로 실천에 에너지를 필요로 한다. 이 방법은 경우에 따라서는 이러한 실천을 하고 있는지 아닌지 다른 사람들의 눈에 띄지 않을 수도 있다. 그러나 바틀비의 경우처럼 때에 따라서는 다른 방법들보다 위험할 수도 있다.

나는 바틀비의 삶의 방식을 '명에 대한 거부'로 해석하였다. 그러나 잠재성으로 바틀비의 삶의 방식을 해석한 아감벤의 관점을 '명에 대한 거부'와 연결하는 데는 무리가 있다고 생각한다. 그 이유는 선진(先秦) 철학의 맥락에서 잠재성 개념의 존재 여부에 대한 확신이 없기 때문이다. 행동을 통해서 비로소 인지하게 되는 것이 덕이다. 이 인지된 덕을 바탕으로 다음에 유사한 행동에 대한 계획과 예측이 가능하다.

5. 명에 대한 의심

『장자』에서 이름[名]은 사물의 실체와 관련지어 설명된다. 사물의 실체를 주인으로 보고, 그에 대한 '손님' 입장에 있는 것을 이름이라고 한다.

> 이름이란 실체의 손님이다.
> 名者實之賓也[20]

따라서 실체를 알면 그 실체를 반영하는 이름을 붙이면 된다. 그런데 문제는 실체를 알 수 없다는 것이다. 실체를 알 수 없는 이유는 변화무쌍한 현상들이 어떻게 생겨났는지 알 수 없기 때문이고[21] 또 더 근본적으로는 인식 자체의 한계[22] 때문이다. 『장자』 「제물론」(齊物論)에서는 불가지론과 상대론이 집중적으로 전개되며 이러한 관점은 『장자』 전체를 관통하는 주제다. 이름은 사물을 반영해야 하는데, 사물 자체가 다양할 뿐만 아니라 변화무쌍하고, 또 고정되어 있다고 하더라도 인식 자체의 한계 때문에 사물을 제대로 보고 있는지 어떤지 알 수 없다. 사물을 제대로 보고 있는지 어떤지 알 수 없다면 사물을 제대로 반영하는 이름을 붙인다는 자체가 불가능하다. 이렇게 본다면 공자, 순자 등을 필두로 한 유가철학에서 말하는 정명(正名)은 이름이 실체를 반영하든 안 하든, 사물에

---

20 『장자』 「소요유」.

21 『장자』 「제물론」, "旦暮得此其所由以生乎"(짧은 시간에 그것이 어디로부터 기인하여 생겨났는지 알 수 있을까?).

22 『장자』 「제물론」, "自彼則不見 自知則知之"(저것으로부터 기인하면 보이지 않고, 스스로 알아야만 곧 아는 것이다). 다시 말해서, 오직 자신이 아는 것 이외에는 알 수 없다. 다른 사람들이 어떻게 느끼고 생각하는지는 보이지 않는다. 자신이 알고 있는 것만 알 뿐이다. 자신이 알고 있는 것이 실체를 얼마나 반영하고 있는지도 알 수 없으며, 다른 사람이 자신이 경험하는 현상을 동일하게 경험하고 있는지도 알 수 없다. 「제물론」은 '저것'[彼]과 '이것'[是]을 대립시킨다. 성인(聖人)은 명지(明知), 즉 저것과 이것을 초월하는 탁월한 인식으로 '저것'과 '이것'을 포용함으로써 그 대립을 해소하는데, 그것을 도추(道樞)라고 한다.

임의로 이름을 붙임으로써 다양한 사물을 구분하고 분류한다. 이름이 실체를 반영하는지 여부가 중요하지 않은 것이다. 오히려 이름에 의해 만들어진 질서가 중요하다. 노자와 장자는 이름에 대한 정명(正名)의 관점을 비판한다. 노자는, 이름이 임의로 붙여졌을 뿐인데도, 이 이름을 통해 사물을 고정되게 바라보고 관점을 '왜곡'하게 된다고 비판한다. 따라서 그 이름을 거부할 것을 주문한다.

그런데 장자는 다르다. 이름이 주가 아니라 이름은 단지 사물의 손님이라는 점을 강조한다. 장자는 주인인 사물을 반영하는 이름을 붙인다는 것이 불가능함을 지적한다. 사물을 반영하는 이름을 붙이는 것이 인식의 한계로 인해 불가능하다면 기왕에 주어진 이름을 애써 거부할 이유도 없는 것이다. 동시에, 주어진 이름을 사물의 반영이라고 믿고 행동할 수는 더더욱 없다. 그러면 어떻게 하는가. 주어진 이름을 선택하든 그것을 거부하고 다른 이름을 붙이든 이름을 선택하면 된다. 이름을 선택하고 그 선택에 따라 행동하면 된다. 주어진 이름이 절대적으로 옳다고 할 수 없으며 절대적으로 그르다고 할 수도 없다. 같은 이유로, 주어진 이름이 아닌 다른 이름이 절대적으로 옳다고도 할 수 없다. 어떤 이름이 사물을 더 잘 반영하는가의 여부는 상황에 따라 다르며 상대적이다. 이름의 상대성에 대한 예는 『장자』의 주된 내용 중 하나다. 「소요유」에 나오는 커다란 박의 이야기는 그러한 경우다. 곡식 다섯 석(石)이 들어가는 커다란 박을 두고 '바가지'[瓢]라고 이름붙이면 그 물건은 바가지라고 하기에는 너무 무거워서 무용지물이 되지만, 박으로 만든 '큰술통'[大樽]이라고 이름붙이면 그 물건은 강에 띄우고 놀 수가 있다.

『장자』 「소요유」에 나오는 붕새 이야기 역시 「제물론」의 논변처럼 어렵지 않으면서도 『장자』의 불가지론과 상대론을 잘 보여주는 예라고 할 수 있다. 첫째, 이름은 변한다. 물고기가 새로 변하면서 곤이라는 이름이 붕으로 변한다. 이름은 사물이 변하면 따라서 변한다. 그런데 사물은 항상 변한다. 따라서 이름도 사물의 변화에 따라서 변해야만 한다. 그런데 이름이 사물의 변화를 따라서 항상 변할 수는 없다. 이름은 명명된 그 시점 직후부터 이미 사물의 변화를 반영할 수 없게 된다. 여기서 상기할 점은 이름의 자의성이다. 이름은 변화하는 사물의 실체를 반영할 의무가 없다. 이름의 기능 중 하나는 항상 변화하는 사물에 실재하지 않는 항상성을 부여한다. 변하지 않는 이름 때문에 사물이 변하지 않는다고 착각하게 하는 것이다. 이름을 부르는 사람은 이 점을 자각하고 있어야 한다. 둘째, 이름과 결부된 가치가 변한다. 붕은 작은 날짐승에 비해 멀리 날기 때문에 좋다는 생각은 관점에 따라 변할 수 있다. 상대적이다. 붕이 원대함과 자유의 대명사일 수도 있지만 바보스러움, 낭비, 깃들 곳 없이 떠도는 처량함의 대명사일 수도 있다.

제4부
구성되는 개인

제7장
성찰과 의심, 불안과 자유

서동욱은 프랑스철학을 중심으로 전개된 포스트모더니즘에 대해 다음과 같이 말한다.

> 칸트 이후 서구 근대철학에서 이성은 특별한 의미를 부여받았다. 한마디로 그것은 궁극 목적에 비추어 인간사 전체를 사유하는 능력이다. 인간사는 균열로 가득 차 있다. 가령 몸이 '하고 싶은 것'과 생각이 '해야 한다고 의무로 받아들이는 것' 사이의 균열. 이성은 이런 모순되는 것들을 하나하나 통일해서 아무런 갈등이 없는 최종 지점(궁극 목적)에까지 전진해 나간다. 이런 이성의 삶을 그려 나가는 것이 근대철학의 과제였다. 프랑스철학은 바로 이런 이성을 부정하며, 이성으로부터 해방된 사유의 초상화를 그리고 싶어 한다. [……] 그것은 이성적 인간 이후의 인류가 가질 수 있는 새로운 사유 형태를 발견하려는 실험이고, 윤리적 물음에 진지하게 응답하려는 시도다. (경향신문, 2012년 6월 2일자 25면)

서동욱은 근대성의 핵심이 '이성중심주의'에 있다고 보고, 포스트모더니즘을 '이성 이후'라고 정의한다. '이성적 인간 이후'의 인류가 가질 수 있는 새로운 사유 형태를 발견하려는 실험은 프랑스철학을 중심으로 학문 분과의 경계를 넘어 확산되어왔다. 푸코 자신은 포스트모던 철학자로 불리길 원하지 않았는지 모르지만, 푸코 철학은 국가와 학문 영역의 경계를 넘나들며 '이성 이후'를 사유하는 흐름의 중심에 있었다. 특히, 푸코와 그의 추종자들은 "이성적 인간 이후" 인류가 직면한 "윤리적 물음에 진지하게 응답하려는 시도"를 계속했다. 푸코는 '이성적 인간 이후의 인간이란 무엇인가'라는 물음에 대해 '윤리'(ethics)라는 개념을 재정의함으로써 답하고자 하였다. 그의 답을 한마디로 요약하면, '윤리적으로 구성되는 인간'이다. '이성을 가지고 자유롭게 사고하는 주체'라는 근대적 모델에서 벗어나 '주어진 자연적, 사회적 조건의 지배 속에서 주어진 조건을 이용하여 자신을 구성해가는 주체'라는 '윤리적 주체'의 개념을 제시하였다.

고대 중국철학을 푸코가 말한 '구성되는 개인'의 관점으로 바라보니 어떤 모델이 보였다. 도-덕 모델에서는 '이성적 인간'이 아닌 '행동하는 인간'이 있다. 그리고 '개인'은 전제가 아니라 결과다. 구성되는 결과가 개인이다. '이성적인 개인이 하는 행동'이 아니라 '행동의 결과로 구성되는 개인'이다. '행동하는 인간'이 구성하는 개인이 '이성적인가 아닌가'는 중요하지 않다. '어떤 개인인가'가 중요하다. 행동의 결과로 구성되는 개인이 행동을 거듭할수록 규범에 더욱 능숙하게 복종하는 개인이 되어가는가? 아니면, 규범을 더욱 능숙하게 거부하는 개인이 되어가는가? 아니면, 의심에 의지하여 규범을 더욱 능숙하게 선택해가는 개인이 되어가는가?

규범 중심의 도덕 체계에 대한 푸코의 태도에 비추어볼 때, 규범에 더욱 능숙하게 복종하는 개인을 푸코라면 우려의 눈으로 바라볼 것이다.

그러나 그 규범이 그 규범을 따라 행동하는 사람을 성인(聖人)으로 인도한다면 우려할 필요는 없다. 성인이라는 비현실적 예가 아니더라도 흔한 자기계발서가 제시하는 '롤 모델'(role model)들이라도 상관없다. '규범에 복종하는 개인'을 강조하는 윤리에서 가장 강력한 위험은 거부도 의심도 아닌 사이비(似而非)다. 예컨대, 아이히만이 그 경우다.

1. 아이히만 퍼즐

'선한' 개인이 악의 없이 저지르는 악. 아이히만 퍼즐이다. 제2차 세계대전 전범인 아이히만의 사례다. 아이히만은 자신을 완전히 통제하여 부지런히 자기 발전을 도모하는 '모범적인' 개인이다. 그는 특별한 악의도 없다. 그런데 유태인 대량 학살의 주범 중 하나였고 그 죄가 입증되어 처형당했다. 그는 '복종'이라는 '선한' 의도를 가지고 '근면성'과 '자기 통제'라는 자신의 덕을 십분 활용하였다. 그 결과, 인종대학살이라는 반인륜적 범죄를 저지르게 되었다. 그는 자신의 행동에 죄책감을 가질 수 없다. 의도는 선했으며 방법 또한 선했다. 그런데 그 결과가 왜 악에 수렴하는가? 그 결과가 악에 귀결된다면 그것은 아이히만 개인이 어찌할 수 없는 상황, 즉 외부효과 때문이 아닐까? 그 외부효과로 개인을 처벌할 수 있나?

한나 아렌트는 아이히만 퍼즐을 '순전한 무사유(sheer thoughtlessness)에 기인한 악의 평범성(banality of evil) 문제'라고 보았다. '자기가 무엇을 하고 있는지를 결코 깨닫지 못한' 아이히만의 순전한 무사유를 한나 아렌트는 체화된 규범 이외의 것을 보지 못하는 '상상력의 결여' 때문이라고 추측한다(아렌트, 2006: 391). 한나 아렌트는 독일에서 시온주의자들을 도와주다가 경찰에 체포당했고 프랑스에서 활동하다가 비시 정권하에서 강제수용소로부터 탈출하여 미국으로 망명한다. 유태인 학살의 주범인 아돌프 아이히만이 예루살렘에서 재판을 받게 되었다는 소식을 듣고 재판을 참관하게 된다. 그 참관기가 『예루살렘의 아이히만』이다. 아렌트는 '순전한 무사유(sheer thoughtlessness)에 기인한 악의 평범성(banality of evil) 문제'를 『예루살렘의 아이히만』의 마지막 부분인 아이히만의 처형 장면에서 제기한다.

> 아돌프 아이히만은 아주 근엄한 태도로 교수대로 걸어갔다. 그는 붉은 포도주 한 병을 요구했고 그 절반을 마셨다. 그는 그에게 성서를 읽어주겠다고 제안한 개신교 목사 윌리엄 헐 목사의 도움을 거절했다. 그는 두 시간밖에 더 살 수 없기 때문에 '낭비할 시간'이 없다고 했다. 그는 자신의 감방에서 형장에 이르는 50야드를 조용히 그리고 꼿꼿이 걸어갔다. 간수들이 그의 발목과 무릎을 묶자 그는 간수들에게 헐렁하게 묶어서 자신이 똑바로 설 수 있도록 해달라고 요구했다. 검은색 두건을 머리에 쓰겠냐고 물었을 때 그는 "나는 그것이 필요 없습니다"라고 대답했다. 그는 자신을 완전히 통제하고 있었다. 아니 그 이상이었다. 그는 완전한 자기 자신의 모습을 하고 있었다. 그의 마지막 말로 남긴 기괴한 어리석음보다도 이 점을 더 분명히 증명할 수 있는 것은 없을 것이다. [……] "잠시 후면, 여러분, 우리는 모두 다시 만날 것입니다. 이것이 모든 사람의 운명입니다. 독일 만세, 아르헨티나 만세, 오스트리아 만세. 나는 이들을 잊지 않을 것입니다"라고 말했다. 죽음을 앞두고 그는 장례 연설에서 사용되는 상투어를 생각해냈다. 교수대에서 그의 기억은 그에게 마지막 속임수를 부렸던 것이다. 그의 '정신은 의기양양하게 되었고', 그는 이것이 자신의 장례식이라는 것을 잊고 있었다. 이는 마치 이 마지막 순간에 그가 인간의 연약함 속에서 이루어진 이 오랜 과정이

우리에게 가르쳐준 교훈을 요약하고 있는 듯했다. 두려운 교훈, 즉 말과 사고를 허용하지 않는 악의 평범성(banality of evil)을. (아렌트, 2006: 349)

죽음을 맞아들이는 아이히만의 사람됨에 대해 아렌트는 다음과 같이 분석한다.

나는 재판에 직면한 한 사람이 주연한 현상을 엄격한 사실적 차원에서만 지적하면서 악의 평범성에 대해 말한 것이다. 아이히만은 이아고도 맥베스도 아니었고, 또한 리처드 3세처럼 악인임을 입증하기로 결심하는 것은 그의 마음과는 전혀 동떨어져 있는 일이었다. 자신의 개인적인 발전을 도모하는 데 각별히 근면한 것을 제외하고는 그는 어떠한 동기도 갖고 있지 않았다. 그리고 이러한 근면성 자체는 결코 범죄적인 것이 아니다. [……] 이 문제를 흔히 하는 말로 하면 그는 단지 자기가 무엇을 하고 있는지 결코 깨닫지 못한 것이다. [……] 이 같은 상상력의 결여 때문이었다. 원칙적으로 그는 이 모든 일의 의미에 대해 아주 잘 알고 있었고, 그래서 법정에서 있었던 최후 진술에서 그는 "[나치] 정부가 처방한 가치의 재평가"에 대해 말한 것이다. 그는 어리석지 않았다. 그로 하여금 그 시대의 엄청난 범죄자들 가운데 한 사람이 되게 한 것은 (결코 어리석음과 동일한 것이 아닌) 순전한 무사유(sheer thoughtlessness)였다. [……] 이러한 무사유가 인간 속에 아마도 존재하는 모든 악을 합친 것보다도 더 많은 대파멸을 가져올 수 있다는 것, 이것이 사실상 예루살렘에서 배울 수 있는 교훈이었다. (아렌트, 2006: 391)

아렌트의 말처럼 아이히만은 왜 자기가 무엇을 하고 있는지 결코 깨닫지 못했을까? 아이히만은 깨닫지 못한 것이 아니라 깨달을 필요가 없었다. 자기가 무엇을 하고 있는지는 자신이 알고 있었다. 그는 근면하게 법에 복종해왔다. 그는 자신의 감정이나 성향, 자신의 경험과는 '무관하게' 자신을 철저히 통제해왔다. 아렌트가 지적한 대로, "그는 결코 유대인 혐오자가 아니었고, 그는 결코 인류의 살인자가 되기를 바라지 않았다. 그의 죄는 그의 복종에서 나왔고, 복종은 덕목으로 찬양된다"(아렌트, 2006: 343). 요컨대, 아이히만은 '개인적인 발전을 도모하는 데 각별히 근면한' 사람이었고, 그러한 자기계발의 결과, 죽음에 앞서 '자신을 완전히 통제'하고 있으며 '완전한 자기 자신의 모습'을 할 수 있는 '덕'을 갖추게 되었다. 그런데 '그의 덕은 나치스 지도자들에 의해 오용되었다' (아렌트, 2006: 343).

아이히만은 자기계발의 도(道)로 '규범에 복종'하는 것을 선택했다. 법(法)은 동사적으로 사용될 때 '본받다'는 뜻이다. 그는 나치 정부의 규범을 근면하게 본받은 결과, 나치의 규범에 의해 완전한 자기 통제에 도달한다. 그는 죽음에 직면해서조차 나치의 언어를 앵무새처럼 읊조리며 완전한 자기 자신의 모습을 뽐낸다. 앞서 말한 대로, 아이히만은 '행동의 결과로 구성되는 개인이 행동을 거듭할수록 규범에 더욱 능숙하게 복종하는 개인이 되어가는' 사례의 결정판이다. 아이히만의 도(道), 다시 말해서 나치의 규범에 복종하는 그의 도(道)는 성공적이다. 그는 도를 잘[善] 실천하여 그 결과, 자신을 완전히 통제하는 덕을 갖추게 되었다. 그는 죽음 앞에서도 흔들리지 않고, 필시 그가 바라고 의도한 대로 '완전한 자기 자신의 모습'으로 죽을 수 있었다.

아렌트는 아이히만이 유태인을 죽이겠다는 의도나 증오심은 없었으며, '그의 죄는 그의 복종에서 나왔고, 복종은 덕목으로 찬양된다'고 썼다. 복종 자체도 죄가 아니며 복종의 결과로 만들어진 아이히만의 근면하고 통제된 사람됨도 죄는 아니라고 할 수 있다. 그렇다면, 아이히만은 죄가 없고 아이히만의 덕을 이용한 나치에게 죄를 물어야 할까?

"나는 괴물이 아니다, 나는 그렇게 만들어졌을 뿐이다." "나는 오류의 희생자이다"라고 아이히만은 말했다(아렌트, 2006: 343). 아이히만의 말을 빌리면, 그는 죄인이 아니라 재수 없는 사람 혹은 시대를 잘못 만난 사람일 뿐일까?

아렌트는 아니라고 단호하게 말한다. 아이히만은 죄를 지었다. 무사유. 아렌트가 말한 아이히만의 죄목이다. 스스로의 상상력을 박탈한 죄, 다시 말해서 생각하지 않은 죄가 아이히만을 악으로 이끌었다. "그는 그 규칙에 준하여 행동했고, 그의 합법성, 말하자면 그의 규칙성에 따라 그에게 하달된 명령을 검토했다는 말이다. 또 그는 자신의 '양심'에 의지할 필요가 없었던 것이 된다"(아렌트, 2006: 398). 상상력이 결여된 사고는 양심에 의지할 필요가 없는 사고다.

무사유의 도(道)를 실천한 결과, 아이히만은 '양심의 결여'라는 덕에 수렴된다. 주어진 규범을 잘 '본받기' 위해 그는 규범을 자신의 양심에 비추어보는 성찰을 정지시키고자 '근면하게' 노력했을 것이다. 행동이 거듭될수록 그는 양심의 개입을 더욱 잘 막을 수 있었다. 도를 특유의 근면성으로 잘 닦았기 때문에 그의 방법, 즉 그의 도는 아렌트가 '순전한 무사유'라고 부르는 숙련의 경지에 이르게 되었다. 반복되는 행동을 통해 도가 닦여가는 동안, 그는 "단지 자기가 무엇을 하고 있는지 결코 깨닫지 못"하는, '상상력' 부재의 덕을 쌓아갔다. 그의 덕은 죽음의 순간에 빛을 발한다. 그는 상투어를 되뇌며 법에 복종할 뿐 자신의 양심이 끼어들 틈을 주지 않는 '완전한 자기 자신'으로 자신의 행동을 마친다.

특별한 악의도 없고 악을 저질러야 하는 외적 압력도 없는데, 자신이 선하다고 믿고 사회가 규범으로서 승인한 도, 즉 삶의 방식을 선택하여 그 삶의 방식을 성공적으로 수행해낸 결과가 악의 덕을 쌓은 셈이 되어 악인으로서 자신의 삶을 마감한다면? 아이히만 퍼즐, 다른 말로 악의 평범성 퍼즐에 대한 대안을 생각해볼 때, 그 열쇠말은 '성찰'이다. 아렌트가 '상상력', '양심' 등으로 표현한 성찰, 자신이 하는 행동을 '사고하는 행동'은 어떤 행동인가?

아감벤은 『호모 사케르』에서 아렌트가 묘사한, "법적 효력을 가지는 총통의 말에 복종하는 아이히만"을 언급하고 있다. 아감벤은 이어서 프리모 레비가 『이것이 인간인가』에서 묘사한 '무젤만'에 대해 언급한다. 무젤만은 수용소 은어로 '굴욕감, 두려움 및 공포가 그에게서 모든 의식과 모든 인격을 완전히 제거시킴으로써 결국 절대적인 무기력 상태에 이르게 된 사람'을 가리킨다(아감벤, 2008: 347). 아감벤은 무젤만이 "이성과 함께 모든 본능도 소멸되어"버린 존재라서 추위로부터 오는 고통, 두려움과 수용소의 잔인한 폭력으로부터 오는 고통, 두려움 등을 구별하지 못한다고 지적한다(아감벤, 2008: 348).

김홍중은 『마음의 사회학』에서 아이히만과 무젤만을 '두 종류의 결손 인간'으로 제시하며 '두 유형의 무사유성을 구별해야 한다'고 주장한다(김홍중, 2010: 93). 그는 "생각의 흔적을 찾을 수 없는 무슬림23"을 "나치에 의해 생산된 '살아 있는 시체'", 그리고 "순전한 무사유성에 빠진 아이히만"을 "나치라는 대타자의 법에 완전히 종속된 스놉"이라고 부른다(김홍중, 2010: 93).

> 우리는 이 두 유형의 무사유성을 명확하게 구별해야 한다. 무슬림의 무사유

---

23 프리모 레비는 '무젤만'이 원래 '무슬림'을 가리키는 속어였으며 수용소 내에서 '절대적인 무기력 상태'인 사람들을 비하하여 '무젤만'이라고 불렀다고 쓰고 있다. 김홍중은 무젤만 대신 무슬림이라고 지칭한다.

성은 사유를 포함하고 있는 생명 그 자체의 절대적 사보타주에서 비롯된 것이다. [……] 그들은 저항의 의지도 삶의 의지도 심지어 절망의 의지도 없다. 그리하여 당연히 사유의 능력도 갖고 있지 못하다. 무슬림은 신자유주의적 가치가 지배하는 사회가 생산하는 폐인들의 선조이다. 그러나 아이히만의 무사유성은 이와는 다르다. [……] 그는 성찰성(reflexivity)을 갖고 있다. [……] 성찰적인 주체(I)는 스스로를 마치 타인처럼 하나의 대상(me)으로 변환시켜 객관적이고 무사심한 판단의 거리 속에서 자신을 바라보고 통제하고 관리하고 계발할 수 있는 권능을 갖고 있다. 이런 의미에서 성찰성은 '자기의 테크닉' 전반과 연관된다. 아이히만이 보여주는 무사유성의 특이함은, 그것이 사유능력의 전면적 폐기가 아니라, 고도의 성찰적 능력 즉 자기 통제, 자기 연출의 능력과 결합되어 있다는 점에 기인한다. (김홍중, 2010: 94)

김홍중은 아이히만 딜레마를 르네 지라르의 스노비즘과 연결하여, '스놉의 문제'라고 이름 붙인다. 그는 스놉의 문제란 성찰성의 도구화에 핵심이 있다고 주장한다.

그렇다면 문제는 어디에 있는가? 문제는 그의 성찰이 성찰의 목표 그 자체에 대해서는 성찰하고 있지 않다는 점, 즉 그의 성찰성이 특정 지점에서 정지해 있다는 사실에 있다. 그는 왜 그가 스스로 통제하고, 관리하고, 양육하고, 계발하는가는 결코 질문하지 않는다. [……] 그 목적의 정당성을 침묵 속에서 독점하고 있는 것이 나치라는 대타자이다. 대타자는 아이히만의 초자아로 기능하면서 그의 정신적 근거를 쥐고 있는데, 그는 그 근거를 제외한 모든 부분을 스스로가 통제하고 있는 듯한 환상에 빠져 있다. 여기에서 다시 우리는 지라르가 분석한 스노비즘의 본질, 그리고 스노보크라시의 시대를 지배하는 자기계발 담론의 본질과 만난다. 즉 스놉의 문제는 이런 면에서 보면, 단순한 성찰성의 마비가 아니다. 그의 성찰성은 마비되기는커녕 오히려 극단적으로 발달되어 있다. 그는 바보가 아니라 지나치게 영악한 자이다. 그는 놀라운 명령 수행능력을 갖고 있다. 그러나 그 명령의 원천을 문제 삼지 않는다. 문제는 성찰성의 도구화, 즉 도구적 성찰성의 전횡이다. 스놉은 성찰성을 도구화한다. 요컨대 그는 성찰 그 자체를 성찰하지 않는다. (김홍중, 2010: 94~95)

성찰의 핵심은 객관화다. 자신을 어딘가에 비추어 대상화하는 것. 근대인이 자신을 객관화하기 위해 비춰보는 거울이 바로 푸코가 말한 바의 '지식'이다. 이 지식에 권력이 개입한다. 근대인이 자기 자신으로서 받아들이는 객관화된 자신에 권력은 필연적으로 개입되어 있다. 자신을 객관화하는 한, 지식-권력으로부터 벗어날 수는 없다. 아이히만의 경우를 보면, 자신을 성찰하면 할수록 더욱더 깊숙이 권력에 포섭된다. 도구화된 성찰성은 근대인의 숙명이다. 아이히만은 도구화된 성찰성을 적극 활용한 반면, 무젤만은 성찰을 멈춤으로써 지식-권력의 지배로부터는 일단 벗어났다. 그러나 동시에 더 이상 주체가 아니게 되어버렸다.

아감벤의 문제의식은 헐벗은 삶, 벌거벗은 삶 등으로 번역되는 nuda vita, 즉 정치적 삶이 중단되고 오직 생물학적 삶만이 유지되는 상태로 요약된다. 아감벤은 무젤만의 '절대적인 무기력 상태'를 헐벗은 삶에 대한 저항의 양식이라고 말하기는 어려웠다. 무젤만의 삶의 양식은 생물학적 삶을 최소화함으로써 정치적 삶과의 경계를 흐리는 양식이다. 그러나 비밀경찰에 대한 두려움과 추위에 대한 두려움을 구분하지 못하는 무젤만의 상태가 헐벗은 삶에 대한 '대안'일 수는 없다.

아감벤은 바틀비를 언급한다. 아감벤의 '대안'은 잠재성의 상태에 머무는 행동이다. 앞서 말한 대로, 나는 '잠재성의 보존' 대신 주어진 이름에 복종하기를 거부하는 '무위'(無爲)의 실천으로 바틀비의 삶의 방식을 해석하였다. 무위는 '명(名)의 거부'를 바탕으로 한다. 무위(無爲)

란 주어진 이름, 다시 말해서 주어진 규범을 본받는 위(爲)를 단지 '하지 않는 것'(不爲)이 아니다. 무위란 규범 자체를 거부함으로써 주어진 규범의 존재를 무(無)로 돌리는 실천이다. 바로 이 지점에서 아감벤과 만난다. 나는 노자의 '무위' 개념을 재해석함으로써 바틀비에 대한 아감벤의 해석을 '명에 대한 거부'를 실천한 예로 끌어들였다.

2. 도둑의 딜레마

『장자』에 나오는 유명한 일화 가운데 '도척의 도'(盜跖之道)라는 이야기가 있다. 척(跖)이라는 이름을 가진 도둑이 도(道)를 논한 이야기다.

> 도둑 척(跖)의 무리가 척에게 물었다. '도둑에게도 [도둑질하는] 방법[道]이라는 것이 있습니까?' 척이 말한다. '어디에든 방법[道]이 없을 수 있겠는가? [사전 지식이 없이] 그냥 집 안에 있는 물건을 아는 것은 혜안[聖]이다. [도둑질하러 들어갈 때] 앞장서 들어가는 것은 용기[勇]다. [도둑질이 끝나고] 가장 나중에 나오는 것은 의리[義]다. [훔친 물건을 나눌 때 값지게 팔 수 있고 없음의] 가부(可否)를 아는 것은 지력[知]이다. 균등하게 나누는 것은 다른 사람을 이롭게 하는 것[仁]'이다. 이 다섯 가지를 갖추지 않고서 큰 도둑으로 성공할 수 있었던 사람은 천하에 아직 없었다. 이로부터 볼 때, 착한 사람이 성인의 방법[道]을 체득하지 않고는 [온전한 착한 사람으로서] 설 수 없지만 척(跖)도 성인의 방법을 체득하지 않고서는 도둑질할 수 없다. [그런데] 천하에 착한 사람은 적고 착하지 않은 사람은 많다. 따라서 성인이 천하를 이롭게 한 바는 적고 천하를 해롭게 한 바는 많다.[24]

성인을 성인으로 만들어준 방법을 매뉴얼 삼아 수신하여 혜안, 용기, 의리, 지력, 인(仁)이라는 다섯 가지 덕목을 갖춘 사람은 성인이 될 수도 있고 도둑이 될 수도 있다. 『장자』는 '착함과 착하지 않음'의 차이에 주목한다. 행위의 의도가 선하든, 본성이 선하든, '착한 사람'은 성인의 매뉴얼로 성인을 지향한다. 굳이 악한 사람은 아니어도 착하지 않은 사람은 성인의 매뉴얼을 통해 갈고 닦은 덕(德)을 지속적으로 끝까지 성인이 되기 위해서만 사용하기는 어렵다. 성인을 지향하며 성인의 방법으로 수신한 사람이 어느 날 특정 계기로 자신에게 구비된 덕목을 활용하여 도둑이 된다면 천하를 훔칠 수도 있다는 것이 『장자』의 주장이다. 『장자』의 시각으로는 세상에는 착하지 않은 사람이 더 많아서 성인의 매뉴얼이 착하지 않은 의도로 사용되는 경우가 더 많다는 것이다. 사람 됨됨이는 훌륭한데 하는 행동이 다른 사람에게 해를 끼치는 경우, 그 해가 변변치 못한 사람이 끼치는 해에 비할 바가 아니라는 견해다. 그렇다면 성인이 차라리 방법을 만들지 않았으면 천하에 해가 덜 할 것이 아닌가? 성인 자신은 자신의 방법으로 성인이 되었겠지만, 결과적으로 성인의 방법을 통해 성인이 된 사람보다 악인, 그것도 성인과 같은 수준의 악인이 된 사람이 더 많다면, 성인이 남긴 방법[道]의 의의는 무엇인가? 이것이 『장자』가 도둑 척(跖)의 이야기를 통해 제기하는 문제다.

방법[道]을 수행하면 그에 따른 자질[德]이 생긴다. 자질이 생긴 만큼 방법을 더 성공적으로 수행할 수 있다. 이것이 도-덕 모델을 통해서 설명하는 수신(修身)이다. 성인이 스스로를 성인으로 만들어준 그 방법은 훌륭하다. 그 방법을 체득하면 성인의 자질을 갖출 수 있다. 그러나

24 『장자: 외편(外篇)』 「거협」(胠篋).

성인의 자질을 갖추고 있다고 해서 곧 성인인 것은 아니다. 성인의 자질을 갖추고도 악인이 될 수 있다. 마치 성인처럼 완전히 자신을 통제하는 악인. 아이히만이다.

개인이 자신을 완전히 통제하여 부지런히 자기 발전을 도모하는 데 성공하여 '좋은 인간'이 될수록 그의 행동은 '나쁜 행동'이 되고 결과적으로 '나쁜 인간'으로 수렴하는 딜레마. 『장자』에 나오는 도둑의 딜레마다. 이 도둑의 딜레마는 아이히만 퍼즐과는 '순전한 무사유에 기인한 복종'이라는 측면에서 다르다. 아이히만은 자신의 행동을 양심에 비추어보아야 한다는 사유가 결여된 채, '명령에 복종'한다는 행동 준칙에 복종한 결과, 악인이 되었다. 『장자』의 도둑은 한나 아렌트가 아이히만에게 결여되었다고 본 상상력을 갖추고 있다. 『장자』의 도둑은 사회적 규범에 맹목적으로 복종하지 않는다. 그는 먹고사는 길로 반사회적 범죄를 선택하였다. 그는 규범 이외의 것을 상상한다. 단적으로 말하면, 아이히만보다는 『장자』의 도둑이 더 '주체'에 가깝다. 아이히만과 다르게 『장자』의 도둑은, 푸코의 용어로, 주체로 살아가는 삶의 미학(aesthetics)의 한 가지 예라고도 볼 수 있다. 그런데도 도둑의 자기 통제와 근면함 역시 아이히만의 그것과 동일하게 '주체'를 악한 행동으로 이끈다.

3. 윤리 중심의 도덕 체계 속의 자유

이 책의 제1부에서 언급한 바와 같이, 푸코는 각 사회에 존재하는 다양한 도덕 체계들을 그의 '윤리' 개념을 기준으로 둘로 유형화하였다. 하나는 '규범 중심의 도덕들'(code-oriented moralities)이고 다른 하나는

'윤리 중심의 도덕들'(ethics-oriented moralities)이다. '조선 유교의 도덕 체계' 혹은 '현대 중국 도교의 도덕 체계' 등 특정 도덕 체계를 살펴볼 때, 그 체계에 속한 개인이 자신에게 주어진 조건들을 이용할 수 있는 여지가 적으면 그 체계는 '규범 중심의 도덕들'에 속하고, 여지가 많으면 그 체계는 '윤리 중심의 도덕들'에 속한다. '규범 중심의 도덕들'에서 중요한 것은 '권위'(authority)다. '윤리 중심의 도덕들'에서 중요한 것은 '창의성'(creativity) 혹은 '창의적 실천'(creative practices)이다. 전자에 속하는 도덕들에서는 행위자의 행동을 이해하고 예측하는 데 권위가 절대적이다. 후자에 속하는 도덕들에서는 행위자의 행동을 이해하고 예측하는 데 권위가 절대적이지는 않다. 권위란 행동의 가이드라인 정도의 영향력, 그러나 무시할 수는 없는 영향력을 가지고 사람들의 행동에 작용한다. 그러나 사람들이 가능한 한 규범을 자신의 욕망을 실현하기에 유리하도록 재해석하고 규범의 틈을 비집고 규범 안에서 자신의 욕망을 실현하는 '창의성'이 더욱 중요하다. 후자에 속하는 도덕들에서 사람들은 규범의 기본적인 속성, 즉 사람들의 욕망을 억압하고 사람들의 욕망에 반하여 작용하는 속성을 역으로 이용하여 자신들의 욕망을 극대화하는 도구로 사용하기까지 한다.

'규범 중심의 도덕들'에서 권위는 도덕의 영향력이 미치는 범위 안의 사람들에게 행동의 규범(code), 즉 '이러이러하게 행동하라'는 행동의 매뉴얼을 강요한다. 이러한 조건 속에서 행위자는 규범을 일종의 유사 사법 형식(quasi-juridical form)으로 받아들인다. 유사 사법 형식이란 도덕 체계에 속하는 사람들이 자신의 행동을 마치 법에 비추어보듯이 자신의 행동을 규범에 비추어보고 그 규범을 어겼을 경우 처벌받을 위험을 감수해야 한다고 생각하게 하는 형식이다. 규범은 법과는 달라서 사법 체계에 속하지 않는다. 규범에 반하는 행동을 했다고 해서 사법적 처벌에 준하는 그러한 처벌로 이어질 가능성은 크지 않다. 그럼에도 불구하고 이 도덕 체계 속의 사람들은 규범을 마치 법과 같이 받아들인다. 법은 법 조항 자체뿐만 아니라 법을 어길 경우 받을 처벌에 대해서도 법의 지배하에 놓인 사람들이 명시적으로 알 수 있는 형식으로 존재한다. 그러나 규범의 경우는 법만큼 명시적이지 않을뿐더러 사법 체계와 같은 명시적이고 일관된 처벌이 존재하지 않는 경우가 대부분이다. 그럼에도 불구하고 '규범 중심의 도덕들'에 속한 사람들은 규범대로 행동하지 않을 경우에 처벌받을 것이라는 생각을 사회화 과정에서 어떤 형식으로든 주입받았다. 이 과정에 개입하는 것이 권위다. 가장의 권위, 학교의 권위, 교회의 권위에 의해 가족, 학교, 교회의 규범을 마치 절대적인 법처럼 받아들인 결과, 규범이 사람들의 머릿속에 유사 사법 형식으로 자리 잡게 되면 사람들은 규범을 마치 법처럼 신봉하게 되고 이들의 행동은 규범의 영향을 강하게 받게 된다.

'윤리 중심의 도덕들'에서 도덕 체계에 속한 사람들의 창의성은 존재하는 규범의 틈을 노린다. 바꾸어 말하면, 특정 사회의 도덕 체계에 속한 사람들의 창의성이 자주 성공적으로 발휘된다면 그 도덕 체계는 '윤리 중심의 도덕들'의 하나로 볼 수 있다. '윤리 중심의 도덕들'에 속하는 도덕 체계에도 규범은 존재한다. 규범의 종류나 내용 등이 '규범 중심의 도덕들'과 비교하여 적다거나 허술하지는 않을 가능성이 크다. 중요한 점은 앞서 말했듯 권위다. '윤리 중심의 도덕들'에서는 권위의 성격이 다르다. '규범 중심의 도덕들'에서는 사람들에게 행동의 규범을 강제하는 강력한 권위가 존재했다면, '윤리 중심의 도덕들'에서는 사람들에게 규범 위반에 대한 처벌이 수반되도록 하는, 유사 사법 형식으로 각인되는 권위는 존재하지 않는다. 후자의 경우에 권위는 사람들에게 규범을 행동의 가이드라인 정도로 인지하도록 할 뿐이다. 가정, 학교, 교회에서 알게 된 규범은 행동을 인도할 뿐 처벌의 공포와 함께 사람들에게 각인되지는 않는다. 따라서 '윤리 중심의 도덕들'에 속한 사람들은 자신들의 행동에서 창의력을 발휘할 수 있다. 단지 창의성을 발휘할 수 있는 정도가 아니라 창의적 실천이 규범을 곧이곧대로 행동에 옮기는 실천보다 가치 있는 것으로 인식될 수도 있다. 이러한 도덕 체계를 가진 사회에서라면 사람들의 창의성이 발휘될 기회가 많을 것이다. 일상화된 창의적 실천은 사회 전반에 걸쳐 모든 실천에서 사람들의 창의성을 북돋울 것이다. '규범 중심의 도덕들'에 속한 사람들의 창의성이 '윤리 중심의 도덕들'에 속한 사람들과 비교하여 부족하다고 단정할 수는 없지만 적어도 일상에서 상대적으로 창의성을 발휘할 기회가 적을 것은 분명하다. '규범 중심의 도덕들'에 속한 사람들은 일반적으로 창의력이 반드시 요청되는 순간에도 쉽게 창의력을 발휘하기는 어려울 것이라고 추측할 수 있다.

래비노는 푸코의 도덕 체계 분류를 두 가지 '이상적'(ideal)인 도덕 체계라고 불렀다(Rabinow, 1997: XXVI). 전자에서는 도덕규범(moral code)이 강조되고 후자에서는 윤리적 실천(ethical practice)이 강조된다. 래비노가 '이상적'이라고 부른 이유는 이 두 가지 도덕 체계가 일종의 모델이기 때문이다. 대부분의 사회에서 실제 작동하는 도덕 체계는 이 두 부류 가운데 어느 한쪽에 속한다기보다는 이 두 가지 이상적인 모델의 조합일 가능성이 크다.

푸코는 이와 같이 두 가지로 구분하면서 두 유형의 사회를 머릿속에 떠올렸다. 전자의 경우는 가톨릭의 규범이 지배하는 사회이고, 후자의 경우는 고대 그리스 사회였다. 그러나 가톨릭의 권위가 모든 사회 구성원에게 예외 없이 미치고 가톨릭의 규범이 일상의 모든 행동을 지배한다고 일컬어지는 사회에서도 실제 사회를 관찰해보면 꼭 그렇다고 보기 어려운 수많은 예외가 관찰될 것이다. '윤리 중심의 도덕들'을 설명하기 위해 푸코가 묘사하는 고대 그리스 시민사회도 실제 사회에서는 '윤리 중심'이라기보다는 '규범 중심'으로 보는 편이 더 타당한 경우도 발견될 것이다. 요컨대, 래비노의 관점에서 보면 실제 현실에서 목격되는 특정 사회의 도덕이 푸코가 제시한 두 가지 도덕 유형 가운데 어느 하나에 속한다고 보기는 어렵고, 그 때문에 그 두 가지 도덕 유형은 이상적인 성격을 가지고 있는 것이다.

나 역시 래비노의 관점에 동의한다. 나는 푸코의 '도덕들'(moralities)을 도덕(morality)의 실제적 분류 기준이 아니라 이상적인 모델로 이해하는 편이 현실의 도덕을 푸코의 틀로 분석하는 데 더 유용하다고 생각한다. 다시 말해서, 푸코가 분류한 두 도덕들, 즉 '규범 중심의 도덕들'과 '윤리 중심의 도덕들'을 '규범 중심의 도덕'과 '윤리 중심의 도덕'이라고 하고 도덕 모델로서 도덕 스펙트럼의 양 극단에 위치시켜 분석의 틀로 삼을 필요가 있다. 이 분석의 틀로 보면, 역사적으로 존재한 도덕들, 현재 각 사회에 지배적인 도덕들이 푸코의 분류 가운데 어느 한쪽에 속하는 것이 아니라, 이 스펙트럼의 어딘가에 위치하게 된다. 바꾸어 말해서, 실제 사회에 존재하는 도덕들은 이 두 모델 중 어느 하나라기보다는 이 둘의 속성을 일정 비율로 동시에 가지고 있는 혼합물이다. 혼합물의 성격은 권위의 강도와 창의성에 의해 규정된다. 권위의 강도가 세서 그 결과, 규범이 사람들의 행동에 크게 영향을 미치면 '규범 중심의 도덕'에 가깝고, 반대로 창의성이 높아서 규범이 사람들의 행동에 크게 영향을 미치지 않으면 '윤리 중심의 도덕'에 가깝다고 본다. 사람들의 행동에 다양성이 부족하면 전자에, 다양성이 크면 후자에 속할 가능성이 높다.

푸코 역시 이 두 '도덕들'이 서로 배타적이지는 않으며 한 사회 안에 동시에 존재한다고 주장하였다. 푸코는 기독교 안의 영성주의(spirituality)를 예로 들었다. 그가 '규범 중심의 도덕들'을 이야기하며 염두에 둔 전통적인 기독교 도덕 체계와 공존하는 또 다른 기독교 전통, 즉 '윤리 중심의 도덕들'의 예로서 영성주의를 들면서 두 '도덕들'이 한 사회 안에 공존할 수 있다고 설명하였다. 푸코에 의하면 근대 서구 사회에 존재하는 '규범 중심의 도덕들'이 기독교에 기반을 두고 있지만, 명상이나 개인 차원의 종교적 실천에 초점을 맞춘 영성주의 역시 기독교 안에 존재한다. 그러나 이는 라비노우나 나의 시각과는 차이가 있다. 푸코는 근대 서구 사회에 실재하는 도덕 체계의 하나로서 '규범 중심의 도덕'을 보고 있으며 같은 시각으로 영성주의와 같은 '윤리 중심의 도덕'을 설명하고 있다. 이는 이 두 분류의 도덕들을 현실에 존재하는 도덕들이라기보다는 '이상적'인 도덕, 즉 일종의 설명 틀로 보고 있는 라비노우의 시각과는 차이가 있다. 또한, 한 사회에서 두 도덕들이 공존할 수 있다는 푸코의 설명은 실제 사회에 존재하는 도덕은 두 도덕의 속성을 일정 비율로 가지고 있는 두 모델의 혼합물이라는 나의 설명과도 거리가 있다.

결코 근대인이었던 적이 없는 동아시아인들의 도덕 체계의 원천인 고대 중국철학에서 나는 세 가지 '도덕들'을 제시하였다. 각각의 도덕들은 순자와 묵자, 노자, 장자의 도(道)로 대표된다. 세 가지 '도덕들'은 도-덕 모델을 바탕으로 유형화된다. 논의를 요약하면 다음과 같다. 도-덕 모델에서 명은 외부로부터 주어지는 매뉴얼에 해당한다. 외부로부터 주어지는 매뉴얼을 바탕으로 개인이 행동을 위한 사전 지침으로 만든 것이 '디스코스 도'다. 나는 외부로부터 주어지는 명에 대한 세 가지 태도를 선진(先秦) 철학의 텍스트로부터 추출하였다. 명에 대한 세 가지 태도는 '그 길을 따르라'(Follow the way), '그 길을 따르지 말라'(Do not follow the way), '길을 따르라'(Follow a way)에서 예시된 바와 같다. 이와 같이 서로 다른 세 가지 유형을 선진(先秦) 철학의 대표 개념들을 가지고 설명하면 다음과 같다. ① 명(名)에 대한 복종: 순자, 묵자, ② 명(名)에 대한 거부: 노자, ③ 명(名)에 대한 의심: 장자.

세 가지 '도덕들'을 '규범 중심의 도덕'과 '윤리 중심의 도덕'이라는 틀로 본다면, 순자, 묵자로부터 노자를 거쳐 장자에 이르는 스펙트럼이 될 것이다. '윤리 중심의 도덕'으로 갈수록 자유의 영역이 커진다. 아렌트의 용어로 '상상력'이 발휘되어야 하는 영역이다. '윤리 중심의 도덕' 속에서 아이히만처럼 '상상력'이 결여된 사람은 살기 어렵다. 아이히만의 도는 성공적이지 못하다.

'윤리 중심의 도덕'으로 가까이 갈수록 자유의 영역이 커진다는 말은 '성찰을 성찰하는 행동'이 늘어난다는 말이다. 주어지는 규범이 적거나 상세하지 않을 때, 행동을 하기 위해 행위자는 상상력을 동원해야 한다. '병뚜껑을 여시오'라고만 쓰인 병을 보면, 돌려서 따야 할지, 병마개를 손으로 뽑아야 할지, 병따개를 사용해야 할지 등등을 생각하고 시험해보아야 하는 것과 같다.

푸코는 권력으로부터 '해방'되고 '억압'으로부터 놓여나는 '자유'에 의미를 부여하지 않았다. 푸코가 말하는 '주체'(subject)란 권력에 복종할 수밖에 없는 신민(subject)이면서 동시에 술부(述部)의 주어(subject), 즉 행동을 선택하는 주체다. 그 이중성을 이용하여 자신을 구성하는 존재다.

4. 성찰을 성찰하는 행동: 의심과 불안

이성으로 무장하고 합리로 자신의 행동을 정당화하는 근대인은 확신에 차 있다. 확신에 찬 행동은 자기 자신에게 안정감을 되돌려준다. 자신뿐만 아니라 다른 사람들도 자신과 같다고 확신할 때 자신을 포함한 세상에 대한 확신이 더해진다. 이는 안정감을 배가시킨다. 확신과 안정을 단지 추구할 뿐만 아니라 확신과 안정이 '정상적인' 상태라고 믿는 근대인을 이른바 포스트모더니스트들은 의심한다.

포스트모더니스트들의 의심 이후를 생각하는 것이 이 책의 과제다. 그 의심 이후에 무엇이 있나? 내 대답은 그 의심을 지속해가는 것이다. 이성과 합리를 확신하는 근대인을 의심하는 작업까지를 포스트모더니즘이라 생각한다면, 포스트모더니즘 이후란 근대를 대체하는 후기근대의 기준, 다시 말해서 이성과 합리 외에 다른 어떤 것에 기반을 둔 기준을 제시하는 작업일 것이다. 내 대답은 이렇다. 주어진 이름, 문법, 규범이 보편적 이성에 기반을 두고 있지는 않다. 그러나 그러한 이름일지언정 이름은 지식-권력으로 주어진다. 앞서 나는 주어진 이름에 복종하거나 주어진 이름을 거부하거나 주어진 이름을 의심하는 유형에 대해 설명했다. 그 가운데 주어진 이름을 의심하는 행동을 '성찰을 성찰하는 행동'으로서 해석한다.

성찰을 성찰하는 행동은 의심이다. 자신의 행동을 의심하는 실천이다. 이러한 실천은 불안을 수반한다. 다시 『장자』에 나오는 도둑 척(跖)으로 돌아가면, 『장자』의 도둑 척(跖)은 의기양양하다. 아이히만은 근엄하다. 둘 다 자신이 생각하는 '성인'(聖人)의 행동을 본받고자 노력했다. 『장자』의 도둑 척(跖)과 예루살렘의 아이히만, 그 둘의 태도에 의심과 불안은 흔적조차 없다. 그들은 자신의 도(道)에 대하여 확신에 차 있다. 바틀비에게서도 불안의 흔적은 찾을 수 없다. 그는 상냥하지만 단호한 목소리로 말한다. 거부하는 이유를 묻는 고용주에게 그는 냉담하게 말한다. '그 이유를 스스로 보지 못하세요?'라고. 그는 설명하거나 변명하지 않는다.

의심과 불안은 없다. 만약 자신의 선택에 조금이라도 의심의 여지를 허용했다면 그는 설명하고 소통하려고 했을 것이다. 그는 소통을 허용하지 않았다. 그의 거부는 자신을 죽음으로 몰고 갈 만큼 확신에 찬 행동이었다.

도에 대한 의심과 자신의 도를 지속적으로 의심한 결과로 축적되는 불안이라는 덕. 고대 중국철학의 텍스트 중에 '의심'이라는 주제를 전면에 내세운 텍스트는 『장자』다. 동아시아 철학의 맥락에서 '의심'에 대해 생각할 때 『장자』 이외에 다른 텍스트를 떠올리기 어렵고, 또 『장자』를 읽을 때 '의심'이라는 말이 떠오르지 않기도 어렵다. '의심'이 『장자』를 설명하는 중요한 열쇠말임은 여러 학자들의 연구가 보여준다.

앞서 언급한 대로, 『장자』의 주제는 불가지론과 상대론이다. 이름이 사물을 반영하는지 아닌지는 알 수 없다. 불가지론이다. 주어진 이름을 선택하든 아니면 그것을 거부하고 자신이 다른 이름을 붙이든 그 이름들의 가치는 상대적이다. 주어진 이름이 더 가치 있다고 할 수도 없고 주어진 이름이 아닌 다른 이름이 더 가치 있다고 할 수도 없다. 상대론이다. 그러나 불가지론과 상대론이 행동에 대한 면책 사유로 작용하지는 않는다는 점에 주의할 필요가 있다. 즉, '알 수 없기 때문에, 그 가치가 상대적이기 때문에 어떻게 행동하든 마찬가지'라는 논리가 아니라는 점이다. 그 근거는 『장자』에서 불가지론과 상대론에 종지부를 찍는 말, '밝음'[明] 혹은 '밝은 앎'[明知]에서 찾을 수 있다.

시비(是非)를 꿰뚫는 '밝은 앎', 곧 '명지'가 강조된 이유를 살펴보면, 어떻게 행동하든 마찬가지도 아니고, 결과가 어떻게 나오든 상관없지도 않기 때문이다. 행위자는 행동의 차이와 행동의 결과가 가져올 차이를 염두에 두어야만 한다. 그 예측을 결코 확신할 수는 없지만 자신의 역량(capacity)이 허용하는 앎을 최대한 동원하여 주어진 상황, 주어진 질서, 주어진 이름 속에서 어떻게 행동할 것인지 선택해야만 한다. 그 선택들의 결과들은 '마찬가지'가 아니다. 더욱이 행동이란 일회적으로 행위자의 외부로 방출되는 결과물이 아니다. 행위자와 '상관'있다.

장자는 더 나은 선택의 결과가 존재하며 그를 위해 노력해야 함을 강조하고 있다. 더 나은 선택의 결과는 옳고 그름의 논쟁, 즉 시비(是非)를 초월할 만큼 절대적으로 좋다. 자신의 선택에 따른 행동이 어떤 결과를 낳을지 선택의 순간에는 알 수 없다. 불가지론이다. 선택 그 자체에 옳고 그름은 없다. 상대론이다. 즉 마땅히 그렇게 해야만 하는 절대적인 옳음, 절대 그렇게 하면 안 되는 절대적인 그름은 없다. 선택 그 자체는 가치중립적이다. 그런데 그 선택에 따른 행동이 야기하는 상황에 가치 판단이 개입되며, 그 결과에 책임을 져야 한다. 그래서 '명지'가 요구되는 것이다.

『장자』「제물론」에 나오는 '조삼모사'(朝三暮四) 이야기는 흔히 원숭이 먹이를 배급하는 방법을 가지고 원숭이를 부리는 사람이 어리석은 원숭이를 속이는 이야기라고 해석된다. 그런데 이 이야기는 성인(聖人)이 시비(是非), 즉 옳고 그름을 통합하여 그 대립을 해소하는 실천, 즉 양행(兩行)을 설명하기 위한 예시[25]다.

> 원숭이 부리는 사람이 도토리를 나눠주며 말한다. '아침에 세 개, 저녁에 네 개다.' 원숭이 무리가 모두 노여워했다. 원숭이 부리는 사람이 말한다. '그럼 아침에 네 개, 저녁에 세 개다.' 원숭이 무리가 모두 기뻐했다. 명(名)과 실(實)이 어그러지지 않고도 기쁨도 노여움도 유용한 것[用]으로 변화되었다.

25 강신주는 양행(兩行)을 "타자의 시비 판단에 따르는 것과 자신의 판단을 중지함으로써 마음을 비워 두는 것"(강신주, 2007: 144), 이 두 가지 원리의 병행으로 개념화하고 있다.

논리[因]는 이것이다. 이것이 성인이 시비(是非)를 화합함으로써 하늘의 조화[天鈞]에 부합되는 상태를 유지하는 바다. 이것을 일컬어 양행(兩行)이라고 한다.

조삼모사 이야기는 옳고 그름의 대립을 해소하는 양행의 방법[道]을 가능하게 하는 성인의 명지(明知), 곧 성인의 역량[德]을 보여준다. 원숭이를 부리는 사람은 하루에 일곱 개의 도토리를 지급한다는 규칙, 이것이 명(名)이다. 원숭이에게 도토리를 왜 지급하는가? 원숭이를 기쁘게 하기 위함이다. 이것이 실(實)이다. 아침에 세 개, 저녁에 네 개로 지급된 도토리는 원숭이의 노여움을 산다. 원숭이 부리는 사람은 화가 난다. '하루에 일곱 개를 지급하니 원숭이가 화를 내는구나. 그럼, 여덟 개로 늘려달라는 거야, 뭐야?' 원숭이와 원숭이 부리는 사람은 시시비비를 가리며 서로 대립한다. 원숭이 부리는 사람은 고민스럽다. 하루 일곱 개의 지급이라는 규칙과 원숭이를 기쁘게 해야 한다는 실질이 대립한다. 원숭이를 만족시키자니 원칙을 바꿔야 하고 원칙을 바꾸지 않으면 원숭이가 화를 낸다. 원숭이가 화를 내면 일을 시킬 수 없고 그러면 원숭이 부리는 사람도 일자리를 잃게 된다. 원숭이 부리는 사람은 생각한다. 원칙과 실질, 어느 한쪽도 훼손하지 않으면서 시시비비를 해소하는 방법. 그는 배급하는 원칙은 바꾸지 않으면서 아침에 네 개 지급하고 저녁에 세 개 지급하는 방식[道]으로 바꿈으로써 원숭이를 기쁘게 했다. 원숭이 부리는 사람의 명지(名知)가 발휘되어 실현된 양행(兩行)의 행동이다. 원숭이 부리는 사람과 원숭이의 시비(是非) 관계, 즉 내가 옳으면 네가 그른 관계는 방법[道]을 바꿈으로써 해소된다. 이때 기쁨과 노여움의 대립도 해소되어 비로소 서로에게 모두 유용함을 가져올 수 있는 이상적인 상태[天鈞]로 귀결된다.

나는 『장자』의 불가지론과 상대론을 허무주의와 연결하는 해석에 반대한다. 만약 불가지론과 상대론을 허무주의로 해석하면, 명지(名知)는 오직 '알 수 없음'과 '차이 없음'을 깨닫는 순간 쓸모없어진다. 나는 명지(名知)가 '알 수 없음'과 '차이 없음'을 알기 위해 필요한 역량이라기보다는 오히려 '알 수 없음'과 '차이 없음' 때문에 요청되는 역량이라고 생각한다. '알 수 없음'과 '차이 없음'이 전제되어 있기 때문에, 늘 의심하고 늘 불안해한다. 그럼에도 불구하고 무언가 선택해야만 한다. 아이히만처럼 무사유적 복종을 선택할 수는 없다. 그렇다고 바틀비처럼 행동 자체를 거부할 수도 없다. 그 둘을 삶의 방식이라고 부를 수 없다.

『장자』의 화자(話者)는 「소요유」의 붕새 이야기에 다음과 같은 결론을 덧붙이고 있다.

> 불모의 땅 북쪽에 끝없는 바다가 있으니 천지이다. 그곳에 있는 고기는 그 너비가 수천 리인지라 그 길이를 아는 사람이 없으니 그 이름이 곤이다. 그곳에 새가 있으니 그 이름이 붕새이다. 그의 등허리는 태산과 같고 날개는 마치 하늘을 덮은 구름과 같다. 회오리바람이 양의 뿔처럼 휘돌아 오르는 것이 구만리니 구름 위로 높이 올라 푸른 하늘을 등진 뒤에야 남녘으로 날아 장차 남쪽 바다로 나아가고자 한다. 작은 연못에 사는 참새가 그를 비웃어 말했다. '저것이 어디로 가려고 하는가? 나는 훌쩍 뛰어오르되 몇 길 오르지 못하고 내려와 쑥밭에서 뱅뱅 돌아다니니 이것도 날기의 극치이거늘 제까짓 게 어디로 가고자 하는가?' 이것이 작은 것과 큰 것의 구별이다.
>
> 그러므로 지능이 하나의 관직을 맡을 만하고 행실이 한 마을 사람들과 가까이할 만하며 덕행이 임금 한 사람에게 투합할 만하고 능력이 한 나라 사람들에게 믿음을 얻을 만한 사람도 자기 스스로를 보는 것이 또한 이와 같을 것이다. 그러나 송영자는 이러한 사람들에 대하여 빙그레 웃으며 온 세상 사람들이 그를 찬양해도 그 때문에 우쭐대지 않고 온 세상 사람들이

그를 비난할지라도 의기소침해하지 않으니 나와 남의 몫을 알고 영광과 치욕의 경계선을 구별하는지라 이와 같을 따름이다. 그는 세상의 명예에 대하여 조급하게 추구한 적이 없었다. 비록 그러하지만 그도 아직 미진한 바가 없지 않다. (이강수·이권, 2007: 56~59)

상대적 태도의 출발은 의심이다. "저것이 어디로 가려고 하는가? 나는 훌쩍 뛰어오르되 몇 길 오르지 못하고 내려와 쑥밭에서 뱅뱅 돌아다니니 이것도 날기의 극치이거늘 제까짓 게 어디로 가고자 하는가?" 작은 연못에 사는 참새는 자신의 관점에서 붕새를 의심한다. 『장자』의 화자(話者)는 '큰 것'의 극치인 붕새를 참새가 감히 의심할 수 있다고 말하고 있다. 다시 말해서, 모두가 의심 없이 인정하는 가치라도 의심될 수 있다고 말하는 것이다.

의심은 밖으로는 세상의 통념을 향하고 안으로는 자기 자신에 대한 관념을 향한다. 붕새 이야기를 통해서 『장자』의 화자(話者)가 말하고자 하는 핵심은 '자기 자신에 갇힌 관념이므로 의심하라'라고 요약할 수 있다. '지능이 하나의 관직을 맡을 만하고 행실이 한 마을 사람들과 가까이할 만하며 덕행이 임금 한 사람에게 투합할 만하고 능력이 한 나라 사람들에게 믿음을 얻을 만한 사람', 즉 세상에 뛰어나다는 모든 사람들도 결국 자기 자신의 관점에 갇혀 있을 수밖에 없다는 점을 인정해야만 한다. 모든 사람이 자신의 관점에 갇혀 있을 수밖에 없다는 사실을 인정하면 송영자라는 사람과 같은 태도를 취하게 된다. 사람의 관점이란 그 어느 것도 단지 하나의 관점에 지나지 않는다는 상대적인 태도다. 따라서 송영자와 같은 사람은 "온 세상 사람들이 그를 찬양해도 그 때문에 우쭐대지 않고 온 세상 사람들이 그를 비난할지라도 의기소침해하지 않"는다. 단지 하나의 관점에 지나지 않는다는 것을 알기 때문이다.

사람들의 관점이란 상대적이므로 열등감도 우월감도 의미가 없고, 사람들이 가치를 부여하는 것도 그 가치가 절대적인 가치가 아닌 상대적인 가치일 뿐이라고 생각하는 송영자도 '아직 미진한 바가 없지 않다.' 『장자』의 화자(話者)는 상대적 태도의 극치를 두고 무명(無名), 즉 '이름이 없다'고 하였다.

> 열자는 바람을 타고 다니기를 경쾌하게 잘하여 보름이 지난 뒤에 돌아오기도 하였다. 그는 행복을 추구하는 일에 조급한 적이 없었다. 이 사람은 비록 걸어 다니는 수고로움에서는 벗어났으나 아직도 의지하는 바가 있다. 저 자연의 본성을 타고서 온갖 기운의 변화를 거느려 무궁에서 노니는 것과 같은 것은 그가 또 어디에 의지하리오? 그러므로 지인(至人)은 무기(無己)하고 신인(神人)은 무공(無功)하고 성인(聖人)은 무명(無名)이라고 한다. (이강수·이권, 2007: 60~61)

나는 무기(無己), 무공(無功), 무명(無名)을 이 글의 주제인 실천에 초점을 맞추어 다음과 같이 해석한다. '이상적인 인간은 자기에 구속됨이 없고, 일에 구속됨이 없고, 이름에 구속됨이 없다.' 기(己), 공(功), 명(名)을 명사화된 동사로 해석한 근거는, 첫째, 『장자』를 비롯한 고대 중국 텍스트는 통사구조가 엄격하게 자리 잡기 전에 형성되었으며, 둘째, 명사가 동사적으로 사용되거나 동사적으로 해석되는 예가 적지 않다는 점에서 찾을 수 있다. 예컨대, 법(法)이라는 글자는 '법률', '규범'이라는 명사로 쓰이기도 하고, '본받다'라는 동사로 쓰이기도 한다. 무기(無己), 무공(無功), 무명(無名)을 일관되게 '구속됨이 없다'고 해석한 이유는, 첫째, 위 구절에서 이상적인 인간을 '의지하는 바가 없는 사람'으로 정의하고 있는데 '그 의지하는 바'를 기(己), 공(功), 명(名)으로 보았기 때문이고, 둘째, 위 구절을 붕새 이야기의 결론으로 보았을 때 「소요유」의 주제인 '자유'와 연결하여 '의지하는 바'를 '구속되는 바'로 해석했기 때문이다. 위 구절에서 화자(話者)는 열자(列子)를 이상적 인간상으로 등장시킨다. "걸어 다니는 수고로움에서는 벗어"난, 보통은 아닌 자신도 열자의 수준에는 미치지 못하는데, 그 기준은 다름 아닌 '의지하는 바'의 있고 없음이다. 의지하는 바가 없는 인간, 자유로운 인간을 이상적인 인간상으로 제시하고 있다.

의지한다는 것은 구속된다는 것이다. 주어진 시간과 공간에서 주어진 정보를 해석하여 자신이 처한 상황을 판단하고 행동을 결정할 때, 자신에 의지하고 일에 의지하고 이름에 의지하는 실천이란 무엇인가. 예를 들어 설명하면 이런 것이 아닐까 한다. 자신에 의지한다는 것은 자신의 성격, 신체조건, 취향, 신념 등에 대해 스스로 규정한 '자신'을 유일한 판단 근거로 삼아 행동을 결정하고 실천에 옮긴다는 뜻이다. '난 이런 사람이야. 그래서 이렇게 행동할 수밖에 없어.' 혹은 '난 이런 사람이어야만 해. 그래서 이렇게 행동해야만 해'라고 생각하는 것이다. 일에 의지한다는 것은 노동의 산물, 예컨대 직업, 자산 등을 판단 근거로 삼는다는 뜻이다. '난 교사야. 그래서 사회 규범에 벗어난 행동은 할 수 없어.' 혹은 '내가 땀 흘려 번 돈으로 부자가 되었어. 그러니 이 정도쯤 쓸 수 있어'라고 생각하는 것이다. 이름에 의지하는 실천은 이름을 판단 근거로 삼는 실천을 의미한다. 단지 브랜드에 현혹되는 구매, 학교 이름에 집착한 진학 등만이 아니라 이름이 실체를 반영한다고 믿고, 의심 없이 이름을 따르는 행동 모두를 의미한다. 자신에, 일에, 이름에 의지하는 판단이란 대개 그에 구속되는 판단을 의미한다. 자신에, 일에, 이름에 의지하지 않고는 그 어떤 판단도 할 수 없게 되는 것이다.

구속되면 자유롭지 않다. 구속에서 벗어나야 비로소 자유를 맛보게 된다. 무명(無名)의 상태는 '무궁에서 노니는' 자유로운 상태다. 이름이 없는 상태란 이름에 의지함이 없는 상태다. 이름에 의지하지 않고 사물을 판단하고 그에 따라 행동을 결정하는 상태. 이름에 구속되지 않는 상태. 이것이 '소요유'의 상태다. 통념뿐만 아니라 자신의 관념을 의심하면 통념이나 관념을 형성한 이름들을 의심하게 된다. 이름에 의지하지 않는 사고와 행동이 결국 자유인데 이름에 의지하지 않는 사고와 행동이라는 것은 무엇을 의미하는가? 이름에 의지하지 않기 위해서 이름을 의심하는 자신마저 의심하는 상태, 즉 끊임없이 모든 것을 의심하는 상태를 유지해야 한다.

'자신의 사고와 판단이 결국 자신의 사고 체계 속에 갇혀 있을 수밖에 없다는 점을 부정할 수 없다'는 상대적 태도는 다시 말해서 '자신의 행동이 특정 이름에 의지하고 있을지도 모른다'는 의심을 늘 유지하는 태도와 같다. 자신의 사고와 행동이 편견에 기인한 오류로부터 결코 자유로울 수 없다는 생각을 한시도 놓지 않는 것, 자신에 대한 의심을 풀지 않는 것, 이것이 이름에 구속되지 않는 상태, 즉 자유다.

구성되는 개인은 출발점도 종착점도 아닌 과정이다. 자신을 구성해나가는 자신을 성찰하고, 성찰하는 자신을 또 성찰하는 행동은 끝없는 자기 의심의 과정이다. 의심은 성찰을 성찰하는 행동의 필수요건이다. 의심은 불안을 초래한다. 불안을 종식시키기 위한 자기 확신은 성찰을 성찰할 수 없게 만든다. 자기를 끊임없이 의심하는 불안 속에서 자신을 구성해가는 자유, 자신에게 주어진 규범처럼 보이는 지식-권력을 의심할 수 있는 역량[德]과 자신이 선택한 삶의 방식[道]을 의심하는 자유, 이것이 바로 위험 사회를 살아가는 개인에게 『장자』가 인도하는 삶의 방식, 곧 도(道)-덕(德)이다.

이제 결코 근대인이었던 적이 없는 고대 동아시아인들의 도덕들로부터 추출한 세 가지 삶의 방식—'그 길을 따르라'(Follow the way), '그 길을 따르지 말라'(Do not follow the way), '길을 따르라'(Follow a way)—과 이 책의 서두에 제기한 21세기 신자유주의 체제에 던져진 '해방'된 개인의 자유를 언급하고 '포스트모던 이후'라는 고민에서 빠져나가고자 한다.

벡이 지적한 '알아서 해' 생애를 살아가는 개인은 앞서 말한 바와 같이 생애조정과 생애통합을 규범에 의존할 수 없다. 규범에 복종할 자유를 박탈당했다고 볼 수 있다. '그 길을 따르라'(Follow the way)가 선택에서 사라진다. 서동진은 자유에의 의지를 거부함으로써 지식-권력으로부터 놓여나는 방식에 대해 부정적으로 생각한다. '그 길을 따르지 말라'(Do not follow the way)도 선택에서 사라진다. 서동진은 자유에의 의지와 권력에의 포섭이라는 모순을 해소하기 위해 '전연 새로운 자유의 이미지를 고안'해야 한다는 과제를 던진다.

나는『장자』에 의지하여 벡과 서동진에 답한다. 새로운 자유의 이미지는 의심과 불안이다. '위험 사회'라는 개념이 포착한 후기 산업사회의 문제가 바로 내가 제시하는 해답이다. 규범이 절대적인 사회를 가정한다면 의심의 자유는 허용되지 않는다. '위험 사회'에서 '알아서 해' 생애를 살 수밖에 없는 개인이 확신과 안정을 '정상적인' 상태로 가정할 때, 자유는 차라리 반납하고 싶은 부담이 될 수밖에 없다. 삶의 온갖 조건 속에 묶여 노예로 살아가는 인간을 자신의 주인인 '개인'으로 자리매김할 수 있는 근거는 자유다. 이 자유를 차라리 거부하고 싶도록 만든 지식-권력의 핵심에는 '확신과 안정이야말로 정상적인 인간의 삶'이라는 '근대성'이 자리하고 있다.

이성과 합리를 기반으로 한 예측 가능성이야말로 근대성의 함정이다. 이 함정에 대한 지적이 포스트모던이다. 함정에 빠져 허우적거리지 않는 삶의 방식, 서동진의 용어로 '전연 새로운 자유'의 실천에 대한 고민이 '포스트모던 이후'다. 주어진 지식-권력을 의심하고 그에 반응하는 자신의 선택을 의심하고 자신의 실천을 의심함으로써 의심하는 자유를 끊임없이 누리는 삶의 방식. 그로부터 생산된 불안을 자신이 자유를 실천하고 있다는 신호로서 해석하는 삶의 방식. 그 삶의 방식[道]으로 만들어지는 사람됨[德]. 끊임없이 의심함으로써 불안한 삶을 선택하는 개인. 근대성은 이성을 갖추고 합리적으로 생각하는 개인으로부터 출발한다. 내가 제시하는 '포스트모던 이후'의 개인은 출발점이 아닌 종착점이다. 수신은 자유로운 개인이 되어가는 과정이며 도-덕 프로세스의 결과물로서의 개인이다. 의심의 도(道)를 실천하고 불안의 덕(德)을 쌓아가는 자유의 역량을 갖춘 개인.

참고문헌

자료

『논어』(論語).

『맹자』(孟子).

『순자』(荀子).

『묵자』(墨子).

『도덕경』(道德經).

『장자(莊子): 내편(內篇)』.

『장자(莊子): 외편(外篇)』.

논문·저서

강신주, 2007, 『장자: 차이를 횡단하는 즐거운 모험』, 서울: 그린비.

고은강, 2011, 「'위험사회'에서 '자기계발'의 윤리학에 관한 小考」, 『정신문화연구』 125호.

———, 2012, 「아이히만 구하기」, 『인문연구』 65권.

김홍중, 2010, 『마음의 사회학』, 파주: 문학동네.

박성규 역주, 2011, 『논어집주』(論語集註), 서울: 소나무.

벤자민 프랭클린, 신태환 옮김, 1995, 『프랭클린 자서전』, 서울: 동천사.

브뤼노 라투르, 홍철기 역, 2009, 『우리는 결코 근대인이었던 적이 없다』, 서울: 갈무리.

서동진, 2009, 『자유의 의지 자기계발의 의지』, 파주: 돌베개.

성백효 역주, 1992, 『논어집주』(論語集註), 서울: 전통문화연구회.

———, 1997, 『맹자집주』(孟子集註), 서울: 전통문화연구회.

안소니 기든스, 울리히 벡, 스콧 래쉬, 임현진·정일준 공역, 1998, 『성찰적 근대화』,

서울: 한울.
울리히 벡 외, 한상진·심영희 편저, 2010,『위험에 처한 세계와 가족의 미래』, 서울: 새물결.
울리히 벡, 엘리자베트 벡-게른샤임, 강수영 외 역, 1999,『사랑은 지독한 혼란』, 서울: 새물결.
울리히 벡, 홍성태 역, 1997,『위험사회』, 서울: 새물결.
유홍림·홍철기, 2007,「조르지오 아감벤의 포스트모던 정치철학」,『정치사상연구』 제13권 제2호, 155~182쪽.
이강수·이권 역주, 2007,『장자(莊子) 1: 내편(內篇)』, 서울: 길.
정세근, 1998,「불구의 성인: 장자의 성인관」,『범한철학』 제17권.
조르조 아감벤, 박진우 역, 2008,『호모 사케르』, 서울: 새물결.
쥬디스 버틀러, 조현준 역, 2008,『젠더트러블』, 파주: 문학동네.
지그문트 바우만, 이일수 역, 2009,『액체근대』, 서울: 강.
프리모 레비, 이현경 역, 2007,『이것이 인간인가』, 파주: 돌베개.
한나 아렌트, 김선욱 역, 2006,『예루살렘의 아이히만』, 파주: 한길사.
허먼 멜빌, 공진호 옮김, 2011,『필경사 바틀비』, 파주: 문학동네.

Agamben, Giorgio, 1999a, "On Potentiality", in Agamben, Giorgio, *Potentialities: Collected Essays in Philosophy*, Stanford: Stanford University Press.
———, 1999b, "Bartleby, or On Contingency", in Agamben, Giorgio, *Potentialities: Collected Essays in Philosophy*, Stanford: Stanford University Press.
Angle, Stephen C. and John A Gordon, 2003, "'Dao' as a Nickname", *Asian Philosophy*, Vol. 13, Iss. 1.
Bao Zhiming, 1990, "Language and World View in Ancient China", *Philosophy East and West*, Vol. 40, No. 2.
Cook, Scott, 1997, "Zhuang Zi and his Carving of the Confucian Ox", *Philosophy East and West*, Vol. 47, No. 4.
Cua, Antonio S., 1981, "Opposites as Complements: Reflection on the Significance of Tao", *Philosophy East and West*, Vol. 31, No. 2.

Foucault, Michel, 1990, *The Use of Pleasure*, New York: Vintage Books.

Graham, Angus, 2003, *Disputers of the Tao*, Chicago: Open Court.

Hansen, Chad, 1992, *A Daoist Theory of Chinese Thought*, Oxford: Oxford University Press.

Hoffman, Frank J., 2002, "Dao and Process", *Asian Philosophy*, Vol. 12, Iss. 3.

Ivanhoe, Philip, 1999, "The Concept of De("Virtue") in the Laozi", in Csikszentmihalyi, Mark, and Philip Ivanhoe eds., *Religious and Philosophical Aspects of the Laozi*, Albany: SUNY Press.

Jullien, Francois, and Parkes, Graham, 1993, "The Chinese Notion of 'Blandness' as a Virtue: A Preliminary Outline", *Philosophy East and West*, Vol. 43, No. 1.

Koh, Eunkang, 2008, *Behavior and Self-Constitution in Early Chinese Ethics*, University of Hong Kong, Unpublished Ph.D Thesis.

Kondo, Dorinne, 1990, *Crafting Selves*, Chicago: University of Chicago Press.

Legge, James, trans, 2001, "The Tao Teh King", in *The Texts of Taoism, Singapore*: Graham Brash.

Liu Jingshan, 1985, "An Exploration of the Mode of Thinking of Ancient China", *Philosophy East and West*, Vol. 35, No. 4.

Melville Herman, 1942, "Bartleby the Scrivener", in Herman Melville, *Shorter Novels of Herman Melville*, New York: Horace Liveright.

O'Leary, Timothy, 2002, *Foucault and the Art of Ethics*, London: Continuum.

Rabinow, Paul ed., 1997, *Michel Foucault: Ethics*, New York: The New Press.

Schofer, Jonathan, W., 2000, "Virtues in Xunzi's Thought", in Kline III, T. C. and Philip Ivanhoe, eds., *Virtue, Nature, and Moral Agency in the Xunzi*, Indianapolis: Hackett Pub.

Van Norden, Bryan W., 2007, *Virtue Ethics and Consequentialism in Early Chinese Philosophy*, Cambridge: Cambridge University Press.

Waley, Arthur, trans, 1999, *Laozi*, Hunan: Hunan People's Publishing House.

보도자료

강의영, 「'삼성맨이 되려면…' 입사 가이드 봤더니」, 연합뉴스, 2011년 9월 13일자.

김시철, 「'정신'의 발견: 동서 철학에서 '같음'과 '다름'」, 성균관대학교 대학원신문, 2002년 12월호.

서동욱, 「프랑스철학은 왜 포퓰리즘이라는 오해를 받는가」, 경향신문, 2012년 6월 2일자.

장정일, 「진보 담론을 잠식한 '포르노그래피'」, 『시사 IN』 제205호, 2011년 8월 12일자.

한기호, 「아직도 자기계발의 덫에 빠져 계십니까?」, 경향신문, 2011년 9월 5일자.